国际贸易与区域财富增长：
沿海与沿边比较

钟昌标　叶劲松　著

中国财经出版传媒集团

经济科学出版社
Economic Science Press

图书在版编目（CIP）数据

国际贸易与区域财富增长：沿海与沿边比较/钟昌标，
叶劲松著 . —北京：经济科学出版社，2018. 11
ISBN 978 - 7 - 5141 - 9955 - 0

Ⅰ. ①国⋯　Ⅱ. ①钟⋯②叶⋯　Ⅲ. ①国际贸易 - 关系 -
中国经济 - 国民财富 - 研究　Ⅳ. ①F74②F124. 7

中国版本图书馆 CIP 数据核字（2018）第 256287 号

责任编辑：黎子民
责任校对：刘　昕
责任印制：邱　天

国际贸易与区域财富增长：沿海与沿边比较

钟昌标　叶劲松　著

经济科学出版社出版、发行　新华书店经销

社址：北京市海淀区阜成路甲 28 号　邮编：100142

总编部电话：010 - 88191217　发行部电话：010 - 88191522

网址：www. esp. com. cn

电子邮件：esp@ esp. com. cn

天猫网店：经济科学出版社旗舰店

网址：http://jjkxcbs. tmall. com

北京财经印刷厂印装

710×1000　16 开　13. 75 印张　250000 字

2018 年 11 月第 1 版　2018 年 11 月第 1 次印刷

ISBN 978 - 7 - 5141 - 9955 - 0　定价：45. 00 元

（图书出现印装问题，本社负责调换。电话：010 - 88191510）

（版权所有　侵权必究　打击盗版　举报热线：010 - 88191661

QQ：2242791300　营销中心电话：010 - 88191537

电子邮箱：dbts@ esp. com. cn）

目　　录

第一章

问题与逻辑

第一节 问题缘起

改革开放 40 年来中国取得了举世瞩目的伟大成就。笔者在沿海的宁波和沿边的昆明工作多年，对两地发展水平有较深刻的了解。最近经常跳进作者脑海中的一个问题是，云南与浙江相比，资源、人口等各方面不在下风，但发展水平差距为什么会这么大？特别是走进两个省的农村，感觉民间财富的差距相当大。查阅有关文献，有关中国东西区域差距拉大的观点主要集中在自然资源禀赋差异、文化历史条件差异、开放政策的要素集聚差异等方面。由于长期从事国际贸易学的教学和科研，习惯性思维使笔者想到这是否与国际贸易有关联。国际贸易学家们一直都比较关注国际贸易与要素拥有者收益之间的关系，但主要关注的是个体之间的财富差距，或者是像亚当·斯密那样关心国家贸易利益的分配。事实上，基于我国改革开放 40 年地区之间因为国际贸易区际差异引发的一个国家内部地区之间发展水平差异的研究，或许是一个新话题。

早在 1630 年，英国东印度公司的董事托马斯·孟（Thomas Mun）在为其公司扩张业务时总结道："增加我们财富和金银的通常办法就是对外贸易。"[1]可以说，没有国际贸易就没有我国今天的财富，也没有深圳的腾飞。我国从 1978 年开始改革开放，到 2018 年整整 40 周年，这 40 年中国经济似神话般的稳定及高速增长激励着国人，瞩目于世界。中国的崛起不仅改变了世界政治经济格局，还引发了国内外学者对中国崛起的各种理论探讨。细究中国崛起奇迹

---

[1] Mun, Thomas. England's Treasure by Forraign Trade. Or, The Balance of Our Forraign Trande is the Rule of Our Treasure. London. Repr. Economic Historiety Reprints of Economic Classics. Oxford, 1928.

的引擎无疑要算对外贸易，根据海关统计，我国进出口总额从 1978 年的 355.0
亿元增长到 2017 年 27.79 万亿元，40 年的时间，中国从一个弱小的对外贸易
国家发展成为名列前茅的全球贸易大国，创造了世界奇迹。

伴随对外贸易与经济的增长，我国收入差距也在不断拉大。这种差距表现
为区域性俱乐部内部收敛、俱乐部之间差距扩大，这是我国比较独特的现象。
笔者通过进一步考查发现，国内地区经济增长及区域现代化水平明显与对外贸
易差异呈现正向相关，目前的地区经济发展水平与辖区人均国际贸易额呈强相
关性。中国的实践完全验证了刘易斯的对外贸易"发动机"效应，换句话说
贸易增长是我国地区财富差距拉大的原因之一。区域经济在对外贸易的财富创
造过程中，有三个问题值得关注：其一，从动态角度看，区域经济能否挖掘已
有潜在优势，并不断创造新的比较优势？其二，区域经济的比较优势能否在经
济运行中"兑现"成财富？其三，上述"兑现"的实现途径是否顺畅？能否
更多地、持续地"兑现"成财富？

财富增长是一个古老而又年轻的话题，说它古老，是因为自有人类以来就
在谈论财富，说它年轻是由于进入新时代的中国在世界财富增长中取得如此地
位。正是对财富的追求推动着人类文明迈步向前，初期人们看重物质财富，以
拥有丰裕的物质财富为荣耀。随着时代的进步，人们发现物质财富只不过是人
获取财富能力的一种标志，从长期发展的角度看，人自身能力的提高才是最重
要的。更进一步思考，其实人们追求的是幸福和快乐。

研究财富增长如何在资源约束下进行配置，构成了经济学研究的核心。发
表于 1776 年的《国富论》是经济学之开山基石，现代经济学的观点和理论都
是建立在这一本源基础上的。

第二节　主　要　概　念

本书涉及的主要概念有国际贸易发展、区域开放、财富和福利、收入分配
的区域格局。

一、国际贸易发展

本书所指的国际贸易发展主要指实行贸易自由化后所引发的贸易额增长。
一般用进出口额的增长以及在国内生产总值（GDP）中占的份额，即对外贸易

依存度来刻画。在本书的研究中考虑到改革开放以来我国出口贸易对区域GDP增长贡献更为突出，因此在计量上偏向于考察出口贸易额对区域财富增长的贡献。

二、区域开放

区域开放一般指国家层面的开放运行与封闭运行之间的比较。我国由于在从计划经济向市场经济转型过程中，区域之间没有形成市场基础的区际贸易，区际贸易并不发达。对外开放政策实施后，各个地区对外贸易并不是在区际贸易繁荣的基础上形成的，国际开放先于区际开放，这与发达的市场经济国家相比具有独特性。大多数工业化国家是从兴旺的地区贸易延展到国际开放。

三、财富和福利

财富是本书最为核心的一个概念，也是人类孜孜不倦追求的一个对象，正是这种根植于人类内心深处对财富的渴望以及由此所激发出来的冲动，把人类文明的棘轮一步步往前推进。可以这样说，人类历史实质上就是一部不断创造、分配以及使用财富的历史。

财富的内涵既体现为人们生存所要依赖的物质财富，也包含人们自身能力的提高。对人自身能力提高的关注，很容易引起对人们满足程度的思考，这又涉及国民福利的范畴。财富与福利可以说是相生相随。

随着社会发展、时代变迁以及人类对外界认识的不断深入，人们对财富内涵的界定也在不断发生变化。历史上对"什么是财富"有过很多不同的答案。重商主义者认为，只有金银才是一国真正的财富；重农学派则认为货币本身不是财富，只有农业提供的"纯产品"才是物质财富；古典经济学的杰出代表亚当·斯密（Adam Smith）在批判分析重商主义和重农学派理论的基础上，提出"财富"是指一个国家生产的生活必需品和便利品。至此，经济学形成了一个相对完整而为世人所接受的关于物质财富的概念。今天人们普遍接受的一个观点是，物质财富是某个社会或国家在一段时间内所拥有的物质资料的总和，包括积累的劳动产品和用于或可能用于生产过程的自然资源。我们认为，财富的概念不仅仅限于物质内涵。作为一个伴随人类经济、社会发展的概念，财富还应该包括人的发展。卡尔·马克思曾说过："现有人口的熟练程度却始终都是总生产的前提，因而是财富的主要积累。"① 在物质生产高度发达的今天，人的发展应是财富中最本质的内容。

对财富本质的关注很自然地会引导人们去研究财富的增长。人类很早就开始探讨如何增加财富的问题，从色诺芬（Xenophon）、亚里士多德（Aristotle）的财富增长思想到重商主义、古典经济学、新古典经济学、内生增长理论，都探讨过财富的增长。当然，财富增长的思想和理论随着时代的变化而不断演化。在早期封闭经济中，人们主要研究一国国内要素积累的情况，即封闭条件下如何增加一国的财富，要素的内容也主要是土地、劳动、资本这样一些传统的生产要素。随着生产力水平的提高，经济不断对外开放，尤其是到了经济全球化时代，一国经济的发展与外部因素息息相关。在开放经济中，研究财富增长的学者们更关注开放对一国财富变动的影响，财富增长中的要素内容也越来越偏向技术、人力资本等新形式的生产要素。

对技术、人力资本的偏向使人们更为关注物质财富增长背后人的发展。物质财富的增长往往有静态的特征，而人自身能力的提高才更能体现动态发展的特征。

对人的关注使人们超越了对财富的追求。随着时间的推移，人们开始意识到，财富增长的最终目的并不在于财富总量的多少，而在于能否促进国民福利的增长。人们开始反思物质财富总量高速增长背后人自身的满意程度，考虑可持续发展以及社会和谐。

客体形态的财富容易为人们所认识，这种形态的财富既是人类生存依赖的对象，也是人类活动的产物。人类对财富的认识，是从物的有用性开始的，换言之，只要对人类有用的物，都可以划入财富的范畴。马克思在《资本论》里也曾提到："不论财富的社会形式如何，使用价值总是构成财富的物质内容"。由于使用价值总是依附于某种实物形态，所以这种财富也必然以实物形态出现。

"实物形态"的财富观，从古希腊起直到古典经济学时期，都在财富思想中占据主导地位。例如，色诺芬在人类历史上最早的一本经济学著作《经济论》中给财富下了这样的定义："财富就是具有使用价值的东西。"其后的亚里士多德也在《政治论》中提出："真正的财富就是生活上的必需品"，即"对家庭和城邦（国家）有用的东西"。

中世纪的经院哲学家托马斯·阿奎那（Thomas Aquinas）在《神学大全》

① 马克思恩格斯全集（第26卷）[M]. 北京：人民出版社，1972：325.

中，把财富分成"自然财富"和"人为财富"，食物、牲畜、土地等属于自然财富，金钱（货币）属于人为财富。不过，他更倾向于实物而不是货币。

法国的重农学派也是注重财富的使用价值。例如，皮埃尔·布阿吉贝尔在《谷物论论财富、货币和赋税的性质》中认为"只有衣食等物品，才应当称为财富"，否认货币是财富。费朗斯瓦·魁奈（Francois Quesnay）也认为只有物质本身增加才是财富的增加，他在《谷物论》中把财富分为实物财富和货币财富，提出："决定国家财富多少的，不是货币财富的多少"，并在《人口论》中作了进一步阐述："货币是在交易时同一切种类商品财产的售价相等价的财富。货币（或行使货币职能的金银）本身绝不是消费性财富，它只是贸易的工具。"按照魁奈的观点，只有农业部门生产出的剩余产品（即"纯产品"），才是一国新增加的财富。

古典学派的亚当·斯密在其经典名著《国富论》中延续了相同的思想，提出所谓的"财富"，是指一个国家生产的生活必需品和便利品，并且点明"构成这种必需品和便利品的，或是本国劳动的产物，或是用这类产物从外国购进来的物品"。

持相同观点的还有法国的西斯蒙第（Sismondi），他在《政治经济学新原理》中强调财富是"为日后需要而保存起来的东西，而且仅仅因为这种未来的需要才使得财富有价值"。英国的罗伯特·马尔萨斯（Robert Malthus）在《政治经济原理》也把财富看作"对人类必要的、有用的和适意的物质东西"。

毫无疑问，"实物形态"是财富最基本的形态。即使到了今天，财富这种物质内容的标记也没有从人类的脑海里消失，并一直与其他形态的财富相联系。

货币作为一种充当一般等价物的特殊商品，产生于物物交换的实践。人们对货币的态度从一开始就具有两重性：一方面人们在日常生活中离不开货币，另一方面却又一直在争论货币是否代表财富。

亚里士多德在《伦理学》（第五卷）中说过："货币对全体国民来说是极其有用的，是须臾不可离的"，不过他并没有把货币划入财富。14世纪法国的教士尼科尔·奥雷斯姆（Nicole Oresme）在《论货币的最初发明》一书中提出："货币自身对人类生活大有助益而且是必不可少的，货币的使用是件好事"；在该书中，奥雷斯姆认为货币不能直接适应人类的需要，而只是用以交换"自然财富"（实物财富）的一种人为手段。

15世纪，重商主义者提出了以"货币形态"为主导的财富观。在这一时期，西欧的封建经济趋于瓦解与分化，商品经济日益发展壮大，基于商业资本运作的特征，重商主义者把财富直接等同于金银或货币。如孟克列欣在《献给国王和王后的政治经济学》中提出："财富就是货币，就是金银。"在 16 ~ 17 世纪重商主义盛行时期，对金银无以复加的崇拜使人们对货币的需求越来越多，也促进了货币作用的放大。

货币之所以会被当成财富，就在于它能通过交换而转化为具有"实物形态"的必需品。就像重农学派的雅克·杜阁（Jacques Targot）在《关于财富的形成和分配的考察》中写的那样，"在一个国家的全部财富中，金属货币仅占极小的部分"，但是"所有这些财富和货币总是不断地交换"，所以很容易形成这样的逻辑——"财富都代表着货币，货币都代表着全部财富"。

我们的观点是，金属货币有其自身的特殊价值，可以作为物质财富的一种存在形式；而现代货币只是一种符号，作为交换媒介或储值手段而存在。因此，货币形态本质上可以看作实物形态的一种替代品，为了获得货币而付出的资源以及使用货币可购买的资源才是真正的财富。

物品之所以成为财富，是因为它对人是有用的。但是这种"有用性"却又因人而异，同样的物品对不同的人而言其用途可能存在差异，对财富的研究自然而然就会波及这种主观感受。

最早提出效用论的是意大利的费尔南陀·加里阿尼和法国的孔狄亚克，他们都强调价值源自人的需求。萨伊在《政治经济学概论》中支持了"效用价值论"，认为"生产创造效用"，"创造具有任何效用的物品，就等于创造财富"。英国经济学家威廉·福斯特·劳埃德利用数学分析方法，把效用价值论发展为边际效用价值论，将价值完全归为主观效用。其后，德国的赫曼·享利斯·戈森综合了有关效用价值的观点，建立起了较为系统和完整的"主观效用价值论"体系。以卡尔·门格尔等为代表的奥地利学派，其理论核心也是"主观价值论"，门格尔在《国民经济学原理》中提到："价值既不是附属于财货之物，也不是财货所应有的属性"，并说"价值就是人对于财货所具有的意义所下的判断，它不存在于人的意识之外"。也就是说，一件物品有没有价值取决于当事人的主观心理评价。

我们之所以引入主观效用价值观，并不想渲染其"主观"判断的特点，而是想说明财富不仅限于物质形态的财富。人们在消费时，所消费的实际上是物的有用性即效用。人们用水来解渴，用煤来取暖，得到的都是物的效用。因此，我们可以把财富的内涵从物质财富延伸到效用的含义上，凡是能生产效用的劳动都是生产性劳动，其劳动成果都可以归入财富。例如，旅游、信息、科研、金融等创造无形效用的行业也都具有生产性的特点，它们同有形物质的生产一样都创造财富。

配第在《赋税论》中有一句名言："土地为财富之母，而劳动则为财富之父和能动要素。"在他看来，是劳动和土地共同创造出了财富，而且劳动在这里是能动的因素。重农主义的先驱者理查德·坎梯隆在《商业性质概论》中继承了配第的思想，不过他的重心发生了偏移，将财富的源泉主要归因于土地，而认为人的劳动仅仅是生产财富的形式；雅克·杜阁也有相同的观点，他在《关于财富的形成和分配的考察》中提到："土地永远是一切财富首要的、唯一的来源。"在杜阁的眼里，魁奈所提出的"纯产品"是自然对土地耕种者劳动的赐予。

古典学派的代表人物亚当·斯密在重新审察配第以来观点的基础上，继承和发扬了"劳动价值论"，他在《财富的性质和原因的研究》中指出劳动在财富创造中的作用："一国国民每年之劳动，是供给他们每年消费的一切生活必需品和便利品之源泉。"

古典经济学另一主要代表人物大卫·李嘉图补充了斯密的观点。斯密在分析财富的源泉时，只提到了劳动，没有涉及土地这样的自然因素。李嘉图在《政治经济学及赋税原理》中提出，财富的最终源泉除了劳动外还应包含自然因素，有点像又回到配第原来的起点上，不过李嘉图较斯密更进一步分析了资本问题，他认为资本属于"过去的劳动"，只是把生产资料的价值转移给产品，并不创造新价值。

从配第到重农学派再到古典经济学派，"劳动价值论"一直得以坚持。后来的卡尔·马克思延续"劳动价值论"创立了剩余价值理论，对财富的来源作了科学的分析。

人们关注财富其实是关注其有用性，即其使用价值。从生产过程看，使用价值的创造不仅限于劳动这一个要素的作用，马克思在《资本论》中就曾提到"劳动并不是它所生产的使用价值即物质财富的唯一源泉"。劳动创造价值，但作为物质形态存在的新增财富是由劳动和其他要素共同生产出来的。

法国经济学家让·巴蒂斯特·萨伊在探索价值的来源时提出了"生产三要素论"，他认为是资本、土地和劳动共同创造了产品，因而也就构成了价值的三个来源。当然，在萨伊之前的古典经济学派在探讨财富问题时，也提到了土地、资本和劳动这三种"生产要素"，只是没有把它们全部当作财富的源泉罢了。萨伊三位一体的"要素价值论"在其后相当长的时间成为西方主流思想，广为经济学家们所接受。

英国的威廉·西尼尔引申了萨伊的"生产三要素论"，他在《政治经济学大纲》中提出财富源自于"劳动、节欲和自然力"这三个要素。在这里，"自然力"是指土地，而"节欲"则指资本，资本家为了未来收益而减少了眼前消费的享乐和满足，将资本投入于生产，西尼尔更突出了资本家在财富创造中的贡献。英国古典经济派最后一位代表人物约翰·斯图亚特·穆勒延续了这条思路，他在《政治经济学原理》中提出社会生产的三个基本要素，即"劳动、资本，以及由自然提供的原料和动力"。

美国著名经济学家亨利·乔治和约翰·贝茨·克拉克也继承了"要素价值论"。乔治在《进步与贫困》中指出"土地、劳动和资本共同生产财富"，并认为"产品必须由它们三者分配"。克拉克在《财富的分配》中也提出是土地、劳动和资本共同创造了财富，在他看来，各个生产要素都具有生产力，它们共同构成财富的源泉，因而都应该从生产成果中获取相应的报酬。

20 世纪中叶以来，知识作为一种生产要素的作用在西方经济学研究中逐渐得以重视，其易于积累和传播的特性使其在财富创造过程中的地位跳跃性地提高。

关于知识和技术在生产中作用的研究，依然可以追溯到配第，他在《爱尔兰的政治解剖》一个评注中提出了"思维"的概念，配第认为生产过程中的思维可以节约劳动。不过，配第的"思维"概念语义比较模糊，后来斯密、李嘉图将其表述为"技术进步"，这两人均注意到了技术进步在财富增长中的作用。

20 世纪 40 年代，随着现代经济增长理论在西方的兴起，人们开始认识到技术进步和知识进展对财富增长的影响。不过，新古典增长理论的核心是资本积累，技术进步则作为一个外生变量而被排除在主流经济学分析之外。

随着发达国家步入后工业化时代，以知识为基础的经济增长模式越来越显示出强大的生命力，知识在经济中的地位也日益重要。经济学家们开始修正新古典主义者的观点，在生产函数中直接引入知识作为经济系统的内生变量，并赋予知识在财富增长中的首要地位，强调知识积累的特征及其对财富增长的影响。20 世纪 80 年代中期，以罗默、卢卡斯、克鲁格曼等为代表的新增长理论成为经济学的热门研究，知识在现代经济增长中的重要作用得到推崇。新增长理论认为技术进步具有内生性，它取决于经济系统中知识资本和人力资本的积累和溢出。在现代经济中，知识积累是长期增长的决定性因素。

1996 年，世界经济合作与发展组织（OECD）推出了"知识经济"的定义，即"直接依据知识和信息的生产、分配和使用的经济"，同时还提到"经济合作与发展组织成员国的经济比以往更甚地依赖于知识的生产、扩散和应用"。

从当前世界经济的发展趋势看，知识经济显然已日渐成为主流。在知识经济形态中，知识和有效信息的积累与利用是最关键的，而自然资源、资本、劳动的投入只是必需品，地位已然下降。知识经济的出现，大大影响了人们的财富观念，由人力资本所决定的科技知识存量的竞争取代了自然资源和物质资本的竞争。

财富和福利的衡量。早期经济学家，如斯密、边沁等，以功利主义为基础，将人追求幸福的主观动机解释为人类行为的根源，但这种主观的感受因无法准确衡量而停留在哲学层面。之后，旧福利经济学派采用基数效用理论，用效用来衡量人通过消费而获得的满足，利用数学工具对人的行为进行理论推导，从而找到了一条衡量福利的途径。但罗宾斯等新福利经济学家认为，效用是一种主观感受，其实是无法用具体数值来衡量的，他们用序数效用取代基数效用，通过排序的方式来衡量个人偏好和满足。遗憾的是，新福利经济学在定义社会总福利时遇到麻烦，陷入了"阿罗不可能定理"反映的困难之中。黄有关指出，若要解决"阿罗不可能定理"问题，有必要重新回到基数效用论[1]，只有基数效用论才能反映偏好强度。

福利的量化衡量是很困难的，即便借用了效用这一个概念，依然存在种种缺陷。这是因为效用并非仅来自收入，它还应该包括公平、健康、民主政治等。后面这些因素没有市场价值，对不同的人来说有着不同的评价标准，有很大的主观性。

尽管如此，人们还是在不断尝试构建福利的衡量体系，也在寻找可以反映福利变动的可测指标。实际上，有时我们并不想了解福利是多少，而是在思考哪些因素会影响福利变动。毫无疑问，收入增长是影响福利变动的重要因素。若探讨国家层面的国民福利，收入差距也是一个重要因素。

美国学者理查德·伊斯特林在其 1974 年发表的论文《经济增长可以在多大程度上增进人们的幸福》中分析了收入与幸福的关系，指出在收入达到某一水平之前，幸福感会随收入增加而提高，在超过该水平之后关系就不明显了。有学者认为，人均国民收入 3000 美元是收入边际效用的一个转折点：在一个国家或地区的人均国民收入达到 3000 美元以前，收入增加与快乐有着密切的正比关系；但是，当人均国民收入超过 3000 美元，两者的关系就开始趋于弱

① Ng, Yew-Kwang. A case for happiness, cardinalism, and interpersonal comparability [J]. The Economic Journal, 1997 (107): 1848-1858.

化和低度相关，收入增加对快乐增进的作用只有 2%①。

通常，人们还是比较容易接受这样的一个观点，收入增长对幸福的增进作用与人拥有的资本存量和富裕程度存在很强的联系。对于低收入人群来说，效用的边际收入效应较高，收入增加和幸福指数之间存在直接的同步增长关系；而对于高收入人群来说，效用的边际收入效用较低甚至为负，收入增加和幸福指数的关系则趋于模糊和低度相关，有些人幸福感可能还会随收入增长而增强，但多数人的幸福感则基本保持停滞不前，甚至还有些人的幸福感可能会下降。

四、收入分配的区域格局

考察一个国家国民福利状况，不仅要分析财富增长的情况，还要分析收入分配的问题。按照福利经济学原理，一个国家国民福利水平的高低，取决于两个方面：一是物质财富总量，在劳动者人数一定的情况下，物质财富总量越大，国民福利水平越高；二是收入分配的均等程度，在物质财富一定的情况下，收入分配越均等，福利水平越高②。

我们的研究重点在于探讨国民福利的变动因素，并以中国实践作为考察对象。我们基本认同物质财富总量增大会提高国民福利水平，但是，在一国人均收入水平不高时，收入差距的拉大势必会使其国民福利真实水平远离物质财富总量所反映的水平。基于中国发展阶段的现实和实证数据的可获取程度，我们在这里选取了收入差距作为观测国民福利变动的工具指标。

根据《中华人民共和国 2013 年国民经济和社会发展统计公报》公布的数据，2013 年中国城镇居民人均可支配收入中位数为 24200 元，农村居民人均纯收入中位数为 7907 元，按年末汇率 6.0969 折算分别为美元值分别为 3969 美元和 1297 美元。从经验上看，中国还处于一个幸福指数随收入提高而提高的发展阶段。在这个阶段中，如果人均收入差距拉大，财富越来越集中在少数高收入人群中，整个国家的福利水平就不会与收入水平保持同步提高，甚至可能会下降。

因此，我们认为用收入差距作为现阶段观测中国国民福利水平变动的工具指标是可取的。

目前，国际上用来分析和反映一国内部居民收入分配差距的方法和指标很

---

① 陈惠雄. 快乐原则——人类经济行为的分析［M］. 北京：经济科学出版社，2003：186.

② 孙月平，刘俊，谭军. 应用经济学［M］. 北京：经济管理出版社，2004：3.

多。其中，使用最普遍的是意大利经济学家基尼（Corrado Gini）于1912年提出的基尼系数（Gini Coefficient）。基尼以洛伦茨曲线为基础，设收入分配绝对平等曲线和实际收入分配曲线之间的面积为 A，假设实际收入分配曲线右下方的面积为 B，以 A/(A + B) 表示一国收入不平等程度，这个数值就是人们所说的基尼系数，也称洛伦茨系数。基尼系数经济含义实质就是指一国全部居民收入中用于进行不平均分配的那部分收入占总收入的百分比，其值最大为1，最小等于0，从大到小反映出收入不平等程度的降低。

此外，有人用收入最高10%人口及收入最低10%人口收入在总收入中的比重来测算收入差距；有人则直接用城乡居民人均收入比来测算收入差距。

基于相关指标的通用程度以及原始数据可获取性，我们选取基尼系数和城乡居民人均收入比作为收入差距变量的观测指标。

第三节　主要概念之间的逻辑关系

一、财富与 GDP

体现一国一定时期新增财富大小的基本指标是国民生产总值（GNP）或GDP。GNP是指在一定时期内一国（或地区）国民所生产的所有最终产品的产值和所有劳务产值，涵盖该国（或地区）国民在国外的产值；GDP是指在一定时期内一国（或地区）境内所有最终产品的产值和所有劳务产值，涵盖该国（或地区）境内内资企业的产值以及国外企业的产值。

从核算原则看，GNP与GDP是分别按照国民原则和国土原则来确定核算对象和范围的。国民原则以考察时期内所创造的收入经过初次分配是否属于本国的国民所有作为核算标准，不管某项收入是来自国内还是国外，只要在初次分配时归属于本国国民，就计入本国的核算范围；国土原则以考察时期内经济行为的最终成果是否在本国国土范围内生产作为核算标准，不管某件产品的生产者是本国国民还是外国国民，只要是在本国国土范围内生产，就计入本国核算范围。如果一国处于封闭经济状态，未发生国际经济活动（尤其是不存在外商投资和对外投资），则该国GDP全部由本国国民创造，且在本国国民之中分配，此时GDP与GNP相等，反映该国国民实际所得收入。但在开放经济条件下，就会发生外商投资和对外投资以及其他经济交往，一国GDP则由本国国民和外国国民共同创造，共同参与分配；而该国国民也会通过对外投资或其他方式，对外输出生产要素并从国外获取收入。如果外国国民从本国取得的收入与本国国民自外国取得的收入相等，那么 GDP 和 GNP 还是会相等；但这两部分收入通常是不会相等的，所以开放经济下 GDP 和 GNP 一般不相等。

在改革开放初期，中国的 GNP 与 GDP 大体上相等。但自 1993 年以来，由于国内外资本和劳动等生产要素比较优势存在差异性以及跨国流动存在不均衡性，外商对华投资增长很快，而中国对外投资规模的扩张非常有限，GNP 与GDP 之间差额由正转负，并且呈现逐步扩大态势，导致中国在"引进来"和"走出去"两方面出现了发展失衡①。

伴随经济全球化的发展，中国对外开放、吸引外资步伐逐步加快，承接了大量来自发达国家转移过来的产业。从国情看，中国的优势更多体现在劳动密集型行业，依靠廉价劳动力和低私人成本资源环境，为发达国家提供物质生活必需品。当然，在这个过程中，中国也承接了一些附加价值相对较大的高端产业。例如，中国 IT 行业产量均位居世界第一，但由于核心技术掌握在跨国公司手中，中国企业必须付出昂贵代价购买知识产权，导致"中国制造"仍旧是"打工经济"。在高贸易顺差背景下，与中国产品一同输出的是外资的超额利润，体现了国民福利的流失。这种不利的状况，既反映世界经济发展不平衡，也反映中国作为一个发展中国家在起步阶段处于被动的地位，这通常是一国在发展初期不得不付出的代价。从某种意义上说，虽然现阶段中国 GDP 增长较快、产出较大，但国民福利也流失得较多。

GNP 反映的情况则有所不同。虽然 GNP 的增长也反映量的扩张，但其内涵中却含有质的因素，这种质的因素主要体现在 GNP 更注重本土企业创造价值能力和创新能力。随着企业自身创造价值能力的增强，他们为国家提供的税收、为国民提供的福利也会相应增加。另外，对外投资公司从海外汇回国内的利润形成国家的纯收入，这也构成提高国民福利的重要来源。

可见，使用 GNP 作为衡量我国一定时期新增财富更为合理。但是，考虑到中国是一个处于经济全球化时代的发展中大国，应该辩证地看待 GNP 和 GDP 在中国经济发展中的地位和作用。

GDP 反映一国经济发展融合了不同国家的要素，适应经济全球化发展趋势，便于在国家之间作横向比较，可用以反映国与国之间的竞争程度。GNP 则反映本国要素对经济发展的贡献，便于一国自身做纵向发展比较，可用以反

---

① 裴长洪，盛逖. 从 GDP 再到 GNP 的跨越——我国经济建设和对外开放的长远目标 [J]. 财贸经济，2007（5）：3 - 10.

映本国企业之间的竞争程度。在近二三十年以来追求 GDP 增长的过程中，中国的综合国力得以持续增强，世界位次排名也不断前移，在世界经济舞台上话语权逐步加强，中国经济的高速发展创造了近百年来经济发展史上的奇迹。但是，在快速增长的背后，中国经济结构、产业结构是否合理？资源环境的消耗是否可持续？这些难以从 GDP 中得以反映。所以，既要分析 GDP，考虑横向比较，努力追赶世界先进水平；也应分析 GNP，考虑纵向比较，分析自身发展的内在矛盾和差距，不断调整经济社会发展战略使之合理化。

马克思在《1844 年经济学哲学手稿》中，对货币主义和重商主义关于财富"对象性的本质"以及启蒙国民经济学关于财富"主体本质"的观点做了论述，提出"财富的本质就在于财富的主体存在"①。在《1857～1858 年经济学手稿》中，马克思进一步就财富创造与人全面发展之间的关系做了更为科学和合理的分析，他提到："如果抛掉狭隘的资产阶级形式，财富事实上不就是在普遍交换中产生的个人需要、才能、享用、生产力等的普遍性吗？财富不就是人对自然力统治的充分发展吗？财富不就是人的创造天赋的绝对发挥吗？"进一步而言，"这种发挥，除去先前历史发展之外没有其他前提，而先前的历史发展使这种全面的发展成为目的本身。"在马克思看来，"人不是在某一规定性上再生产自己，而是要生产出他的全面性；不是力求停留在某一种已经变成的东西之上，而是处于变化的绝对运动之中"②。

在马克思看来，财富在普遍交换中形成了个人需要、才能、享用、生产力等的普遍性。人们在持续反复的劳动活动中，创造了大量客体财富，不但可以满足人的需要，还会激发出新的需要。客体财富证实了劳动给人提供了消费和享用的资源，更为重要的是促进了人的才能的普遍性发展，也就是促进了人的能力全面发展。人的劳动实践并不仅仅是为了改变外部世界以及获得劳动产品，其根本目的是为了实现人的自由、获得全面发展。如果我们把人的发展主要界定为人的能力的发展，客体财富就成为展示人的能力水平及其发展的标志。概而言之，个人创造客体财富越多，他的发展就越自由和全面。

此外，财富还是人对自然力统治的充分发展。人们改变外部世界的劳动，就是要改变和征服不符合人的愿望的外部环境，通过所获得的客体财富来确立并证实人自身对自然力量的主体地位。在马克思看来，人由自然界长期演化而来，是自然界的一部分，人所具有的实践力量实质是一种"自然"力量。所谓"财富是人对自然力统治的充分发展"，实际上就是说人们在改造外部世

---

① 马克思.1844 年经济学哲学手稿［M］.北京：人民出版社，2000：73-76.
② 马克思恩格斯全集（第30卷）［M］.北京：人民出版社，1995：479-480.

界、创造财富的实践中，促进了人实践本质力量的充分发展。

如果说人的劳动是一种目的和手段相统一的活动，那么财富创造就是手段，而人的全面发展就是目的。换言之，客体财富是人们实现自身全面发展的载体，创造客体财富的目的是为了人自身的全面发展。所以，人们创造财富"不是在某一规定性上再生产自己，而是要生产出他的全面性"，人们"不是力求停留在某一种已经变成的东西之上，而是处于变化的绝对运动之中"，人们对财富的追求实际是在不停地追求着自身自由及全面的发展。

由于人自由而全面的发展是一个漫长的历史过程，加上人创造财富的能力也有一个从低到高不断发展的过程，因而衡量财富增长的尺度在人的发展不同历史时期有不同表现。马克思曾就人的发展提出了三种社会形态：其一是人的依赖关系；其二是以物的依赖性为基础的人的独立性；其三是建立在个人全面发展基础上的自由个性。马克思依据这三种社会形态的划分，提出了财富尺度的三种演变。

以劳动时间为财富创造尺度是在人的依赖关系时期的根本特征。马克思曾提到："以劳动时间作为财富的尺度，表明财富本身建立在贫困基础上，可以自由支配的时间只是存在于同剩余劳动时间的对立中"，在这个阶段，"个人全部时间都成为劳动时间，从而使个人降到仅仅是工人的地位，使他从属于劳动"①。

以劳动时间作为财富尺度，主要指人的依赖关系时期，马克思所处年代主要对应于人类历史发展的前资本主义阶段。这一时期财富的基本特征是全社会贫困，为了生存，人们不得不让个人全部时间都成为劳动时间，劳动时间长短因而也就成为财富增长尺度。这个时候，自由时间是同剩余劳动时间相对立，而不是由后者转化而来。这一时期社会上大多数人的全部时间都为劳动时间，他们的实践活动主要表现为处于重压之下的艰辛劳动。这种劳动虽然也能促进人能力的提高以及人的发展，但这个进程是非常缓慢且有限的。

以科学技术为财富创造尺度对应的时期是"以物的依赖性为基础的人的独立性"阶段。在马克思看来，"社会劳动确立为资本和雇佣劳动这一对立形式，是价值关系和以价值为基础的生产的最后发展"，在这一发展阶段，"直接劳动时间的量，作为财富生产决定因素已耗费的劳动量"。然而，随着生产力水平的发展到一定阶段后，"财富的创造量较少地取决于劳动时间和已耗费的劳动量，而较多地取决于在劳动时间内所运用的作用物之量"，更进一步观

---

① 马克思恩格斯全集（第31卷）[M]. 北京：人民出版社，1998：104.

察可以发现，这些作用物自身又"和生产它们所花费的直接劳动时间不成比例，而是取决于科学的一般水平和技术进步"①。

以科学技术作为财富尺度，主要指物的依赖关系阶段，对应于人类历史发展的资本主义阶段。在这一时期，科学技术在生产中的应用程度不断加大，社会财富大量增加，人们除了维持生存，还可以从劳动时间中节余出一定的剩余时间用于个人支配。如前所述，客体财富证明了人实践的本质力量以及人能力的全面提高，这一时期客体财富的大量增加也就证明了人各种能力的广泛发展。

以自由时间为财富创造的尺度对应于"个人全面发展"阶段。根据马克思的观点，未来社会里"个人需要将成为必要劳动时间的尺度"，在这个阶段里，"社会生产力发展迅速，所有人的可自由支配时间会增加"，人们关注重心已不在客体财富，"真正的财富就是所有个人的发达的生产力，财富尺度不再是劳动时间，而是可以自由支配的时间"②。

以自由时间作为财富的尺度，主要指自由个性阶段，对应于后资本主义阶段。这一时期，社会生产力的发展迅速，几乎所有人都拥有丰裕的客体财富，但财富还会大量增加。全社会生产力水平较高，自由时间不断增多。这一阶段，自由时间不再集中于社会上少数人，而是较为平均地为社会上的绝大多数个人所拥有。

由上述分析可见，财富增长的劳动时间、科学技术和自由时间这三个尺度，对应于人类发展的三个历史阶段，有从前到后的紧密连续性，贯穿于其中的主线就是人的劳动实践，只有人的劳动实践才能创造财富、实现人自由而全面的发展。

以上从哲学的范畴分析了财富的主体本质就是人的发展。在现实生活中，人的发展可以借助各种指标来反映，如收入、工作时间、接受教育年限、职业技能水平等。早在 2006 年 9 月 12 日，国家统计局就提出要把"幸福指数""人的全面发展指数""地区创新指数""社会和谐指数"纳为新的统计内容③，以适应各方面对中国经济社会协调发展、人的全面发展以及民生、人文的需求。由此可见，对财富中人的发展这一因素的研究，是适应科学发展观的要求。

---

① 马克思恩格斯全集（第 31 卷）[M]. 北京：人民出版社，1998：100.
② 马克思恩格斯全集（第 31 卷）[M]. 北京：人民出版社，1998：104.
③ 东方网. 国家统计局：今后中国将推出幸福指数. http://finance. eastday. com/m/20060913/u1a2317776. html.

从历史演进看，财富的劳动时间、科学技术和自由时间这三个尺度，表现为人类纵向发展序列。放眼当今世界，发达国家经济发展水平较高，这些国家的国民已经享受到了财富的"科学技术尺度"所界定的发展，并已开始追逐"个性的自由发展"，这既表现在他们较高的物质文明和生活质量上，也表现在制定世界秩序的话语权上。

当我们把目光转向自己身处的国度时，会发现我们面临相当复杂的状况。中国社会从古代、近代到现代变迁的特殊性，决定了当前中国财富尺度中三个尺度并存的局面。直到今天，中国依然保持着二元性的社会经济格局。在农业社会，财富的尺度依然表现为劳动时间；而工业化社会的财富尺度则主要体现为科学技术尺度。同时，中国受益于发达国家高新技术的带动，建立起了为数不少的高新技术产业，并且涌现出了一大批从事高新技术的工作人员，这部分人的财富尺度在一定程度上表现为个性的自由发展。

二、财富与人的发展

通俗意义上的财富，一般指一国物质财富，即该国在一定时间内所拥有的物质资料总和。它包括劳动产品（如生产工具、原材料、消费品等）和用于生产过程或可能用于生产的自然资源（如土地、矿藏、森林、水源等）。其中可能用于生产的自然资源，是指尚未参加生产过程、未被开发的自然资源，如已经探明但还没有开发出来的煤、石油等矿藏，这可以说是潜在物质财富。随着经济社会的发展，物质资料的地位有所下降，人们逐渐把财富拓展到广义的范畴，诸如文化知识、经验、技能的价值等。更广意义上，政府的治理能力，以及对外显示出的一国软实力（包括该国依靠政治制度的吸引力、文化价值的感召力和国民形象的亲和力等释放出来的无形影响力）也可视为财富。尽管如此，在常人眼中，物质资料仍然是财富的主体。

在哲学家的视野中，探索财富本质与人的发展的关系由来已久。之所以未引起普通大众的关注，笔者认为这主要囿于经济社会的发展水平。从发展的视角看，财富概念的定义经历了它实际意义的存在过程，劳动越是不发达，财富的人的本质就越体现不了；而财富越是不充分实现它的意义，劳动就越是不能获得它的普遍价值，人的本质力量也就越是不能被确证①。

毋庸置疑，人自由而全面的发展根植于人的实践活动，而人实践活动的直

---

① 刘艳. 人的本质力量与财富 [J]. 广西社会科学，2007（5）：174 – 178.

接结果是获取实践产品，这个结果无论是物质的、制度的或观念的，都可以说是财富。这样，人自由而全面发展就与人所创造的客体财富联系起来：创造客体财富，从表面上看是人获得了追求的利益，从实质上看则是人实践本质的体现。如果说人全面而自由的发展是最终目的，客体财富的生产则是促成人的发展的必要手段。从这个意义上讲，人在其社会生产过程中，不仅"更新他们所创造的财富世界"，同样也"更新他们自己"①。

　　从实践看，人类社会发展到今天，人们早已开始重视物资资料增长过程中人的发展。20 世纪 60 年代以来，经济学家对财富的研究中开始加入人类学和社会学的维度，更加关注客体财富增长同人、社会、资源环境之间的协调。1995 年 6 月，世界银行环境部发布报告《监督环境进展——关于工作进展的报告》(Monitoring Environmental Progress：A Report on Work in Progress)②，首次提出国家财富的概念，并对其测度方法作了探讨，还给出了世界各国国家财富的初步测度结果。该报告在国际上引起很大反响，人们也开始关注国家财富这一全新的概念及其测度方法。后来，世界银行环境部还专门成立了指标与环境评价小组继续开展研究，1997 年 6 月发表了第二份研究报告《扩展财富衡量：环境可持续发展的指标》(Expanding the Measure of Wealth：Indicators of Environmentally Sustainable Development)③，披露了他们进一步的研究成果。

　　根据世界银行的报告，国家财富是指一国所拥有的生产资产、自然资产、人力资源和社会资本的总和。生产资产 (produced assets) 也称产品资产，是由人类生产活动所创造的物质财富，包括各种房屋、基础设施（如供水系统、公路、铁路、桥梁、机场、港口等）、机器设备等。自然资产 (natural capital) 为大自然所赋予的财富，是天然生成的，或具有明显自然生长过程，包括土地、空气、森林、水、地下矿产等。人力资源 (human resources) 和社会资本 (social capital) 的定义要更加抽象一些，前者是指人类通过自身教育、健康、营养等方面投资而形成的为自己创造福利的能力；后者被视为联系生产资产、自然资产和人力资源三方面的纽带，是指促使整个社会以有效方式运用上述资源的社会体制和文化基础。

　　作为对可持续发展测度的一种探索，国家财富这一概念集中体现了可持续发展所包含的代际公平内涵，即在谋求当代财富提高的同时不损害未来人们谋

　　①　杨端茹，刘荣军. 人的发展与财富生产的历史辩证法 [J]. 探索，2007 (5)：165 – 169.

　　②　World Bank. Monitoring Environmental Progress：A Report on Work in Progress. The World Bank，1995.

　　③　World Bank. Expanding the Measure of Wealth：Indicators of Environmentally Sustainable Development. Environment Dept. ，The World Bank，1997.

求这种满足的能力。能力就是机会，财富存量是这种机会的基础，可持续发展实质是创造、保持、管理财富的过程。在特定阶段上，一国可持续发展理应表现为其国家财富的非负增长。可持续发展强调社会、经济、自然环境三个系统之间的相互协调，因此，财富不应仅限于经济学的经济资产，还应全面地包括自然方面和人力、社会方面。也正是在这个意义上，世界银行有关专家提出，在发展进程中有三种主要天赋在起作用：自然资源、初级劳动力和社会资本，这些天赋加上历史上积聚起来的生产资产和人力资本共同构成发展的起点。世界银行有关国家财富的概念包含生产资产、自然资产、人力资源和社会资本，隐含着这样的理念：发展的能力体现于多种层面上，自然禀赋的优劣，物质产出能力的高低，社会成员拥有知识的多寡，社会组织运行状况的好坏，都会影响可持续发展的状态。

由此可见，世界银行关于国家财富的概念包含了物资资料的存量、人自身的发展水平以及人所生存的社会环境条件。这也正是我们所强调的客体财富与主体财富的统一。

我们认为，客体形态的财富应该融合物质财富和人类生存的环境。从世界银行所提出的国家财富四项内容看，生产资产、自然资产基本上属于客体形态的财富，社会资本不易界定，但偏向于客体形态财富。由于社会资本很难测算，而自然资产大多是"天然"的，很难改变。我们的关注重点不在于财富的绝对规模，而是财富的增长。从这一角度看，生产资产较容易观测。生产资产是由人类生产活动所创造的物质财富，基本体现为一个国家的经济实力或经济规模，世界银行从 20 世纪 80 年代以来一直采用 GNP 或 GDP 的美元值来作国际比较。此外，鉴于绿色 GDP 目前在我国尚未确立系统的测算方法，而社会综合资产计算比较复杂，我们暂不将这两项指标纳入观测范围。基于以上考虑，我们还是以 GNP 和 GDP 作为客体形态财富的主要观测指标。

我们认为，主体形态财富的内涵是人自身的发展，在现阶段主要表现为人自身能力的提高。

人自身能力提高的一个可观测因素是人力资源。世界银行采用新的财富测量方法发现，人力资源占财富总量的比重最大，在 40% ~ 80% 之间，其中，中、高收入国家这一比重占优先位置，如北美地区为 76%，西欧地区为 74%，东亚地区为 77%，即使在低收入国家这一比重也是最大的，超过了生产资产和自然资产的比重[1]。尽管这一测量方法还有许多值得商榷的地方，但是它使

---

① World Bank. Expanding the Measure of Wealth：Indicators of Environmentally Sustainable Development [R]. Environment Dept., The World Bank, 1997.

人们重新认识到财富的来源，即人力资源是最大的财富。由此可见，人力资源既是创造物质财富的基础，同时也是财富的重要组成部分，理应成为财富的一个重要观测指标。反映人力资源最主要的指标是劳动力回报率即劳动生产率[①]，我们选取全要素生产率（TFP）作为人力资源的观测指标。

人自身能力提高的另一个可观测因素是人力资本。人力资本是依附于人身上的一种资本形态，通过对人的投资（包括教育投资、职业培训、保健投资等）而形成。人力资本既是一种要素，可投入生产，创造客体财富；同时又反映了人自身能力的水平。

综合以上，我们关于财富增长的观测指标包括 GDP/GNP、TFP 以及人力资本。

三、财富与福利

福利分为个人福利和社会福利。个人福利指一个人获得的满足，与"幸福"或"快乐"含义基本等同，既包括个人物质生活需要方面的满足，也包括个人精神生活需要方面的满足。社会福利是指一个社会全体成员个人福利的集合。我们所研究的国民福利是指社会福利。

福利包含的范围极为广泛，庇古曾就此给出两个命题[②]：第一，福利的性质是一种意识形态，或者是意识形态之间关系；第二，福利可以在或大或小范畴内产生。

福利内容的广泛性带来了对其影响因素研究的困难，庇古在研究这个问题时做了一个限定，将研究范围限制在能够直接或间接与货币相关的那部分社会福利[③]，也就是通常被称为经济福利的部分。尽管经济福利与非经济福利之间不存在明确的界限，但借助货币尺度的可实用性可对此做一个粗略的区分，使对福利研究的可操作性得以加强。相对而言，我们关于国民福利的研究与经济福利关联更大一些。

毫无疑问，只是探讨一部分福利变动的原因是容易带来非议的。但是，如果这一部分的变化可以通过自身对整体的变化产生影响，研究经济福利的实际重要性也就显现出来了[④]。

---

① 胡鞍钢. 中美日印四国经济规模与财富比较——中国如何创造和增加财富 [J]. 国际论坛，2001（5）：44-50.

②③ A. C. 庇古. 福利经济学（上卷）[M]. 北京：商务印书馆，2006（9）：16.

④ A. C. 庇古. 福利经济学（上卷）[M]. 北京：商务印书馆，2006（9）：17.

　　在前面论述财富时，涉及这样几个概念：其一，人们关注物质财富，实质是关注其有用性，也就是财富的效用；其二，绿色 GDP 是指一个国家或地区在考虑了自然资源消耗与环境影响因素之后经济活动的最终成果，这里引入了资源和环境保护；其三，世界银行关于国家财富的概念，包含了生产资产、自然资产、人力资源和社会资本，其对自然资产和人力资源的引入暗含了代际平衡的理念。财富的这些概念，其实已经涉及了国民福利的范畴。而我们所强调的对人的发展的关注，同样也与国民福利有关联。

　　福利与财富这两个概念是相伴相随的。拥有了财富就拥有了地位和生活，拥有了财富就拥有了成功的荣耀，这些都会带来福利。福利经济学在研究福利时非常关注国民收入，甚至将国民收入与经济福利对等①。我们认为，国民收入是反映财富增长的重要指标。这样看来，福利与财富是存在交集的。

　　但是，财富却又不完全与福利对等，在很多情况下，财富体现为增长指标，福利体现为发展指标。对财富增长的研究更多关注财富是怎样产生的，而对福利的研究则更关注国民的生活及生存状况。

　　中国是一个处于工业化中期阶段的发展中国家，在现阶段可能会把更多的注意力置于物质财富的增长之上。从发展的角度看，对人自身能力提高的重要性会日益体现。但从根本上看，对国民福利改善的关注才是本质的。

四、贸易与财富

　　罗纳多通过对 41 个发展中国家长期经济中的大规模研究发现，在 1850 ~ 1914 年期间开放的国际经济对于促进欧洲和北美以外的发展中国家快速增长起到了关键性作用。他指出除了政治原因，决定一个国家经济增长转折时点的因素，是这个国家有效参与由世界经济扩张带来的贸易机会能力。

　　在经济全球化的时代，财富增长的脉络自然要触及国际贸易。作为对外开放的主要内容之一，国际贸易与财富增长有着千丝万缕的关系。早在 19 世纪，新古典经济学大师马歇尔就明确指出："确定国家经济进步的原因属于国际贸易的研究范畴。"② 这句话点明了贸易在一国财富增长中的重要作用，尤其是在财富长期增长和经济结构演进方面的重要作用。国际贸易作为一种跨越国家界限的商品交换在原始社会末期就开始出现，在奴隶社会和封建社会也取得了一定的发展，但只有到了生产力取得较大发展的资本主义社会，商品经济占据

---

① A. C. 庇古. 福利经济学（上卷）[M]. 北京：商务印书馆，2006（9）：38.
② 马歇尔. 经济学原理（下）[M]. 北京：商务印书馆，1965.

统治地位，资本主义生产扩张最终导致国外市场的开拓、掠夺和竞争，国际贸易才真正得到发展。当经济沿着全球化轨迹延伸时，资本的跨国界移动逐渐成为主要特征，但商品的跨国界移动仍然在不断发展，国际贸易对一国财富增长依旧是极为重要的影响因素。

在国际贸易产生及发展的整个过程中，其与财富增长的关系一直在人们的关注之中。早期的重商主义者就已经开始关注国际贸易的作用，他们认为一国财富的增长主要依靠金银矿的开采以及贸易顺差，由于金银矿产量有限，贸易顺差就成为一国财富增长的主要来源。其后，以亚当·斯密、大卫·李嘉图、约翰·穆勒为代表的古典贸易理论，以 H－O 模型为代表的新古典贸易理论，以罗伯特逊和纳克斯的"发动机理论"为代表的现代贸易理论，以及以新贸易理论为代表的当代国际贸易理论，都不同程度地论证了国际贸易对财富增长的拉动作用。当然，也有学者对国际贸易的财富增长效应提出了质疑。例如，普雷维什的"中心—外围论""贸易条件恶化论"、巴格瓦蒂的"贫困化增长"理论，都提出对外贸易实际上构成了发展中国家财富增长的阻力，在实践中也引导了当时许多发展中国家长期实施进口替代战略；又如，欧文克拉维斯把国际贸易称为"增长的侍女"，认为外部需求只是对财富增长的额外刺激，一国财富增长还是主要依靠国内因素。

国际贸易通过推动财富增长的渠道作用于各国国民福利，国民收入的提高有助于改善一国国民福利。但是，除了规模效应，国际贸易还有结构效应。国际贸易或通过商品流动，或直接通过要素流动，影响着各国的要素收入，从而影响到收入分配机制，对各国国民福利产生结构性影响。

第二次世界大战以来，随着科技的飞速发展，生产和交换活动的国际化进程大大加快，从各个层面加深了各国间的交流与相互依赖。放眼当今世界，很少有国家能够在闭关锁国的条件下获得经济的快速发展，开展对外贸易对任何国家来说都十分重要。

国际贸易对一国财富的增长，到底是"发动机"还是"侍女"，抑或促成"贫困化增长"？这并没有标准答案，经济学家们基于不同的时代和理论逻辑从不同角度剖析国际贸易对财富增长的影响，自然会有不同的观点，重要的是如何去看待我们今天所处的社会中国际贸易对财富和福利增长的影响。

五、开放与地区现代化

现代化经常也用近代化代替，在英语中都是 modernization，一般指自 18 世纪工业革命以来人类社会所发生的深刻变化，内容非常广泛，既包括从传统经济向现代经济、传统社会向现代社会的转变过程，也包括从传统政治向现代政治、传统文明向现代文明转变的历史过程等。本书主要从经济学角度，把工业化和市场化作为现代化的主要内容进行分析。

1840 年鸦片战争以前，尽管中国经历过一次又一次的改朝换代，也有着经济、文化、科学的不断进步，但中国社会的本质并未发生根本性的变化。1842 年广州、厦门、福州、宁波、上海五个沿海港口城市通商以后，外国资本主义进入中国，中国社会开始发生根本性的变化，而且这一变化一直影响到今天。西方国家之所以要进入中国，根本原因是资本主义生产方式要求世界市场的支撑，作为世界人口最大的国家，与中国进行通商贸易并从中获得利益无疑非常重要。1842 年以后中国社会发生的巨大变化，"实际上是首先发端于中国的沿海港口地区，尔后再通过主要的交通道路，往广大的内地扩展的。在这一过程中，进出口贸易及其所引起人员、商品、资金、技术、信息的流动，是国外市场和先进生产力通过港口城市影响中国广大内地的主要方式之一"①。所以，从空间角度认识和了解中国现代化进程需要从国际贸易开始；从现代化的传播机制角度了解中国现代化要从国际贸易开始。如此一来，沿海城市——国际贸易——国内地区发展——中国现代化形成一个解释中国现代化萌芽、发展和空间推进有紧密关系的逻辑视角。

对于任何一个国家而言，财富现代化的过程也是一个对外开放的过程。产业革命起于英国，通常把英国的现代化看成自发的源生型现代化，但实际上外部因素对英国现代化所起的作用和影响是相当大的。而 20 世纪 20～30 年代以来，苏联的工业化可以说是在一个相对封闭的环境中主要依靠自身的力量来实现的，但这只是就其实现工业化的道路而言的，事实上，苏联的工业化在技术、设备、专家等方面都与西欧国家有密切联系。除此之外，几乎所有的国家的工业化进程都离不开对外国先进经验的模仿移植、引进和改造。

早在 20 世纪 50 年代，美国的一批社会学家、经济学家和政治学家就相继开展了现代化研究。1951 年，美国《文化变迁》杂志举办了学术讨论会，与会者提出使用"现代化"来说明从农业社会向工业社会的转变。1958 年丹尼尔·勒纳在其著作《传统社会的消逝：中东现代化》中指出从传统社会向现代社会的转变就是现代化。随后 20 世纪 60 年代西方学界又相继出版了一批有

---

① 复旦大学历史地理研究中心主编. 港口—腹地和中国现代化［M］. 济南：齐鲁书社，2005.

影响力的现代化研究专著，从而基本形成了现代化理论①。在之后50余年的时间里已形成了庞大的现代化的理论体系，研究也涵盖了经济、社会、政治、文化等多个领域。可以分为经典现代化理论、后现代化理论和第二次现代化理论三大体系。

经典现代化理论②认为，现代化不仅是一个历史过程，也是一种发展状态。现代化是从农业经济向工业经济、农业社会向工业社会、农业文明向工业文明转变的历史过程。该理论被认为是阐述工业革命以来人类文明的革命性变化最有力的理论，不足之处是对发达工业国家今后的发展分析较少。

为此，各国学者不断拓展对经典现代化理论，特别是对已经完成工业化后国家的现代化的发展问题的研究，形成了所谓后工业化发展等许多新理论。后现代化③理论是西方学者提出的一种社会发展理论。它认为，社会经济的发展不是直线的，20世纪70年代以来，发达国家社会发展方向发生了根本转变，已经从现代化阶段进入后现代化阶段。美国密歇根大学教授殷格哈特（1997）把1970年以来先进工业国家发生的变化称为后现代化。他认为，后现代化的核心社会目标不是加快经济增长，而是增加人类幸福，提高生活质量。在现代化理论家看来，后现代化也是现代化研究的一个研究领域，是关于发达国家的社会发展研究。

20世纪末，随着新经济和知识经济时代的出现，现代化研究的内容又出现了许多新名词和新解释。这之中也有不少我国学者的贡献。1998年中国学者何传启发表了《知识经济与第二次现代化》一文，随后出版了《第二次现代化——人类文明进程的启示》，书中全面提出了"第二次现代化理论"。该

---

① 这些理论主要从政治、经济、社会、个人、文化等方面对现代化的内涵和判断标准进行研究。政治现代化，主要强调民主化、法治化、科层化（官僚化）；经济现代化，主要强调工业化、专业化、规模化；社会现代化，主要强调城市化、福利化、流动化；个人现代化，主要强调个人参与性、独立性、平等性；文化现代化，主要强调宗教世俗化、观念理性化、经济主义、普及初等教育。

② 经典现代化理论研究形成了六个不同的学派：（1）结构学派，代表人物为帕森斯、列维、穆尔等，认为现代化是从传统社会向现代社会的转变，重点研究现代性和传统性的比较和转换；（2）过程学派，代表人物为罗斯托等，认为现代化是从农业社会向工业社会转变的过程，这个过程包括一系列阶段和深刻的变化，重点研究转变过程的特点和规律；（3）行为学派，代表人物为英克尔斯等，认为现代化必然涉及个人心理和行为的改变，强调人的现代化；（4）实证学派，代表人物为亨廷顿、格尔申克隆等，认为各国的现代化具有不同的特点，更多地需要开展现代化实证研究；（5）综合学派，代表人物为布莱克等，认为现代化涉及人类生活方方面面的深刻变化，强调比较研究、发展模式研究、定量指标研究等；（6）未来学派，代表人物为贝尔、托夫勒等，认为对现代化要研究未来的发展趋势，特别强调对发达国家的发展趋势要进行研究。

③ 如后工业社会（贝尔，1973）、后现代主义（Lyotard，1984；Rose，1991；格里芬，1997）、后现代化理论（Crook，1992；Inglehart，1997）等。

理论认为，从人类诞生到 2100 年，人类文明的发展可以分为工具时代、农业时代、工业时代和知识时代四个时代，每个时代都包括起步期、发展期、成熟期和过渡期四个阶段。从农业时代向工业时代、农业经济向工业经济、农业社会向工业社会、农业文明向工业文明的转变过程是第一次现代化；从工业时代向知识时代、工业经济向知识经济、工业文明向知识文明的转变过程是第二次现代化；文明发展具有周期性和加速性，知识时代不是文明进程的终结，而是驿站，将来还会有新的现代化等。第二次现代化是一种新现代化，不仅覆盖了后工业社会理论、后现代主义、后现代化理论等内容，而且还有全新的、更加丰富的内涵。还有未来现代化指完成第二次现代化后的新现代化。第二次现代化理论不仅成功地解决了经典现代化理论面临的困难，同时化解了后现代化理论的矛盾，而且对人类文明发展规律提出了全新的解释。

沿海地区是依托港口发展起来的一种特殊类型的城市，它是港口和城市的有机结合，是陆地经济和海洋经济的有机结合，是国际分工贸易的发展以及海上交通运输和技术进步，推动了港口功能的逐步融合最终形成的一种城市类型。它是以优良港口为窗口，以一定的腹地为依托，以比较发达的港口经济为主导，联结陆地和海洋两个扇面的经济区域。海港城市的最大特色是口岸，也称通商口岸或商埠。据《政治经济学辞典》解释，商埠是"一个国家指定的准许外国人前来通商的地方"。由此可知，口岸原来的意思是指由国家指定对外通商的沿海港口。这与《辞海》将口岸解释为"对外通商的港埠"是一致的。但历史在进步，这种将口岸仅仅理解为是对外通商的港埠的看法，已经远远不能适应现代国际交往的实际，也不能准确地反映口岸这个概念的真正的涵义。口岸的作用已不仅仅是经济贸易往来（即通商），还有政治、外交、科技、文化、旅游和移民等方面往来。

沿海港城的特点体现在：（1）海港城市具有发达的交通条件和国内、国外双向经济腹地，使港口城市经济外向型程度显著。许多港口城市都建立并发展了先进口原料，然后再加工出口的产业。从国内外港口城市的现状分析看，港口城市的物流在港口吞吐量中所占的比重一般都比较高，城市本身对港口的依赖度较高；（2）港口作为综合运输网络的结合部，可带动海港城市各种运输方式和其他相关产业的发展，如水运、陆运、仓储业、代理业等大发展，而这些第三产业的发展使城市产业结构呈现港口城市的特点；（3）港口腹地的第二、第三层次所包含的范围为城市的贸易、金融、信息等各行业的发展提供了有利条件，使城市的经济更加多元化、更加活跃；（4）海港城市的产业结构具有一定的独特性，如发展临海工业，实现港口工业化。所谓"港口工业化"，就是在港口或港口区域建设大量工厂，利用港口的有利条件，从海外或内地运来原材料、初级产品进行加工生产，然后再出口或运往国内各地，或直接为港口生产建设服务。

与沿海城市对应的是海港的腹地，是指位于沿海港口城市背后的港口吞吐货物和旅客集散所及的地区范围。腹地面积的广度及其经济潜力的大小，通常受港口背后内陆地区的地形、气候、河流、自然资源等自然条件以及人口、经济因素的影响。腹地除了为贸易港口提供进出口货物的来源和销售市场的背后内陆地区这一传统含义之外，现已被引申指位于一般经济和文化中心城市周围的毗邻地区。它们受中心城市的影响，起到为中心城市提供物资和销售市场以及接受中心城市文化服务的作用。

国际贸易是国与国之间商品、要素和服务的交换活动。分工产生效率，贸易使分工得以发展。国与国之间资源禀赋的差异要求生产要素能自由流动，跨国公司生产和经营的全球化日益加重了各国对国际贸易的依赖，并通过增加国际贸易流量使世界市场不断扩大。跨国公司主宰了世界经济贸易的发展格局，也主宰着国际物流的发展。跨国公司以其占世界贸易3/4的份额，货源的大规模、多品种和货运的全球范围及多种方式等优势在国际物流市场上对需求和供给产生极其重大的影响。跨国公司的生产活动主要在母公司所在国与子公司所在地的东道国之间进行，由于生产中原材料、半成品的需要，产品销售的需要，其经营活动通过国际贸易扩大到第三国，国际物流在国际间使跨国公司的生产、经营和贸易活动得以最终实现。国际贸易需求是从国际生产经营派生而来，也就是说，国际生产经营是国际物流的间接本源需求，随着国际贸易规模和内容的变化而变化，受国际政治、经济、社会环境变化的直接影响。跨国公司的全球性结构，使它可以比一般企业更容易获得有关原材料及商品的价格信息，能及时掌握当地有关产品的供销行情和消费者对商品的偏好。跨国公司通过对世界各地资料的比较，从价格较低的国家购进生产要素，并向价格较高的国家出售它的产品。而且，随着生产专业化和国际化程度的加深，跨国公司内部分工更加精细，已具体到把生产过程中的工序分散到世界各地几个国家甚至几十个国家去加工、制造。在这样的全球战略指导下，跨国公司必然要求各个生产要素和经营环节集中管理、统一调配，必然要求国际物流从时效、质量、规模、路线和效益等方面服从其持续需要。

第二章

国际贸易影响财富增长的文献评析

财富是人类赖以生存的基础与保障，国强民富是各国追求的目标。财富也是经济学研究的起点。正是对财富的追求，成为人类不断前行的永恒动力，也成为学者永恒的话题。

第一节　国际贸易对财富增长影响的研究

一、　国际贸易影响财富增长的理论研究

（一）古典和新古典理论的贸易利益观

1. 斯密的绝对利益理论

亚当·斯密是较早研究国际贸易与财富增长相互关系问题的经济学家，他在《国富论》里提出分工的发展是促进生产率长期增长进而推动财富增长的主要因素，但分工的程度受到市场范围制约，对外贸易可大大拓展一国产品的市场范围，因而开展对外贸易有助于促进分工深化和生产率提高，加速财富增长。

此外，斯密"剩余产品出路"理论从另一个角度阐述了对外贸易对财富增长的带动作用。如果一国进入开放经济之前存在闲置土地和劳动力，对外输出则意味着需求增加，可消化这部分剩余要素，为本国剩余产品提供新的"出路"。而且，其"剩余"特征意味着不需要从其他部门转移资源，因而这种出口所带来的收益几乎没有机会成本，必然促进该国财富增长。

2. 李嘉图的比较成本理论

大卫·李嘉图的比较成本理论根据"两优取其重，两劣取其轻"的原则论证了贸易静态利益的存在基础，而贸易利益的获取必然会带动财富增长的思想。李嘉图在分析英国对外贸易时发现对外贸易是实现英国工业化和资本积累的重要手段，而资本积累是财富增长的基本动力。在工业化的推动下，英国经济高速发展，在本国人口再生以及外来人口双重作用下，英国人口大大增加，进而增加了对食品等生活必需品的需求，受土地收益递减规律作用的影响，这些产品的价格会逐渐昂贵，劳动力价格也会随之上涨。如果商品价格不变，劳动力价格上涨将使利润下降，从而妨碍资本积累。开放条件下，英国可以从外国获得较便宜的食品等生活必需品以及原料，这样就能弱化在本国发生土地收益递减化倾向的影响，改善资本积累条件，促进资本积累，进而促使财富增长。

3. 约翰·穆勒的贸易利益观点

约翰·穆勒是古典经济学晚期的代表人物，他比较系统地论述了贸易发展利益，明确区分了贸易利益和发展利益。穆勒认为，国际贸易活动对财富增长的影响主要体现为能带来两种利益：直接利益与间接利益。

直接利益包括两个方面。首先，国际贸易可以促进本国要素向效率较高部门转移，最近限度利用要素，增加总产出，带动财富增长；其次，通过进口可以得到本国短缺的原材料和机器设备等物质资料，促进生产规模扩大，增加财富。

间接利益则体现了动态变化，对外贸易可以推动国内生产改良、刺激和引导新产业成长、促进竞争机制形成等。这些变化有助于提高生产率，扩大产出，进而增加财富。

穆勒还专门分析了欠发达国家的问题，他认为从国外引进先进技术可以提高欠发达国家资本收益率；而且，外国资本、技术、产品的输入还可以为本国居民提供激励性示范，带来新的观念，这对欠发达国家长期发展有重要意义。

4. 赫克歇尔-俄林的要素禀赋理论

在古典经济学中，人们主要关注劳动力一种生产要素。赫克歇尔和俄林认为，现实生产中需要投入的生产要素不只劳动力一种，而是多种，不同种类的要素在生产中可以互相替代，由此更进一步分析了国际贸易的成因。根据要素禀赋理论，若不考虑技术差异，两国产品价格差异主要来自产品成本差异，而产品成本差异来自生产过程中所使用要素价格差异以及不同种类产品要素投入比例差异，要素价格差异则取决于各国要素相对丰裕程度差异，源自要素禀赋差异及要素投入比差异的产品价格差异导致国际贸易和国际分工。

从世界范围来看，通过对外贸易可以弱化国际间生产要素分布不均的缺陷，以产品移动替代要素移动，使各国各种生产要素的利用效率提高，从而使贸易各国福利均得到提高。

（二）现代理论的贸易利益观

1. 罗伯特逊的发动机命题

1937 年，英国的罗伯特逊提出对外贸易是"经济增长的发动机"（engine for growth）命题，论证了后进国家可以通过对外贸易尤其是出口增长来推动本国财富增长。20 世纪 50 年代，美籍爱莎尼亚学者纳克斯在分析 19 世纪英国与当时的新殖民地区国家财富增长的原因后，对这一学说又进行了进一步充实。纳克斯指出，19 世纪中心国家英国的经济发展通过国际贸易带动了外围国家财富增长。对外贸易发动机的作用，主要表现为英国的经济发展形成了对初级产品的庞大需求，外围国家通过向英国输出初级产品受益，其初级产品出口的迅速扩张通过一系列动态转换过程，把财富增长效应传递到国内其他各个经济部门，从而带动财富全面增长。

"发动机理论"的逻辑思路包括以下几个方面：（1）以出养进。出口收入可以形成进口支付力，若这种支付能力应用于资本货物进口，则可以改善本国生产技术条件，这有助于提高工业效益，进而促进财富增长。（2）提高资源配置效率。出口增长趋向于使有关国家资本等要素流向国民经济中最有效的领域，提高资源配置效率。（3）获得规模经济利益。出口面向国际市场，市场容量大大拓展，产品出清速度加快，有助于推动企业扩大生产规模，形成规模经济。（4）竞争效应。国际市场上的竞争较之国内市场竞争会更激烈，这会给一国出口工业造成压力，推动其降低成本，改良出口产品质量。（5）经济景气作用。出口部门的良好发展会鼓励国内外投资，并刺激加工工业或所属工业以及交通运输、动力等部门发展，进而带动整体经济发展。

2. 刘易斯的二元经济模型

刘易斯在 1954 年提出二元经济模型，按照成熟程度把一个发展中经济划分为发达部门（一般为工业部门）和欠发达部门（一般为传统农业部门）。在封闭条件下，发达部门依靠自身的优势吸收欠发达部门的剩余劳动力，进而推动整个经济增长，但这种增长受本国条件约束。

开放条件下，如果发达部门生产的是出口产品，市场扩大无疑会加大发达部门的带动效应；而如果原本由欠发达部门生产的产品换成更廉价的进口产品，则有益于降低成本，增加发达部门利润和积累，促进财富增长。

3. 克拉维斯的"侍女"模型

1970 年，欧文·克拉维斯在《贸易是经济增长的侍女：19 世纪与 20 世纪的相似点》一文中提出对外贸易并不是财富增长的"发动机"，而只是财富增长的"侍女"（handmaiden）。在克拉维斯看来，19 世纪经济成功国家几乎都不是出口主导型增长，而经济发展缓慢国家在 19 世纪却有过相当大出口扩展。例如，印度、锡兰的出口增长率与北美的出口增长率相近，但前两者的经济增长率远逊于后者。他明确指出，一国财富增长主要是由国内其他因素决定，如由技术进步推动产品质量提高、成本降低、品种增多，更有益于财富增长，国外需求只构成了对财富增长的额外刺激，这种刺激在不同国家的不同时期的重要性是有差异的；对外贸易既非增长充分条件亦非必要条件，也不是一定对财富增长有益。因此，应该把贸易扩展比喻为成功财富增长的侍女，而不是财富增长的发动机。

（三）当代理论的贸易利益观

1. 新增长理论的相关观点

20 世纪 80 年代中期以来，以罗默、卢卡斯等人为代表的新增长理论，把技术进步作为推动生产率增长的核心因素。新增长理论通过对增长因素进行计量分析，指出发达国家财富增长大部分应归功于生产率提高。基于这一事实，新增长理论将技术变动内生化，构造了一系列模型来研究国际贸易与技术进步及财富增长的关系。

在新增长理论看来，技术进步有两种源泉：其一为"干中学"（learning by doing），在经济活动中获得进步，属于一种被动方式；其二为技术革新（innovation），通过研究和开发（R&D）行为获得，属于一种主动方式。

而国际贸易也可以通过两个方面来促进技术进步。一方面，不管什么技术，只要其依附的产品进入国际贸易领域，都可以在国际流动中有意无意地通过"溢出"效应将技术传播到其他国家，使他国生产者逐渐学会和掌握这项技术；另一方面，国际市场的竞争更为激烈，迫使各国努力开发新技术新产品，而国际市场的广阔性以及国际信息交流的频繁性也为创新提供了更有利的条件。对外贸易为一国技术创新提供了新的平台，而技术进步又使得一国更具有参与国际贸易的条件，国际贸易与技术变动相互促进关系将保证一国财富长期增长。

2. 新贸易理论的相关观点

以克鲁格曼、赫尔普曼等经济学家为代表的"新贸易理论"，将市场的不完全竞争性、信息不对称以及产业组织理论引入国际贸易研究，强调规模递增是贸易基础，将以规模递增为基础的劳动分工与以比较利益为基础的劳动分工相区别。他们认为资源差异和规模经济都是一国进行专业化和贸易的原因，前者是基于完全竞争和规模报酬不变条件的产业间贸易，后者是基于不完全竞争和规模收益递增条件的产业内贸易。在市场竞争越来越激烈、产品更新换代越来越快的情况下，资源差异已没那么重要，而依靠后天优势形成规模经济则是现代经济的主要竞争手段。通过国际贸易，生产率和产品种类数会同时增加，进而促进财富增长和福利水平提高。

（四）对发展中国家的考虑

由于种种原因，传统对外贸易理论并非适用于所有国家和地区经济现实。特别的，大多数发展中国家出口是以初级产品为主，而进口则以工业制成品为主。从发展过程看，初级产品国际市场价格呈下降趋势，这显然不利于发展中国家财富增长。因此，即使对外贸易对发展中国家财富增长具有促进作用，也只有在一定条件下才能体现出来。

1. 中心—外围论

1950 年，普雷维什和辛格等拉美经济学家提出了"中心—外围"论。他们把世界分为两大类国家：高度工业化的发达国家与没有实现工业化或者畸形工业化的欠发达国家。工业化国家处于整个世界经济体系的中心，其经济增长全面而自主，他们输出工业品或高附加值产品，输入原材料或初级产品，是技术创新源头，几乎占有技术进步所带来的全部利益；非工业化国家处于外围，其经济严重受制于工业化国家的经济周期，基本出口单一原材料，在国际贸易活动中分享利益极少。受累积效应影响，中心国家与外围国家的差距越来越大。对于外围国家而言，参与国际贸易可能意味着资源的低效利用以及产业结构畸形化。只要"中心—外围"结构不改变，外围国家发展就没有希望。

2. 贸易条件论

1949 年 5 月，普雷维什在《拉丁美洲的经济发展及其主要问题》报告中提出贸易条件恶化论，他指出由于发展中国家贸易格局主要是出口初级产品、进口制成品，会导致整个初级产品贸易条件恶化，降低发展中国家的贸易效益，发展中国家必须出口越来越多的产品才能换回既定数量进口产品。发展中国家贸易条件长期恶化将成为阻碍这些国家经济增长的重要因素。1958 年，巴格瓦蒂提出"贫困化增长"命题，进一步将贸易条件和财富增长联系起来，他认为尽管贸易扩张推动经济增长，但如果贸易条件不断恶化，本国居民实际收入水平和消费水平会绝对下降。

通过以上对相关理论的梳理，我们可以看到大多数理论还是支持对外贸易是有益于一国财富增长的，但在不同的发展阶段，对外贸易作用发挥所依赖的因素不同，早期来说主要依赖劳动力、资本这些传统要素，后期则依赖于技术、知识、制度等新要素。此外，对经济发展水平不同的国家来说，外贸的作用也有差异。

二、国际贸易影响物质财富增长的实证研究

国际贸易与物质财富增长关系在理论认识上的分歧，引发学者们试图从实证的角度去寻找答案。

（一）关于出口与物质财富增长的实证研究

早期关于对外贸易与物质财富增长关系的实证研究主要集中在对出口导向经济增长假设（export-led economic growth，ELG）的检验。巴拉萨（Balassa，1978）[①] 运用秩相关检验分析了 11 个半工业化国家在 1960～1973 年期间实际GDP 平均增长与实际出口平均增长之间的关系，实证结果支持出口导向经济增长；在考虑劳动力平均增长、国内投资占产出平均比例、外资占产出平均比例等变量基础上，又对这 11 个国家在同样时期运用 OLS 回归分析方法，分析实际 GNP 平均增长与实际出口平均增长之间的关系，同样支持出口导向经济增长假设。费德（Feder，1982）[②]，麦克纳布和摩尔（McNab and Moore，1998）[③] 等运用类似的方法也得到出口促进物质财富增长的结论。

然而，麦克利（Michaely，1977）[④] 把所观测的 41 个国家按人均收入水平分成两组，同样运用秩相关检验方法，发现由高收入水平国家组成的组出口增长与经济增长之间存在显著相关性，而低收入国家一组相关性则几乎为零。说明出口对物质财富增长的影响存在临界效应，只有在这些国家达到某个临界发

① Balassa B. Exports and Economic Growth：Further Evidence ［J］. Journal of Development Econmics，1978（5）：181 – 189.

② Feder，G. On Exports and Economic Growth ［J］. Journal of Development Economics，1982（12）：59 – 73.

③ McNab，Robert，M. Moore，Robert E. Trade policy，export expansion，human capital and growth ［J］. Journal of International Trade & Economic Development，1998，7（2）：237 – 256.

④ Michaely M. Exports and Economic Growth：an Empirical Investigation ［J］. Journal of Development Economics，1977（4）：49 – 53.

达水平时才会有效。

　　不同的实证方法可能会带来不同的结论。采用秩相关分析法，即使出口变量与增长变量之间秩相关检验显著，也只能说明两者之间存在一种共同变化关系，运用截面数据进行 OLS 回归分析得出的参数结果也只能说明出口对物质财富增长有导向关系，不能反映因果关系。这两种分析方法并不足以说明出口促进了物质财富增长。近二十年来使用 Granger 因果检验分析手段成为这一研究领域的主流，容和马歇尔（Jung and Marshall, 1985）[1] 利用年度数据，采用双变量系统 VAR 模型以及 Granger 因果检验方法，分析了 1950～1981 年 37 个发展中国家和地区实际 GDP 增长与出口增长的关系，实证结果有很大差异，其中 5 个国家数据支持出口促进物质财富增长，有 11 个存在物质财富增长促进出口的现象，有 1 个国家存在双向因果关系，而其余 20 个国家出口增长与物质财富增长之间不存在因果关系。周（Chow, 1987）[2] 使用部门数据分析了 1960～1984 年 8 个新兴工业化国家和地区实际制造业出口与实际制造业产出之间关系，他实证分析的结论是：墨西哥数据支持 ELG 假说，阿根廷数据不存在因果关系，其他经济体数据则存在双向因果关系。奥克斯利（Oxley, 1993）[3] 考察了 1865～1991 年葡萄牙 GDP 和出口的关系，他采用年度数据建立了 VEC 模型，同时利用了 ADF 检验法和 JJ 检验法，其结果支持物质财富增长促进出口。Karunaratne（1997）[4] 在一个扩展的 6 变量系统中，利用季节调整数据分析得出其观测国家出口与物质财富增长之间存在双向因果关系的结论。

（二）关于进口与物质财富增长的实证研究

　　自重商主义起，传统观念认为进口会挤占本国市场从而不利于本国物质财富增长，因此长期以来关于对外贸易与财富增长关系的实证分析文献往往只注重分析出口和物质财富增长的关系。但是近十余年来，人们开始重视进口对物质财富增长产生的积极作用。

　　① Jung, S. W. , P. J. Marshall. Exports, Growth and Causality in Developing countries [J]. Journal of Development Economics, 1985 (18): 1–12.

　　② Chow, P. C. Causality Between export Growth and Industrial Development: Empirical Evidence from the NICs [J]. Journal of Development Economics, 1987 (26): 55–63.

　　③ Oxley les. Cointegration, Causality and Export-led Growth in Portugal, 1865–1985 [J]. Economics Letters, 1993, 43 (2): 163–166.

　　④ Karunaratne, N. D. High-tech Innovation, Growth and Trade Dynamics in Australia [J]. Open Economics Review, 1997 (8): 151–170.

李（Jong – Wha Lee，1995）[①] 通过内生增长模型说明，利用资本品进行生产时，进口资本品比率越高，人均收入增长率越高，他利用 1960～1985 年跨国横截面数据证实进口资本品对国产资本品比例对人均收入增长率有显著正效应，对发展中国家效果尤其明显。拉莫斯（Ramos，2001）[②] 利用 Granger 因果分析对葡萄牙 1896～1998 年进口、出口和财富增长数据进行了实证分析，其研究结果反映葡萄牙进口和出口之间具有相互促进、相互影响的作用，但没有支持进出口因素对于财富增长具有直接因果影响。麦尔沃和塔瓦科里（Marwah and Tavakoli，2004）[③] 观察了 1970～1998 年东盟四国（印度尼西亚、马来西亚、菲律宾和泰国）的进口对物质财富增长的贡献，他们构建了一个扩展的新古典生产函数，用 OLS 法进行估算，发现进口对印度尼西亚财富增长贡献系数为 0.226，马来西亚为 0.443，菲律宾为 0.287，泰国为 0.428。

（三）关于中国对外贸易与物质财富增长的研究

中国对外贸易高速增长是伴随着中国改革开放和经济持续增长的一个重要现象，这引起了国内外学术界的广泛兴趣，特别是自 20 世纪 90 年代以来，实证研究中国对外贸易（尤其是出口）与物质财富增长关系的文献越来越多。

关和科特森密提斯（Kwan and Cotsomitis，1991）[④] 考察了中国 1952～1985 年实际人均收入与出口占收入比率之间的关系，发现二者存在双向的因果关系。关和郭（Kwan and Kwok，1995）[⑤] 分析了 1952～1985 年中国的年度数据，证实中国数据符合出口导向经济增长假设。刘、宋和罗米利（Liu，Song and Romilly，1997）[⑥] 考察了中国 1983 年第 3 季度至 1995 年第 1 季度数据，采用格兰杰和萧（Grange and Hsiao）的方法时，中国数据支持 ELG，实际 GNP 与进出口总额之间存在双向因果关系；采用 Sims 方法时，中国数据也

---

① Jong – Wha lee. Capital goods imports and long-run growth [J]. Journal of Development Economics, 1995, 48 (1): 91 – 110.

② Francisco F. Riberiro Ramos. Exports, Imports, and Economic Growth in Portugal: Evidence from Causality and Cointegration Analysis [J]. Economic Modelling, 2001, 18 (4): 613 – 623.

③ Kanta Marwah, Akbar Tavakoli. The effect of foreign capital and imports on economic growth: further evidence from four Asian countries (1970 – 1998) [J]. Journal of Asian Economics, 2004, 15 (2): 399 – 413.

④ Kwan A. C. C., J. A. Cotsomitis. Economic Growth and the Expanding Export Sector: China 1952 – 1985 [J]. International Economic Journal, 1991 (5): 105 – 117.

⑤ Kwan A. C. C., B. Kwok. Exogeneity and the Export-led Growth Hypothesis: the Case of China [J]. Southern Economic Journal, 1995 (61): 1158 – 1166.

⑥ Liu X., H. Song, P. Romilly. An Empirical Investigation of the Causal Relationship between Openness and Economic Growth in China [J]. Applied Economics, 1997 (29): 1679 – 1686.

支持 ELG，实际 GNP 与进出口总额之间存在双向因果关系；采用格韦克（Geweke）方法时，中国数据不支持 ELG，出口与实际 GNP 之间没有因果关系。单和孙（Shan and Sun，1998）[①] 观察了中国工业部门数目，证实 1978 年 5 月 ~1996 年 5 月期间中国实际工业产出与出口之间存在双向因果关系。

国内学者中，杨全发和舒元（1998）[②] 研究发现，改革开放以来中国物质财富增长的主要动力是资本投入不断加大，虽然中国初级产品出口增长与物质财富增长呈正相关，但制成品出口增长与物质财富增长呈负相关；对于这个结果，他们解释为，中国在提高制成品出口过程中，仍然停留在粗放型增长上，并没有通过技术进步、提高产品质量等实现集约型发展。沈程翔（1999）[③] 考察了 1977 ~1998 年的年度数据，发现中国出口与产出之间存在双向因果关系，但不存在长期稳定均衡关系。孙焱林（2000）[④] 研究发现，中国物质财富增长和出口间统计关系即使在 50% 水平上仍不显著，提出中国现阶段不宜实施出口导向型经济增长战略，而应该考虑实行进口替代战略。沈坤荣和李剑（2003）[⑤] 的研究分析了多项指标，他们发现中国国际贸易比重与人均产出呈显著正相关，人均资本和制度变革是贸易影响人均产出的显著渠道。张鹤、刘金全和顾洪梅（2005）[⑥] 的研究区分了进出口，他们发现出口对中国财富增长具有"正的贡献"，而进口对财富增长具有"负的贡献"，但由于二者的乘数作用不同，即使保持贸易平衡，中国经济中还是存在显著"贸易剩余"。胡兵和乔晶（2006）[⑦] 引入 Granger 检验模型，考察了中国 1978 ~2003 年的数据，发现对外贸易与财富增长之间不存在 Granger 因果关系，但是通过 TFP 变量和 3 个正反馈过程传递，对外贸易和财富增长之间存在深刻联系：进出口 TFP 之间、出口与 TFP 之间，以及 TFP 与物质财富增长之间都存在正向的相互影响。

由于中国加工贸易占比较大，国内也有学者对加工贸易与一般贸易对财富

① Shan J. , F. Sun. On the Export-led Growth Hypothesis: the Econometric Evidence from China. Applied Economics，1998（30）：1055 – 1065.

② 杨全发，舒元. 中国出口贸易对经济增长的影响［J］. 世界经济与政治，1998（8）.

③ 沈程翔. 中国出口导向型经济增长的实证分析：1977 – 1998 年［J］. 世界经济，1999（12）.

④ 孙焱林. 我国出口与经济增长的实证分析［J］. 国际贸易问题，2000（2）.

⑤ 沈坤荣，李剑. 中国贸易发展与经济增长影响机制的经验研究［J］. 经济研究，2003（5）.

⑥ 张鹤，刘金全，顾洪梅. 国外总需求和总供给对中国经济增长拉动作用的经验分析［J］. 世界经济，2005（4）.

⑦ 胡兵，乔晶. 对外贸易、全要素生产率与中国经济增长——基于 LA – VAR 模型的实证分析［J］. 财经问题研究，2006（5）.

增长的影响做了比较分析。陈春慧和朱帮助（2007）① 关于广东省一般贸易进出口、加工贸易进出口和物质财富增长的协整模型得出：广东省一般贸易对物质财富增长的贡献度大于加工贸易，两者都是物质财富增长的 Granger 原因。杨晓明和王荣（2008）② 则把研究视角放在一般贸易较发达的浙江，研究结果发现出口和进口对浙江物质财富增长都发挥了正向促进作用，对外贸易与浙江省物质财富增长之间存在着长期稳定均衡关系；从长期来看，浙江出口对物质财富增长贡献比进口更大，由此说明浙江经济增长属于出口导向型经济，依赖大量出口推动经济快速增长。

就临界发达水平而言，杨全发（1998）③ 采用 1994 年数据，以人均收入3000 元为标准，把全国的省份分成了两组，回归分析表明人均 GDP 大于 3000元一组出口增长率与 GDP 增长率有着显著相关性，证实了中国各省存在着临界发达水平效应。李建春、罗艳和张宗益（2004）④ 利用 1978～2001 年全国及各省市年度数据所做的研究得出了相似结论，他们通过对全国总体以及东、中、西三个地区因果检验表明，出口与物质财富增长的关系因经济发展水平和阶段的不同而不同。李小平和朱钟棣（2004）⑤ 的研究则发现，中国的进口贸易对物质财富增长的影响存在经济发展水平"门槛"。

三、国际贸易影响 TFP 和人力资本积累的相关研究

科埃和赫尔普曼（Coe and Helpman，1995）⑥ 是较早实证研究贸易对 TFP影响的，他们在格罗斯曼和赫尔普曼（Grossman and Helpman，1991）⑦ 创新驱动增长理论模型基础上建立了科埃和赫尔普曼贸易溢出模型，实证研究了21 个 OECD 国家和以色列共 22 个国家的面板数据，发现工业化国家之间贸易存在 R&D 溢出现象，特别是最发达 7 个国家 R&D 资本存量对其他 OECD 国家TFP 增长有显著促进作用。后来不少学者沿用了科埃和赫尔普曼（1995）分

　　① 陈春慧，朱帮助. 广东省对外贸易方式结构与经济增长研究 [J]. 五邑大学学报（自然科学版），2007（11）.

　　② 杨晓明，王荣. 浙江省对外贸易与经济增长关系的实证研究 [J]. 企业经济，2008（4）.

　　③ 杨全发. 中国地区出口贸易的产出效应分析 [J]. 经济研究，1998（7）.

　　④ 李建春，罗艳，张宗益. 中国出口导向型增长的区域差异性 [J]. 改革，2004（6）.

　　⑤ 李小平，朱钟棣. 国际贸易的技术溢出门槛效应 [J]. 统计研究，2004（10）.

　　⑥ David T. Coe，Elhanan Helpman. International R&D spillover [J]. European Economic Review，1995，39（5）：859–887.

　　⑦ Gene M. Grossman，Elhanan Helpman. Innovation and Growth in the Global Economy [M]. MIT Press，Cambridge，MA. 1991.

析框架，例如，林奇滕伯格和博特尔斯伯格（Litchtenberg and Pottelsberghe，1996）① 实证 13 个 OECD 国家的数据，科埃、赫尔普曼和霍夫迈斯特（Coe，Helpman and Hoffmaister，1997）② 研究了 77 个发展中国家的数据，克雷斯波、马丁和委拉斯凯兹（Crespo，Martin and Velazquez，2002）③ 研究了 28 个 OECD 国家的数据，结果都显示进口产生了显著的技术溢出效益。其中，科埃、赫尔普曼和霍夫迈斯特（1997）在分析 77 个欠发达国家数据时使用了面板模型，检验结果反映发展中国家 TFP 与其工业化贸易伙伴国 R&D 和来自工业化国家机械设备进口以及本国人力资本存量呈显著正相关关系，即人力资本较充裕的发展中国家通过进口贸易可以分享发达国家 R&D 成果。

此外，费雷德利克（Fredrik Sjoholm，1999）④ 分析了印度尼西亚制造业的数据，考察了该国进口、出口和生产率之间的关系，研究结果发现该国生产率增长与出口之间具有正相关关系，但进口对于生产率促进作用很不显著。米勒和阿帕德海耶（Miller and Upadhyay，2000）⑤ 考察了 83 个国家 1960～1989 年数据，使用跨国面板数据模型，分析了贸易开放、贸易导向以及人力资本与 TFP 的关系，结果发现贸易开放度对 TFP 有显著正面影响，但人力资本存量对 TFP 的影响在不同的国家存在差异：在高收入国家，存在负面影响；在中等收入国家，存在正面影响；在低收入国家，当贸易开放度达到一定程度后人力资本对 TFP 产生正面影响。劳伦斯和温斯坦因（Lawrence and Weinstein，1999）⑥ 在部门的层次上对比分析了日本（1964～1985 年）和韩国（1963～1983 年）进口贸易和产业政策与劳动生产率的关系，实证分析证明进口是促进劳动生产率提高的一个重要因素；特别的，进口在带来竞争上的贡献大于其

① Frank Lichtenberg, Bruno van Pottelsberghe de la Potterie. International R&D Spillovers：A Re－Examination ［R］. NBER Working Papers 5668, National Bureau of Economic Research, Inc. 1996 (7).

② David T. Coe, Elhanan Helpman, Alexander W. Hoffmaister. North－South R&D Spillovers ［J］. The Economic Journal, 1997, 107 (440)：134－149.

③ Jorge Crespo, Carmela Martin, Francisco Javier Velázquez. International technology diffusion through imports and its impact on economic growth ［R］. European Economy Group Working Papers 12, European Economy Group, 2002 (5).

④ Fredrik Sjoholm. Exports, Imports and Productivity：Results from Indonesian Establishment Data ［J］. World Development, 1999, 27 (4)：705－715.

⑤ Miller. S. M., Upadhyay. M. P. The Effects of Openness, Trade Orientation and Human Capital on Total Factor Productivity ［J］. Journal of development Economics, 2000 (63).

⑥ Robert Z. Lawrence, David E. Weinstein. Trade and Growth：Import Led or Export Led? Evidence from Japan and Korea ［R］. Working Paper No. 165, Center on Japanese Economy and Business, Columbia Business School, 1999 (8).

带来中间投入品上的贡献。康诺利（Connolly，2003）① 采用专利数据指标分析 1965 ~ 1990 年 75 个国家创新的效用，量化分析了高科技产品进口对发展中进口国模仿与创新的溢出效应。雅各布（Jakob，2005）② 则运用国内的人口数量将国内技术存量标准化，用国外实际 GDP 将国外的技术存量进行平减，以人均进口量作为权重对国外 R&D 进行加权，采用 13 个 OECD 国家 1983 ~ 2002 年的面板数据，结果表明进口贸易技术溢出能够给 OECD 国家 *TFP* 带来 200% 增长。

国内方面，包群、许和连和赖明勇（2003a）③ 选取了出口部门和非出口部门两个分析维度来考察出口贸易对 *TFP* 的促进作用发生渠道，采用 29 个省、市、自治区 1990 ~ 1999 年面板数据对该模型进行实证分析，结果表明出口贸易主要通过对非出口部门技术外溢来促进我国的财富增长，但他们在分析中发现出口在 GDP 中所占份额与财富增长呈现出显著的负相关性，他们认为这是因为出口部门并没有比其他经济部门使用更为先进的技术，从长期看这给增长带来了一定的负面影响。胡兵和乔晶（2006）④ 选取了 1978 ~ 2003 年的中国样本数据，运用 LA - VAR 模型，通过 Granger 因果检验并考察广义脉冲响应函数，在四变量系统内分析了中国对外贸易、*TFP* 与财富增长之间的关系，结论表明在样本期间内中国对外贸易与财富增长之间不存在 Granger 因果关系，但是进出口之间、出口和 *TFP* 生产率之间，以及 *TFP* 与经济增长之间均存在正向相互影响。李平和鲁婧颉（2006）⑤ 扩展了科埃和赫尔普曼贸易溢出模型，运用面板数据模型分析了 1985 ~ 2003 年国内相关数据，发现进口贸易对中国东、中、西部技术进步都发挥着重要作用，其中中部最为突出。

也有学者考察了不同商品进口对 *TFP* 的影响。例如，朱春兰和严建苗（2006）⑥ 利用 1980 ~ 2003 年中国数据，选取了不同种类商品进口增长率影响

① M. Connolly. The Dual Nature of Trade：Measuring Its Import on limitation and Growth ［J］. Journal of Development Economics，2003（72）.

② Jakob Brøchner Madsen. Technology Spillover through Trade and TFP Convergence：120 Years of Evidence for the OECD Countries ［R］. EPRU Working Paper，ISSN 0908 - 7745，2005（1）.

③ 包群，许和连，赖明勇. 出口贸易如何促进经济增长？——基于全要素生产率的实证研究 ［J］. 上海经济研究，2003a（3）：3 - 10.

④ 胡兵，乔晶. 对外贸易、全要素生产率与中国经济增长——基于 LA - VAR 模型的实证分析 ［J］. 财经问题研究，2006（5）.

⑤ 李平，鲁婧颉. 进口贸易对我国各地区个要素生产率增长的实证分析 ［J］. 经济问题探索，2005（2）.

⑥ 朱春兰，严建苗. 进口贸易与经济增长：基于我国个要素生产率的测度 ［J］. 商业经济与管理，2006（5）.

TFP 的分析视角。结果发现进口总体上通过提高 TFP 促进了财富增长；初级产品进口对 TFP 增长没有显著影响，但非食用原料和矿物燃料、润滑油及有关原料进口有显著影响；工业制成品进口对 TFP 增长有显著影响，但轻纺产品、橡胶制品、矿冶产品及其制品进口没有显著影响。

对外贸易对 TFP 的影响往往与人力资本积累有关。黄先海和石东楠（2005）[①] 扩展了科埃和赫尔普曼贸易溢出模型，就贸易对我国 TFP 影响大小进行测度，分析结果表明贸易渠道溢出的国外 R&D 资本存量对我国 TFP 提高有着明显促进作用，不过要小于国内自身 R&D 资本存量的促进作用，人力资本要素通过提高创新能力间接地促进了我国 TFP 增长。许和连、亓朋和祝树金（2006）[②] 借鉴了米勒和阿帕德海耶（2000）的方法，通过构建省级面板数据模型，分析 1981～2004 年中国贸易开放度和人力资本对 TFP 和财富增长的影响，同时考察了地区差异性。实证分析结果表明：人力资本积累有助于提高物质资本利用率，人力资本积累水平提高对 TFP 影响比对物质财富增长的影响更为直接，人力资本主要通过影响 TFP 而作用于物质财富增长；对贸易开放度考察发现，贸易开放度主要通过影响人力资本积累水平来影响 TFP，而且贸易开放度和人力资本对 TFP 影响在东、中、西部存在地区差异。相对而言，在东部沿海地区，人力资本积累和贸易开放度提高对本地区 TFP 提升起到了积极作用；但在中、西部地区，人力资本投入和贸易开放度与 TFP 之间并不存在显著联系。

由上述分析可见，关于对外贸易对财富增长的影响，相对于理论分析而言，实证研究结果差异更多，这主要是由于模型设定、变量选取、数据来源及处理和实证分析技术等方面存在很大差异。尽管理论上基本认同对外贸易的促进作用，但实证研究并未达成一致结论，这说明对外贸易对一国财富增长的作用依然是一个有待进一步研究的命题。

第二节　关于国际贸易影响收入差距的实证研究

根据斯托尔珀—萨缪尔森定理，对外开放会提高一国相对充裕要素的收

① 黄先海，石东楠. 对外贸易对我国全要素生产率影响的测度与分析［J］. 世界经济研究，2005（1）.

② 许和连，亓朋，祝树金. 贸易开放度、人力资本与全要素生产率：基于中国省际面板数据的经验分析［J］. 世界经济，2006（12）.

入，降低相对稀缺要素的收入。在市场自由机制作用下，要素价格具有均等化趋势，从这个角度看，要素所有者的收入也应有均等化趋势。然而，由于各种商品的价格实现机制不同，斯托尔珀—萨缪尔森定理有时并不适用。

布尔吉尼翁和莫里森（Bourguignon and Morrisson，1990）[①] 采用发展中国家数据研究了贸易保护、要素禀赋对个人收入分配的影响，发现较高农产品出口比例会导致收入不平等程度提高。卡罗尔·利特温（Carol Litwin，1998）[②] 也采用发展中国家截面数据分析对外开放和收入分配之间关系，发现对外开放对一国收入分配的影响依赖于该国人力资本禀赋，在拥有较好初等教育的国家，其制成品出口比例较高，收入不平等现象相对不那么突出，而出口结构中初级产品比例较高国家或地区则面临较严重的收入差距现象。哈拉尔德·拜尔、帕特里西奥·罗哈斯和罗德里戈·维加拉（Harald Beyer，Patricio Rojas and Rodrigo Vergara，1999）[③] 观察了智利在过去 20 年的数据，他们运用协整分析方法考察长期以来智利技能劳动者报酬与产品价格、开放程度以及要素禀赋之间的关系，发现智利收入差距拉大的一个重要原因就是劳动密集型产品相对价格下降，而以外贸依存度作为衡量指标的贸易开放度的扩大加剧了技能与非技能劳动者之间的收入不平等。雷蒙德·罗伯特森（Raymond Robertson，2000）[④] 考察了墨西哥的数据，发现贸易自由化增加了对技能劳动者的需求，进而带动工资差距的扩大。弗朗西斯·格林和安迪·迪克森（Francis Green and Andy Dickerson，2001）[⑤] 则研究了巴西的数据，就巴西贸易自由化前后工资差异、技能劳动者工资水平以及就业构成情况进行了实证分析，发现实行贸易自由化给巴西带来了技能偏向型技术流入，导致了对技能劳动者相对需求增加，带动高学历劳动者的报酬提高。吉列尔莫·佩里和马塞洛（Guillermo Perry and Marcelo Olarreaga，2006）[⑥] 分析了 20 世纪 80 年代末 90 年代初 17 个拉

[①] Bourguignon F, Morrisson C. Income distribution, development and foreign trade-a corss-sectional analysis [J]. European Economics Review, 1990, 34 (6): 1113–1132.

[②] Carol Litwin. Trade and income distribution in developing countries [J]. Working paper in Economics, 1998 (9).

[③] Harald Beyer, Patricio Rojas, Rodrigo Vergara. Trade liberalization and wage inequality [J]. Journal of Development Economics, 1999 (59).

[④] Raymond Robertson. Trade liberalization and wage inequality: lessons from the Mexican experience [J]. World Development, 2000, 23 (6).

[⑤] Francis Green, Andy Dickerson. A picture of wage inequality and the allocation of labor through a period of trade liberalization: the case of Brazil [J]. World Development, 2001, 29 (11).

[⑥] Guillermo Perry, Marcelo Olarreaga. Trade liberalization, inequality and poverty reduction in Latin America [R]. Paper presented at ABCDE, San Petersburg, January 2006.

美国家的数据，证实贸易开放会导致收入不平等程度的提高，主要原因是对外贸易动态效应会加速技术偏向型技术进步，从而带动绝大多数行业对技术工人需求提高，推动技术工人工资上涨，拉大收入不平等。

　　国内方面，赵莹（2003）[①] 考察了 1978～1998 年中国时间序列数据，证实贸易开放度的提高和 FDI 的大量进入都扩大了中国的收入差距。何璋和覃东海（2003）[②] 分析了中国 1999～2001 年省际截面数据，研究表明外贸依存度和收入差距之间存在着"U"型关系，外商直接投资占 GDP 比重与收入差距之间存在着明显负向关系。徐永安（2003）[③] 采用两要素模型观察了中国加入世界贸易组织（WTO）以后收入分配状况的变化，提出从贸易比较优势角度来看，加入 WTO 有利于降低中国收入不平等程度。戴枫（2005）[④] 采用 1980～2003 年中国时间序列数据，就基尼系数和外贸依存度的关系进行了 Granger 因果关系检验和协整检验，发现二者之间存在着长期稳定关系。王少瑾（2007）[⑤] 采用中国 1991～2004 年跨省面板数据进行分析，结果发现进出口总额占 GDP 比重和 FDI 占 GDP 比重的提高都会导致各地区收入不平等程度提高。在将进出口细分为进口和出口后，发现进口增加会显著地导致各地区收入不平等程度上升，但出口增加会导致收入不平等程度下降，只是后者的系数检验结果不太显著。

　　综观国内外学者的研究，由于不同学者在关键指标的选取上有很大差异，得出的结论也存在较大差异，但众多学者从多个层面分析了对外贸易对收入分配的影响，他们的研究结论对我们分析外贸财富效应具有很大借鉴意义。

---

①　赵莹. 中国的对外开放和收入差距 [J]. 世界经济文汇，2003（4）.

②　何璋，覃东海. 开放程度与收入分配不平等问题——以中国为例 [J]. 世界经济研究，2003（2）.

③　徐永安. 贸易自由化与中国收入分配的演变 [J]. 世界经济文汇，2003（4）.

④　戴枫. 贸易自由化与收入不平等——基于中国的经验研究 [J]. 世界经济研究，2005（10）.

⑤　王少瑾. 对外开放与我国的收入不平等 [J]. 世界经济研究，2007（4）.

第三章

国际贸易对区域财富增长的作用机理

斯密在《国富论》中论述了客体形态财富的性质及其来源。在他看来，增加财富主要有三种方法：一是提高劳动生产率；二是增加生产劳动者人数，提高生产劳动者对非生产劳动者的比例；三是实行自由放任的经济政策①。斯密的学说受限于当时的经济发展状况，但依然反映了财富增长的基本途径。我们拓展了斯密的观点，综合了主体形态和客体形态财富的特征，从提高 *TFP*、增加要素投入和促进制度变迁三个角度分析对外贸易对财富增长的影响，提高 *TFP* 水平和要素中人力资本积累既是主体形态财富增长的表现，也是客体形态财富增长的基础。此外，还从对外贸易对收入差距的影响考察对外贸易对国民福利增长的影响。

第一节　国际贸易促进区域财富增长的途径

一、扩大要素投入规模

（一）进口稀缺资源

一个国家增长财富需要多种生产要素，但任何一国都不可能拥有财富增长所需的全部生产要素，此时某种要素稀缺就会造成财富增长的瓶颈。对于资源贫乏国家（如日本）来说，进口生产要素对财富增长就显得十分重要。对于资源相对丰富的国家来说，进口作用也并没有多大程度的降低。因为无论一国

---

① 亚当·斯密. 财富的性质和原因的研究（上卷）[M]. 北京：商务印书馆，1972（12）.

资源多么丰富，总会存在某种资源瓶颈，如果这些瓶颈不能克服，根据"木桶原理"，其经济发展依然会受到严重限制。

大部分发达国家在其经济起飞过程中都曾从欠发达国家进口便宜的原料和燃料。生产要素的大量进口，既弥补了国内相关要素供给不足，也大大减缓了国内富裕要素边际报酬率下降，对促进经济发展起到明显推动作用。而大部分发展中国家则普遍缺乏现代化机器设备的生产能力，通过从发达国家进口先进机器设备对其经济发展起到了至关重要的作用。

当前，专业化分工不断深化，制成品生产通常需要大量中间产品投入。对于任何一个国家，由本国生产大量中间产品是不经济的，也是不可能的。对于国内市场狭小的国家而言尤其如此。中间品的大量进口不仅降低了其价格进而使生产成本降低，也提高了其产品质量，这样会大大提升进口国制成品的国际竞争力。

当一国存在资源短缺时，通过进口可以缓解财富增长的瓶颈，扩展生产可能性边界。特别是在某个经济体处于供给约束条件时，如果总需求增加，不仅不会引起经济增长，还会引起价格水平大幅度上涨，此时进口国内短缺投资品和消费品可以抑制物价上涨，而且资本品的进口会产生类似于支出乘数的乘数效应，成倍扩大国内供给，带动财富增长。

中国直到 1997 年才逐渐进入供大于求的需求约束型经济，之前相当长时间一直是资源短缺、商品供不应求的供给约束型经济，大量进口有效地缓解了中国财富增长的供给瓶颈。通过进口国内紧缺资源、引进先进设备来突破供给瓶颈，是中国经济从封闭型向开放型转型、稳步持续发展的主要手段。

今天的世界经济已经进入全球化发展阶段，要素流动是其主要特征。适时引入自己所需的高级要素，是推进本国经济升级的重要手段，这一点对于发展中国家尤为重要。

（二）通过出口带动闲置资源的利用

如果一国存在闲置资源（产品、自然资源、劳力和资本），通过出口贸易带动生产规模扩大，增加了实际生产过程中的要素使用量，也相当于增加了要素投入，可以促进财富增长。一国的出口贸易额是该国 GDP 的一部分，如果出口扩大利用了原有的剩余资源，必然会导致 GDP 的增长。早期亚当·斯密有关"剩余产品出路"（Vent for Surplus）学说以及 20 世纪罗伯特逊所提出对外贸易是"经济增长的发动机"（Engine for Growth）命题，都是基于相关国家存在大量农产品以及原料等闲置资源，一旦受到先进工业国大幅进口刺激，便会导致这些闲置资源出口产业的迅速扩大，进而推动整个国民经济增长。斯密"剩余产品出路"说假定一国在开展对外贸易之前处于不均衡状态，存在大量闲置资源或剩余产品，在实施对外开放后，出口为本国剩余资源提供了出路。他认为出口可以给国内消化不了的那部分劳动成果开拓一个更为广阔的市场，这将鼓励他们去改进劳动生产力，竭力增加他们的年产出，从而增加整个社会的真实财富与收入。由于出口的是剩余或闲置资源生产的产品，不会挤占其他部门的资源，也不会减少其他国内经济活动，出口所带来收益或者换回本国需求的产品几乎是没有机会成本的，因而必然促进本国财富增长。

凯恩斯对外贸易乘数理论也是基于本国就业不足的前提，即存在大量劳动力及资本过剩，需要通过扩大出口来增加对本国产品的需求。商品或劳务出口所获得的货币收入会使出口产业部门收入增加，推动消费增加，进而引起与出口产业部门相关的其他产业部门生产增加、就业增多、收入增加。如此反复下去，最终收入增加量将为最初出口增加量的若干倍，从而刺激财富增长，实现充分就业。

在刘易斯的二元经济模型中，农业部门存在大量的剩余劳动力，工业部门在不断扩展中吸收农业部门的过剩劳动力，从而推动整个国民经济增长。因此，当出口扩大发生在工业部门时，抑或利用了农业部门的剩余劳动力，就会推动财富大幅增长。

（三）促进物质资本积累

物质资本是实现财富增长的物质基础和条件。早在 18 世纪，亚当·斯密等人就已经论述了资本的积累与财富增长之间有着密切联系，甚至认为资本积累量是财富增长的关键因素之一。在哈罗德·多马模型中，经济增长率取决于资本产出率和储蓄率。资本产出率主要受技术因素影响，在短期内不会有太大改变，所以经济增长率主要受储蓄率影响，而通常人们都基本假定储蓄率可以全部转化为投资，也就是说经济增长率实际上主要由投资率或资本积累决定。罗斯托、纳克斯、纳尔逊等发展经济学家也都认为，要消除贫困、促进财富增长，就必须努力提高储蓄率以及投资水平。随着时代的发展，特别是在科技日新月异、知识"大爆炸"的时代，物质资本以外的其他要素对财富增长的促进作用日趋重要，但物质资本作为非物质资本及其他一切财富增长要素的载体，仍将对财富增长发挥巨大作用。

由此可见，资本积累是财富增长的一个基本条件，而对外贸易能够促进一国物质资本积累。

1. 稀缺要素和资本品进口的促进作用

如前所述，进口稀缺要素和中间产品，可以突破供给约束，进而促进经济增长；除此以外，这类进口可以促进进口国物质资本积累。正如大卫·李嘉图所说，对外贸易是实现英国工业化和资本积累的一个重要手段。根据经济学的解释，随着人口的增加，食品等生活必需品价格会因土地收益递减规律作用而逐渐变得昂贵，工资劳动力价格也将随之上涨。在商品价格不变的条件下，工资上涨使利润下降进而妨碍资本积累。这个时候，适当进口外国较便宜的生活必需品以及原料，能够在一定程度上抵消本国土地收益递减引起的工资上涨和利润下降倾向，促进资本积累和财富增长。

另外，在国内资本品生产能力有限时，进口国外高档资本品可以提高本国投资水平，提高储蓄率，从而促进资本积累。在开放条件下，如果国内投资品供给弹性有限，提高投资率的一种便捷办法就是从国外进口资本品。投资率提高会增加国民储蓄，这将有利于资本积累。与此同时，当一国国内投资品供给相对经济增长需求不足时，其国内价格一般高于国际市场价格，这时通过进口国外投资品还可以平抑投资品价格，从而提高实际投资水平以及投资利润率。这一点对发展中国家来说尤其重要，因为受生产力水平限制，发展中国家通常在生产资本货物方面能力薄弱。对资本货物进口实行贸易自由化，会降低资本货物相对价格，提高资本货物投资率；而如果对资本货物实行贸易限制，则会提高资本货物相对价格，降低国内储蓄，造成实际投资水平下降。罗德里克（Rodrik）认为那些因为贸易限制而导致资本货物投资价格相对较高的国家通常投资率较低，第二次世界大战后许多拉美国家和非洲国家都曾由于对资本设备进口进行限制而最终"搬起石头砸自己的脚"①。

2. 利用外部需求扩大生产规模的促进作用

对外贸易使市场范围扩大，当一国存在闲置资源时，可以充分利用国际市场需求，把国内剩余的资源投入生产。发达国家往往存在资本方面过剩，它既可以通过资本市场或对外直接投资获取回报，也可以通过扩大国内生产并借助商品输出实现资本增殖。发展中国家在工业化过程中，工业部门吸收农村剩余劳动力进行出口产品的生产，不仅有利于农村剩余劳动力转移，促进农村经济发展，还可以通过出口劳动密集型产品，提高劳动力生产要素报酬，从而增加资本积累。

对外贸易不仅可以提高企业外部规模经济，还可以提高企业内部规模经

---

① Dani Rodrik. 新全球经济与发展中国家：让开放发挥作用 [M]. 北京：世界知识出版社，2004 (12)：18 – 19.

济。贸易使市场扩大，而市场扩大也为企业实现规模经济提供了可能。从实践看，贸易通过规模经济促进经济增长的效应对国内市场狭小国家和一些最佳产出规模相对于现有市场而言较大的产业尤为重要。克鲁格曼应用规模经济和市场的不完全竞争性对产业内贸易所做的解释，在某种意义上说明了在规模报酬递增条件下，出口能够带动产量扩大，帮助企业实现规模经济，提高利润率，促进资本积累，最终推动财富增长。

此外，对外贸易还可通过深化一国参与国际分工、开展专业化生产，提高劳动生产率，进而促进资本积累。

（四）促进人力资本积累

人力资本是指蕴含于人们自身的各种生产知识与技能的存量总和，因为需要一定的投资并会带来回报，从而体现出"资本"的特征。

从历史的角度看，财富增长过程实际上也是产业结构不断调整的过程，传统产业不断萎缩，在国民经济中所占比重不断下降，同时具有新知识背景的产业则呈现相反趋势，在国民经济中所占比重不断上升。这种转变能否顺利实现基本是以人力资本的不断提高为前提的。从各国发展实践看，人力资本充裕的国家比人力资本贫乏的国家具有更快的财富增长速度。例如，20 世纪 60 ~ 70 年代韩国和巴西都进行了贸易自由化改革，但由于两国在教育政策以及人力资本积累方面采取了不同措施，导致贸易自由化后两国经济增长率的巨大差异。

一般而言，人力资本可以通过教育和工作培训获得积累。就获取渠道来说，一方面，在社会不断发展和进步的过程中，人类逐步积累了大量技术知识和社会知识存量，这些存量可通过教育的途径被传播和利用，最终成为经济规模高速增长和结构迅速变化的源泉；另一方面，人们在从事生产活动过程中，除了不间断地将大量资源投入于制造资本品，还会以各种方式对自身进行投资，用于发展和提高自身的智力、体力等素质，以形成更强的生产能力。这种通过"干中学"所获取的专业化知识具有很强的外部性，使人们的平均技能水平或人力资本水平可以在人与人之间传递，其结果是不仅提高了自身生产率，还提高了物质资本的生产率，并带来了生产中的递增收益。

在开放经济中，对外贸易拓展了一国人力资本积累的途径。首先，对外贸易通常能够促成并深化专业化分工，受益于"干中学"效应，专业化生产将有利于一国人力资本禀赋的增长；其次，从国外进口新技术可以节约本国研发费用，加快国内的资本积累，同时新技术中所蕴含的知识可通过溢出效应促进本国的人力资本积累，并提高劳动生产率。

对于发展中国家来说，其自身综合能力相对较弱，通过吸收国外先进技术来弥补本国人力资本投资的不足、提高本国技术水平和人力资本存量，可以产生显著的财富增长效应。从操作层面看，出口商可通过从国外供货方获取信息以改善产品的生产方法和服务质量，进口商则可通过获得其他地区生产的商品和服务中所包含的知识来提升国民对先进知识和技术的认识。

（五）促进外商直接投资进入

从发展过程看，国际贸易与国际投资之间存在着互补关系与替代关系。基于一国角度，开展对外贸易可以提高该国国民对国外市场的认知程度，降低投资成本和投资风险，这样会促进其对外投资的发展，而对外投资的发展也会带动中间产品的流动以及产成品的跨国营销；但是，对外输出产品会挤占一部分资本输出的生存空间，而以绕过贸易壁垒为初衷的对外投资则明显会减缓产品输出的扩张。从整体上看，一般认为互补关系要大于替代关系，即认为国际投资在替代部分贸易时也衍生了新的贸易机会，而国际贸易的适度发展也有利于吸引国际投资。

一个国家对外贸易程度从一个层面反映了该国对外开放程度。一般来说，一国对外贸易程度越高，该国国内投资环境就越趋于改善和提高，这自然有利于该国吸引国际投资；反之，一国参与国际贸易程度越低，其产品进入他国市场难度越大，对吸引出口导向型外国投资就越不利。

二、提高 TFP

（一）引进先进的设备和技术

一国通过技术进口可以较快获取先进技术，节约本国自行研究的费用与时间。许多国外同类研究都表明，进口（特别是资本品进口）通过其生产及其技术溢出，能使进口国较快地接近国外技术水平。这一点对于发展中国家来说作用尤其明显，通过引进发达国家机器设备和产品，既可以"干中学"进而加速专业化人力资本的积累，又可以通过进一步模仿和创新来促进本国 TFP 提高、保持经济的长期增长动力，这也是发展中国家后发性优势之一。

（二）深化国际分工和专业化生产

经济学家普遍认为分工和专业化生产能够提高劳动生产率。斯密在《国富论》的开篇就阐述了分工的效应："劳动生产力的提高，以及运用劳动时所表现的更大熟练、技巧和判断力，似乎都是分工的结果。"马克思也有相关论述，他说"构成工场手工业活机构的结合总体工人，完全是由这些片面的局部工人组成，因此，与独立手工业比较，在较短时间内能生产出较多东西，劳动生产力提高了。在局部劳动独立化为一个人专门职能之后，局部劳动方法也完善起来。经常重复做同一种有限动作，并把注意力集中在这种有限动作上，就能够从经验中学会消耗最少力量达到预期效果。"①

　　劳动分工规模受到市场范围的制约。对外贸易可扩大市场范围，从而能促进生产分工。斯密认为，分工是财富增长的源泉，分工水平取决于市场范围；他在《国富论》里提到："分工起因于交换能力，分工程度总要受交换能力大小限制，换言之，要受市场广狭限制。市场要是过小，就不能鼓励人们终生专务一业。"杨格（1996）② 发展了斯密理论，他认为"报酬递增取决于劳动分工发展，劳动分工取决于市场规模，而市场规模又取决于劳动分工，经济进步正是存在于上述条件之中"，显然，在杨格看来，市场范围与分工演进互相促进，促成报酬递增，从而推动经济进步。以杨小凯为代表的新兴古典经济学则认为，分工演进是专业化收益和交易费用两难冲突折中的结果③。如果分工收益增加速度能超过交易费用的增长速度，分工演进会越来越快，带动经济进入起飞阶段。对外贸易是市场范围扩展的显著标志，它的扩大必然能够促进分工深化和生产率提高，最终加速财富增长。

（三）促进规模经济形成

　　现代化生产越来越强调规模效益，倡导通过各种途径达到规模经济的最佳点。规模经济能使产品的生产投入量小但产出最大，成本最低但竞争力最强。对外贸易就是促成规模经济的重要途径之一。首先，通过对外贸易可以获取廉价原料、燃料、辅助材料，进口先进机器、设备降低生产成本，满足扩大生产规模需要；其次，通过对外贸易还可以扩大商品销售市场，使生产摆脱国内市场局限，刺激本国产业规模扩大，使生产能够获得规模效益，又进一步降低生产成本、提高劳动生产效益，最终推动财富增长。

---

① 马克思. 资本论（第一卷）［M］. 北京：人民出版社，1975：376.
② 阿林·杨格. 报酬递增与经济进步［J］. 经济社会体制比较，1996（6）.
③ 杨小凯，张永生. 新兴古典经济学与超边际分析［M］. 北京：社会科学文献出版社，2003.

（四）输入先进理念

有关组织生产过程、生产新产品以及确认具有潜在市场需求商品等观念，对于财富增长具有举足轻重的作用。如同罗默（Romer，1993）① 强调指出的，有关经济增长的很多议论都主要集中于"物品"层面，而忽视了"观念"的重要作用。落后经济的一个优势是可以从富裕国家引进先进观念，进口"观念"以提高生产率是技术落后国家的一个特别优势。

罗默（1993）把"使用观念"与"生产观念"这两种战略加以区别。他认为，中国台湾是一个成功的典型例子，当局把行政干预与对外贸易相结合，成功地推动省内"观念"生产；毛里求斯则不同，该国政府主要依靠吸引跨国公司到出口加工区进行投资，这是"使用观念"战略。罗默比较了中国台湾和毛里求斯的两种模式，认为前者优于后者，"生产观念"战略带来的经济收益更大。但是，他也强调，由于存在寻租和保护主义等情况，"生产观念"战略风险要更大一些，需要有好的监督机制。

兰德斯（Landes，1998）② 曾对世界经济史做过权威研究，他认为，是否向源自国（境）外的观念开放，是物质生活高度发达的"文化"与物质生活相对贫穷的"文化"之间的一个重要差别。进口观念与进口货物是不同的。人们很容易想到一般国家（地区）可以进口大量消费品，但是并不是每个国家（地区）都能采用或适应其贸易伙伴首创的技术。兰德斯曾用这一观点来解释中国一些国家（地区）经济史。成功的例子有，韩国和中国台湾尽管在20世纪60~70年代实行了种种贸易限制措施，但是他们在引进观念方面非常成功。一般说来，只有在进口国家（地区）具备了较高个人技能和组织能力，引进观念才较容易成功。

（五）技术溢出效应

根据新贸易理论的观点，传统贸易理论所推崇的由专业化生产和已有资源重新配置带来的静态利益是次要的，更为重要的是贸易所带来的动态利益。这种动态利益之一是国际贸易在国际技术扩散中通过外溢效应促进国内技术进步、生产率提高、国内产业结构提升，进而促进一国财富增长。

---

① Paul Romer. Two strategies for Economic Development：Using Ideas and Producing Ideas ［C］. In Proceedings of the World Bank Annual Conference on Development Economics 1992. Washington, DC, World Bank, 1993.

② David Landes. The Wealth and Poverty of Nations ［M］. New York：W. W. Norton, 1998.

1. 出口学习效应及其外部性

（1）出口学习效应。

出口"学习效应"（learning effects）是指，企业可以通过国际接触从国外客户那获得新的生产技术与产品设计等，从而提高企业生产率，或者说企业可以通过"干中学"来提高生产率。出口商品的国际买家往往喜欢低成本、高质量的产品，他们有时会为出口企业提供关于产品设计的知识和信息，有时会为出口商提供技术协助，甚至还可能会建议出口企业如何改进生产过程和方法。出口企业为了能取得国际订单，基本都会接受国外客户的要求，有意无意地按照国际市场需求来调整自己的生产。

（2）出口部门正外部性。

一般来说，出口企业和部门都具有比较优势，本身就具有较高生产率，在其开展对外业务时会产生正的外部性，带动非出口部门生产率的提高。

出口外部性首先体现为规模经济效应。出口能扩大生产规模，在国内市场规模比较小的情况下，出口就成为获得规模经济最本质的力量。出口规模扩大有助于降低国际运输成本和提高出口支持服务，进而降低后来者出口成本。随着出口扩张，资源重新配置效应和外部性会全面提高整个经济生产率。

出口外部性的另外一个重要体现就是出口也可能成为知识溢出渠道。出口企业通过贸易所获得的技术知识和信息能被国内其他生产厂商吸收，进而产生溢出效应。

安德鲁·莱文和劳特（Andrew Levin and Raut，1997）[①] 采用新经济增长模型中处理外部性的方法，用下列模型来表述出口学习效应及外部性对 TFP 增长的影响：

$$Y = Af(K, L)$$
$$A = B\left(1 + \eta \frac{X}{Y}\right)X^{\theta} = B(1 + \eta E)X^{\theta} \qquad (3-1)$$

式（3-1）中，Y 代表总产出，A 代表技术（这里用来度量 TFP），K、L 分别表示资本存量和劳动。A 由出口量和出口占总产出的比重共同内生决定，X 表示实际出口额，η 为出口占总产出比重弹性系数，反映了出口部门生产率优势，θ 度量了出口外部性，E 为出口占总产出比重，B 为常数项，代表 TFP 的其他外部影响因素。

① Andrew Levin, Lakshmi K. Raut. Complementarities between Exports and Human Capital in Economic Growth: Evidence from the Semi-industrialized Countries [J]. Economic Development and Culture Change, 1997, 46（1）: 155 - 174.

对式（3-1）进行代数化处理，可得：

$$\ln A = \ln B + \ln(1 + \eta E) + \theta \ln X \approx \ln B + \eta E + \theta \ln X$$

$$\frac{\dot{A}}{A} = \eta \dot{E} + \theta \frac{\dot{X}}{X} \tag{3-2}$$

从式（3-2）中可以看出，若仅仅考虑出口贸易的影响，TFP 增长受学习效应、外部性和出口部门生产率优势多重作用。如果 η 为正，出口学习效应越显著，出口部门相对要素生产率优势越大，出口占总产出比重及其增长速度就越大，则 TFP 增长就越快。如果出口存在正外部性，则 θ 为正，那么出口增长越快，溢出效应就越明显，TFP 增长就越快。

出口部门与非出口部门存在着资本和劳动边际产出比例差异，表示为 δ，在非出口部门边际劳动生产率与平均劳动生产率大致相等的条件下，δ 可以通过式（3-3）计算得到：

$$\delta = \frac{\eta + \theta}{1 - \eta - \theta} \tag{3-3}$$

式（3-3）中，δ 的实际经济意义是出口部门单要素生产率高于非出口部门倍数。安德鲁·莱文和劳特（1997）以 10 年为一时段，对 1965~1984 年 30 个半工业化国家和地区的数据进行了计量分析，得到 $\delta = 0.89$，即这些国家和地区出口部门 TFP 比非出口部门高出 89%。

2. 进口技术扩散效应

新增长理论强调国际贸易技术扩散效应，认为国与国之间的贸易可以加速先进科学技术、知识和人力资源在世界范围内的传递，使参与贸易各国知识、技术和人力资源水平得到提高。

从运作上看，技术投资的回报具有部分私人和部分公共的双重特性，技术投资可以使发明者受益外，还可以通过增加其他企业和个人的知识基础而给他们带来收益，这就是技术知识扩散的作用。例如，新产品设计会加速竞争产品发明，因为第二个发明者可以通过研究和模仿新产品的生产从中获取新知识进而增加收益。

在国际平台上，技术扩散渠道主要有国际贸易、FDI、劳务输出、人口迁移以及信息交流等。首先，以国际贸易、FDI 为渠道的技术扩散大多体现在伴随这些经济活动而进行的机器、设备等具体商品交换中，借助商品流动而发生扩散。其次，通过进出口、FDI 的运作可以建立和维持国际交流渠道，这些渠道能推动生产方法、生产设计、组织方法、消费偏好跨边界交流与学习，各方共同受益、提高技术水平。

（六）竞争效应

市场机制可促进资源优化配置的一个大重要前提就是存在竞争机制。激烈的竞争迫使企业降低成本、强化管理、努力创新，进而提高资源配置效率。

贸易自由化把出口企业推向竞争更激烈的国际市场，同时又给国内企业带来来自外部的竞争，而且这种竞争具有时间上的继起性以及横向的无限延伸，给本土企业带来全方位的冲击，驱使低效率甚至无效率的企业改用最佳的技术、实施最有效的管理，争取得到较好的中间产品和资本品，以降低成本、提高产品竞争力。另外，贸易自由化还能弱化国内企业垄断力量，增加定价的合理性，提高资源利用效率，通过调整国内资源配置进而产生重要而长期的财富增长效应。

三、促进制度变迁

新制度经济学派认为制度是财富增长的主要决定因素。诺斯（1994）[①] 在《西方世界的兴起》中指出，创新、规模经济、教育、资本积累等只是财富增长的表征，而不是财富增长的原因，他认为制度才是决定财富增长的核心要素。从理论上讲，制度可以通过以下渠道促进财富增长：（1）通过确定规则、提高信息透明度、减少不确定性来降低交易成本；（2）通过对财产权和知识产权提供保护、促进技术创新和激发企业家精神来塑造经济发展的良好微观基础；（3）通过正规法令规章和非正规行为准则、道德规范、社会习俗等来提高市场运作和资源配置效率等。

对外贸易可以促进制度变迁。诺斯在《制度》[②] 一文中专门提到了从贸易中获取收益的制度，他认为最早的经济是村庄内部的本地交易，后来逐渐扩展到村庄范围之外，再慢慢往外延伸，直至世界各地。在每一个阶段，劳动专业化和分工都不断增强，这往往会导致交易中出现更多的不确定性，从而增加交易成本。为了减少交易成本，就要不断地进行制度创新，从而使更为复杂的远程贸易成为可能。当时，荷兰人正是凭借创立了各种新制度，使荷兰成为有利于交易和商业增长最有效率的市场。例如，荷兰有开放的移民政策，吸引了大量商人；荷兰人开创了为远程贸易提供资金融通的有效方法并发展了资本市场；他们还为远程贸易提供保险的各种风险精算技术等。

---

① 道格拉斯·C·诺斯. 经济史中的结构与变迁［M］. 上海：上海人民出版社，1994.
② 道格拉斯·C·诺斯，李志宏. 制度［J］. 东南学术，2006（4）：52-62.

　　拉尼斯（Ranis，1995）① 在考察东亚经济取得成功的原因时，发现这些经济体在开展对外经济活动时都建立了相对稳定和有效率的行政管理制度、竞争性的市场制度和自由企业制度、融现代文化和现代意识于一体的文化制度等，正是在这些制度基础的支撑下，东亚经济体顺利地实现了由传统经济体制向市场经济制度的转化，实现了财富的增长。

　　综合而言，我们认为对外贸易主要通过以下途径影响制度变迁。

（一）对外贸易增加制度变迁的需求因素

　　1. 贸易发展诱致财产权利结构变迁

　　贸易发展最直接的影响，就是推动同质产品的国内价格与国际价格趋同。根据斯托帕—萨缪尔森定理（The Stolper – Samuelson Theorem），某一商品相对价格上升，将导致该商品密集使用的生产要素实际价格或报酬提高，而另一种生产要素实际价格或报酬则下降。因此，贸易本身的深化发展会引起一国国内不同商品和不同要素之间相对价格的变化。在历史上，相对价格的持续变化，往往会诱致更为昂贵生产要素所有者的财产权利制度发生变迁。

　　诺斯（1994）对欧洲和亚洲近代历史考察发现，人口变化改变了土地和劳动相对价格，从而导致了重新定义土地产权，并重新安排劳动关系。速水和拉坦（Hayami and Ruttan，1985）② 分析了 19 世纪中期泰国的例子，发现国际贸易导致了稻米价格上升，进而导致财产权利转化，传统的人类财产权被更为精致的私人土地产权所代替。

　　由此可见，在对外贸易发展过程中某种生产要素相对经济价值显著提高后，该种生产要素所有者往往会要求摆脱原有受制约状况，产生了对能够保护该种生产要素经济价值的制度需求。

　　2. 贸易收益增加推动制度变迁

　　作为理性行动人，当创新收益大于创新预期成本时，创新才会发生。

　　首先，对外贸易意味着市场规模扩大，随之产生的规模经济提高了企业收益，使企业有更多动力和更大财力推动制度变迁，扩大了企业对制度创新的需求。

　　其次，对外贸易有利于技术进步，技术进步能够导致规模收益递增以及经

---

　　① Gustav Ranis. Another Look at the East Asian Miracle [J]. The World Bank Economic Review, 1995 (9)：509 – 534.

　　② Y. Hayami, V. M. Ruttan. Agricultural Development：An International Perspective [M]. Baltimore and London：The Johns Hopkins University Press, 1985.

济活动在时间和空间上凝聚，从而提高各种现期和预期收益，这些都会成为制度变迁需求因素。一方面，技术在经济增长中的重要性客观上要求制度变迁要有利于技术进步；另一方面，由于技术在一定层面上决定了经济过程中人与人之间的关系以及决定了利润率高低，技术本身对制度安排具有一定影响力。

3. 交易费用上升滋生制度创新需求

对外贸易导致市场扩大、交易过程更为复杂，使交易本身存在更多风险和不确定性，这些都会增加交易费用。交易费用增加会大大阻碍专业化分工以及对外贸易发展。为了促进对外贸易发展，获取贸易利益，自然会产生各种制度创新以降低交易费用。例如，为了减少市场扩大后信息不对称，企业和政府都开始实行信息化管理；又如，为了减少贸易中不确定性和增加贸易有效性，包括世界贸易组织、国际货币基金组织在内的一些国际经济组织应运而生，这些国际组织制度安排同时促生了成员国国内的相应制度变迁。

4. 竞争强化促进制度完善

对外贸易深化了国内分工体系，加剧了国内竞争程度，对市场制度完善提出了要求。

企业在面临价格波动时能够以较低交易成本对自身经营活动进行及时而灵活地调整，是对外贸易取得成功的前提条件。面对进口的竞争，要求国内企业能够设法提高生产力，有效地优胜劣汰；面对出口企业的竞争，要求国内其他企业能够迅速地调整经营结构，适应世界市场发展需要，同时也要求出口企业和国内其他企业能够形成良好合作关系，充分发挥各自优势和整合作用。而要达到这些条件，要求国内能够提供完备价格信息，能够准确及时地反映国际市场和国内市场供求信息；要求生产体系必须完善、要素市场健全、生产要素能够合理地流动；要求市场机制必须健全，较少存在或不存在各种形式的垄断。

5. 经济外部性增加了制度安排的需求

经济外部性指经济主体（包括厂商或个人）的经济活动对他人和社会造成非市场化影响，分为正外部性和负外部性。正外部性是某个经济行为个体活动使他人或社会受益，而受益者无须支付对价；负外部性是某个经济行为个体活动使他人或社会受损，而致损者却无须为此承担成本。经济外部性是市场失灵的一个重要因素，国际贸易在扩大市场的同时也扩大了经济中外部性内容和范围。例如，国际贸易扩大了技术在世界范围内的转移和扩散，为消除技术外部性并鼓励全球技术创新，世界贸易组织专门制定了与贸易有关的知识产权方面的安排协议（TRIPs）。国际贸易导致濒危动物灭迹和环境污染问题就充分说明了贸易会强化经济外部性在世界范围扩散，这些外部性促进了保护濒危动物及环境的国际间制度安排和协调，同时也带动了有关国家国内制度的创新。

（二）　对外贸易增加制度变迁的供给因素

拉坦（1978）[①] 对制度变迁供给因素作了分析，认为组织成本、技术进步、知识积累和政治支持是影响制度变迁的几个主要供给因素。对外贸易可以通过以下途径影响制度变迁的供给。

1. 节约制度创新的成本

制度创新制约因素是成本太高。这些成本既包括为制度创新进行研究、设计、试验、修改、维持新制度运行所需消耗，也包括社会或个人在新制度安排后所遭受的损失。对外贸易发展会影响制度创新成本，从而影响到制度创新的供给。

制度有时也是一种有价商品，许多制度可以作为贸易商品进行有偿转让，例如，技术贸易、特许经营权的转让等实质上包含着制度的转让。对外贸易不仅能扩大制度创新的选择集合，同时能够节省制度创新的成本。这些成本节约既体现在制度引进可以节省在基础社会科学方面的投资费用并缩短制度创新过程，又体现在引进制度中学习和借鉴国外在维持及巩固新制度中的现成经验，可以节省制度创新过程中的维持费用。

2. 提高制度创新效率

对外贸易发展导致制度供给增加有助于各国选择适合国情的成本最小化制度，从而打破传统制度路径依赖，实现制度跳跃式创新，提高制度创新效率。

对外贸易部门通常是制度创新的"第一行动集团"，他们往往是新制度的最先采用者，对于制度创新具有重要示范作用，通过学习效应可以把新制度外溢到其他部门。

此外，国际贸易增加了商品与人员间的交流和信息沟通，开阔了人们视野，这一方面有利于促进世界上先进制度通过制度外溢效应和"干中学"效应实现其全球扩散和转移，并容易产生诱制性的制度创新；另一方面，也有利于创新意识形态的形成，促进整个国家制度创新。例如，人们通过国际贸易可以更多地了解国际贸易惯例、制度和各国促进贸易发展的贸易政策；贸易所带来的外部竞争迫使国内经济主体更为主动地进行制度创新。

上述示范效应和溢出效应使人们思路更为开阔，对所引进的新制度的后果有更多预期，对新制度安排方面抵触心理会更少，这些都有利于降低制度在实

---

① 　V. Ruttan. Induced Innovation, Technology, Institutions, and Development [M]. John Hopkins University Press, 1978.

施过程中的社会摩擦成本，提高制度创新效率。

3. 带动政治支持

拉坦（1984）①探讨了上层决策者净收益在制度变迁中的作用。他认为政治家或政府往往本身也是一个利益集团，在设计新制度来解决各个利益集团之间冲突时会考虑本身净收益。可以说，制度变迁的供给一定程度上取决于既得利益集团结构和力量的对比，只有当政治家或政府从制度创新中得到的边际预期收益超过实行此项创新的边际成本时，制度创新才有保障。

对外贸易可以从以下几个方面影响到制度变迁的政治支持。

首先，对外贸易会改变国内各利益集团力量，从而有利于顺市场化的制度变迁。随着贸易规模扩大，商业利益集团力量会上升，从而会使制度安排越发有利于市场化方向发展。

其次，对外贸易会引致制度变迁主体的壮大，强化制度创新的合法性。对外贸易的发展，意味着国内越来越多经济资源参与到国际生产分工体系中，国民经济对世界市场的依赖性在提高，受益方就会越来越多。随着贸易发展受益者规模的逐渐扩大，这些受益者因为具有共同的利益需求，更加容易团结起来形成一个组织，推进制度创新。这种主体的壮大，使制度变迁的合法性和推广性更容易得到国家认可。

最后，由于对外贸易导致市场更加开放和竞争加剧，政治家或政府也会面临越来越多来自其他国家或现存政治经济单位潜在统治者的竞争约束，同时，政府的行为方式也会发生一些变化，会更注重理性和开明，这不仅会刺激和推动更多强制性制度安排，还会对企业和民众诱致性制度创新采取宽容和支持的态度。

第二节　国际贸易影响国民收入分配的途径

国际贸易与收入分配的关系是当代贸易理论探讨的重要命题。传统的贸易理论认为，参加国际分工和国际贸易可以提高一国福利。但由于个体差异性的存在，国际贸易福利的分享是不对称的。由此，国际贸易会影响到一国内部的收入分配。

---

① V. Ruttan. Social Science Knowledge and Institutional Change [J]. American Journal of Agricultural Economics，1984.

一、商品价格变动效应

根据 H-O 模型，对外贸易会使一国具有比较成本优势产品价格上升、具有比较成本劣势产品价格下降，尤其是当具有比较成本劣势产品在国内受到保护时，贸易自由化后该产品价格会下降，使国内价格水平与世界价格水平比较接近。商品的价格一旦发生变化，相关要素价格也会发生相应变化，从而会直接影响居民收入差距。根据这一基本思想推导出来的斯托尔帕—萨缪尔森定理（S-S 定理）告诉我们，由于出口产品国际价格高于国内价格，因此随着出口展开和增加，国内该产品生产就会扩大，而这种生产扩大会导致对该产品中密集使用的要素需求增加，从而会使该密集使用要素价格提高；同时由于与进口产品竞争，国内生产会相应减少，因此该产品中密集使用的要素价格会相应下降。这也就是说，对外贸易在使一个国家作为整体有可能得益的同时，会对收入分配产生影响。

二、技术进步效应

现代经济增长理论模型说明，长期经济增长和人均收入水平提高有赖于技术进步。前面已经提到，对外贸易可以推动一国技术进步。技术进步一般不会在一个国家各个部门同时发生，这样就会产生与斯托尔帕—萨缪尔森定理类似的收入分配效应。

假定一国经济中有两个生产部门，分别生产资本密集型和劳动密集型两种商品。根据芬德雷—格鲁伯特定理，对于给定资本和劳动数量，无论相对要素密集度如何，在不变商品价格下，发生技术进步的部门产出水平必然提高，而另一部门的产出水平必然下降。由于发生技术进步部门单位商品生产成本下降，因此就必须改变要素价格比率，否则两部门生产中的资本—劳动比例不会变化，这时就会发生要素供求不平衡。若这种平衡不能由要素市场来调整，某种要素将会供不应求，另一种要素将会失业或闲置。但是无论技术进步发生在哪个部门，其收入分配影响与斯托尔帕—萨缪尔森定理的结论是一致的：生产扩大部门中密集使用要素收入会增加，而生产收缩部门中密集使用要素收入会减少。

一般而言，由于大多数技术进步发生在资本相对密集产业，也就是说，技术密集产业往往也是资本密集或人力资本密集产业，因此，对非技能劳动相对丰裕的发展中国家来说，推动技术进步很可能带来工资—资本租金比率下降，从而导致非技能劳动者就业和收入分配状况恶化。可见，技术进步通过影响劳动手段、劳动对象和劳动力等生产力诸要素，推动了经济结构发展，使劳动者收入发生变化。即使在发达国家，由于产业之间本身存在差异，技术进步带来的影响也是不均衡的。以美国为例，信息产业对美国 GDP 贡献不断增大，已经取代汽车制造业、建筑业而成为经济增长新支柱。信息技术已渗透到美国各类产业的各个部门，极大地提高了传统产业劳动生产率，使社会分工发生了很大变化，现在美国的收入和就业人口，在第一、第二产业中比重下降，在第三产业中的比重上升。信息技术替代了一部分人体力和脑力劳动，使劳动方式和劳动力结构发生了很大变化，导致蓝领工人减少，白领阶层扩大。

综上，国际贸易会带来国际技术扩散，但这种扩散的不均衡性会导致收入分配的不均衡性，引起收入差距拉大。

三、竞争压力效应

在世界贸易组织的推动下，其成员国都在不同程度上推进贸易自由化；而区域经济一体化主要内容之一就是推动区域内各成员彼此间贸易自由化。贸易自由化不仅发生在发达国家与发展中国家之间，也发生在发达国家之间、发展中国家之间；不仅发生在不可替代产品之间，而且发生在可相互替代甚至是同类产品之间。可见，贸易自由化无论是在全球范围还是在局部地区，都在迅速发展，即使在经济最落后的地区，贸易自由化也已成为一种潮流。

贸易自由化必将加剧市场竞争，面对日益激烈的竞争，企业通常采取这样一些措施来应对：压低职工工资；用资本和技术替代劳动；用熟练劳动代替非熟练劳动；转移经营方向等。这些调整必将影响到收入分配。

四、产业结构调整效应

一个国家或地区开启对外贸易之后，国际市场力量就会自动对国内市场发生作用，使市场竞争机制在国内充分展开，促使国内经济结构在多方面得到优化和调整。通常，在价格机制引导下，各国将按照自己比较优势对产业结构进行调整。结果是某些产业规模将扩大，某些产业规模将缩小甚至消亡。在规模缩小和消亡产业就业的劳动力将会面临失业危险，进而面临收入降低威胁。而至于在规模扩大产业就业的劳动者的工资收入能否提高，则存在着一定不确定性。

五、政府功能转换效应

对外开放减弱了政府试图通过对产业保护和市场干预来影响收入分配方面的功能。贸易自由化要求一国经济按照市场规律来运行，通过市场机制自发调节经济运行和分配活动，这通常会迫使政府放弃市场经济活动中非市场经济行为。这时政府可以通过转移支付、税收政策和对特殊行业如农业补贴来实现对收入分配进行调节。巴罗（Barro，1990）[①]的研究结果说明，政府功能变化对经济增长有双重效应：一方面是提高税收，然后通过税收对收入进行再次分配，但这会降低经济增长速度；另一方面是扩大公共服务占总产出比重，通过增加对教育、卫生等支出来影响收入分配，这在一定程度上会使经济增长加速。

第三节　国际贸易影响区域财富增长作用的因素

从理论上讲，国际贸易能够通过促进国际分工和专业化生产优化资源配置，在要素投入量不变的情况下提高要素生产率，实现静态经济利益，还能够通过提高增加要素存量、促进技术进步、优化经济结构和制度变迁等实现动态经济利益。但在现实中，我们往往会发现在不同的国家对外贸易的贡献差异很大。这是因为，在开展对外贸易过程中，各国面临的内部、外部条件以及最初制度环境存在一定差异，影响了贸易促进财富增长的各种传导机制能否得以充分发挥。因此，对外贸易促进一国财富增长作用的发挥会受到一些因素影响。

总体而言，这些制约因素主要表现为以下几个方面。

一、国内要素配置情况

（一）要素的基本配置

如果一国存在闲置资源的有效需求不足，即处于需求约束型状态时，出口

---

① Barro, R. J. Government Spending in a Simple Model of Endogenous Growth [J]. Journal of Political Economy, 1990（98）：S103 – S125.

作为一种外部需求可以使这部分未投入使用的资源转变为有效供给，这种剩余产品的生产不需要从其他部门转移资源，也不必减少其他国内经济活动，其出口所带来的收益或者换回本国所需求的产品，可以说没有什么机会成本，因而必然促进国内的财富增长。但是，如果出口扩大不是建立在利用剩余资源基础上，而是挤占了其他部门资源，出口发动机作用就会大打折扣，因为出口增加会导致非出口部门即进口竞争部门产出减少。这时经济处于供给约束型状态，扩大进口可以利用国际资源满足国内需求，从而促进一国财富增长。

通常，在封闭经济体系中，产业结构状态一部分服从短缺约束资源使用效率，一部分服从需求约束，进而造成低水平均衡，约束了国民经济的发展。如果能够通过进口国内稀缺的生产资源解决供给中的瓶颈制约，通过出口过剩产品扩大市场需求，这时对外贸易将极大地促进一国财富增长。

（二）技术水平和人力资本存量

根据新要素贸易理论，技术和人力资本都属于生产要素，与劳动力、资本和土地这些传统要素一样是一国财富增长的基本要素。但是，作为内源性的生产要素，技术和人力资本又有别于传统要素。

1. 国际分工地位和利益分配的决定性因素

大卫·李嘉图的比较优势理论认为，技术差异在一定程度上决定了一国国际分工的地位。发达国家通常技术水平较高，为主要技术创新国，出口商品大多为技术密集型产品，而发展中国家则通常出口劳动密集型产品。发达国家和发展中国家技术上的差异决定了他们的国际分工地位，也影响到了贸易利益的获取。

卢卡斯（Lucas，1988）[1] 通过构建两商品模型，更深刻地界定了技术差异的影响。他认为两国之间经济增长率和收入水平差异不在于生产技术一般知识，而在于特定知识、专业化人力资本等方面差异。一个国家人力资本增长率越高，其经济增长率也越高。一国应该集中有限资源生产和出口具有人力资本优势的产品。在卢卡斯看来，动态比较优势应该是建立在人力资本积累的基础上，在国际分工体系下，各国从事自身擅长的产品生产以积累知识和技术。在斯托基（Stokey，1991）[2] 的市场均衡中，人力资本禀赋较低的发展中国家生

① Robert E. Lucas. On the Mechanics of Economic Development [J]. Journal of Monetary Economics, 1988（22）：253 - 266.

② Stokey, N. Human Capital, Product Quality and Growth [J]. Quarterly Journal of Economics, 1991（106）：587 - 161.

产低质量差异产品，而人力资本禀赋较高的发达国家生产高质量差异产品。毫无疑问，技术水平和人力资本的差异决定了一国比较优势和国际分工的地位，并影响该国在国际分工中获取的贸易利益。

2. 国际技术扩散的基础

国际贸易加速了先进科学技术、知识和人力资本在世界范围的流动性，使贸易参与国知识、技术和人力资本水平都得到极大提高。国际贸易的这种技术扩散效应一定程度上取决于技术接受国技术模仿、吸收能力。技术扩散国与技术接受国之间的技术差距以及技术接受国的人力资本存量都会影响技术接受国的技术模仿、技术吸收和技术创新能力，从而影响到技术扩散。

我国学者赖明勇等（2005）[①] 通过研究发现，技术差距对技术外溢具有双重效应，一方面，初始技术差距大意味着技术落后国有更多技术需要模仿和学习，但如果技术差距过大，技术落后国就可能没有足够技术能力来吸收和模仿，从而影响技术扩散效应。林毅夫等（2005）[②] 认为欠发达国家要实现比发达国家更快的财富增长，必须比发达国家有更快技术创新速度。相对于自主创新，技术引进成本更低，欠发达国家可以通过技术引进，选择符合本国资源禀赋特征的"适宜技术"（appropriate technology），发挥后发优势，争取获得更快的技术创新速度，最终形成与发达国家技术水平和人均收入水平的收敛。东亚新兴工业化国家的成功充分说明了在正确的路径下，发展中国家可以通过技术引进、利用后发优势来实现对发达国家的经济追赶。

（三）企业家才能

宏观上对外贸易对一国财富增长的促进作用依赖于微观企业的行为。市场的发展并不一定意味着企业能对市场信号作出迅速、正确的反应，这里关键在于企业家的才能。市场提供的信息是多样化的，对未来市场需求的预测需要企业家的敏锐洞察力，以正确决定企业生产什么与生产多少。19 世纪西欧国家对初级产品需求的增长带动了一些白人移民地区经济快速发展，就是因为这些西欧移民带去了先进的技术和管理经验，使这些地区抓住了初级产品大量出口的契机，及时促进了地区产业结构升级，提高了本国科技创新和技术开发能力，进而在较短时间内成为发达国家。反观许多亚、非、拉发展中国家，虽然

---

① 赖明勇，张新，彭水军，包群. 经济增长的源泉：人力资本、研究开发与技术外溢 [J]. 中国社会科学，2005（2）：39.

② 林毅夫，张鹏飞. 后发优势，技术引进和落后国家的经济增长 [J]. 经济学（季刊），2005（1）：53 - 74.

对外贸易增长也很快，但由于国民素质所限，缺乏一流的企业家队伍，往往难以利用出口扩大的机会，实现国家经济的质的飞跃。

二、贸易结构的合理性程度

对外贸易商品结构对贸易利益分配起到重要作用。由于各种商品在投入要素、产业关联度以及需要弹性等方面都存在差异，不同贸易商品对经济增长推动力相应地起到不同的效应。

就出口商品的联动效应而言，高附加值、高技术含量产品比初级产品、低加工产品具有更强的前后向效应；一般贸易比加工贸易具有更强的联动效应。初级产品在附加值、收入的需求弹性、供给和价格的稳定性上都比工业制成品和服务商品低，使其对整个国家财富增长的贡献较小。我们不否认初级产品出口能够给一国经济增长带来一定促进作用，从历史来看，阿根廷、巴西、马来西亚等一些发展中国家，甚至美国、澳大利亚等一些发达国家都根据比较优势原则出口大量初级产品，这些初级产品出口也极大地促进了这些国家的财富增长。但是，如果一国出口长期依靠初级产品，贸易对经济增长的贡献将会是不可持续的。

就进口商品而言，马宗达（Mazumdar，1996）[1] 认为出口消费品、进口资本品会对一国资本积累更有利，因为资本品的进口有利于进口国资本品相对价格下降，资本折旧率会下降。科埃和赫尔普曼（1995）[2] 也认为机器、设备等资本品和中间产品的进口比消费品进口更能促进一国财富增长，因为进口这种商品内生了更大的技术溢出效应，更有助于提高进口国的 TFP。

总而言之，贸易结构极大地影响外贸对财富增长的带动效应。如果随着一国经济和贸易的发展，其贸易结构和产业结构能够顺利地从初级产品升级到劳动密集型工业制成品，再上升到资本、技术密集型工业制成品和服务产品，则该国所获得的贸易利益会比较大，贸易对财富增长的促进作用表现得更为突出。

此外，贸易的地区结构和商品结构要多元化，这样有利于避免市场过于集中、商品过于单一导致的各种风险，贸易的促进作用也更合理和稳定。

---

① Mazumdar, J. Do Static Gains from Trade Lead to Medium-run Growth [J]. Journal of Political Economy, 1996 (2): 1328 – 1337.

② Coe D., Helpman E. International R&D Spillovers [J]. European Economic Review, 1995 (39): 859 – 887.

三、产业结构发育状况

（一）对外贸易部门与非贸易部门的产业关联度

出口对财富增长的影响不仅在于出口部门本身从出口中所获得较以前更高的利润和劳动生产率，更在于出口部门对国内其他部门的溢出效应。一般情况下，贸易部门与非贸易部门关联度越大，贸易对财富增长的影响越大。

赫希曼（Hirschman，1958）[1] 将产业间的相互供给和需求关联分为前向连锁和后向连锁：前向连锁指某产业的产品在其他产业中的利用而形成的产业关联；后向连锁指某产业在其产品生产过程中需要投入其他产业产品所引起的产业关联。同时，赫希曼还利用产业关联系数来衡量某产业对财富增长的影响程度。

前向连锁系数是某产业对其他产业产品销售量除以该产业的总产量，用公式可表示为：

$$L_{F(i)} = \left(\sum_{j=1}^{n} X_{ij} \right) / X_i (i = 1, 2, \cdots, n) \tag{3-4}$$

其中，$L_{F(i)}$ 为 i 产业前向关联系数，X_i 为 i 产业全部产出，X_{ij} 为 i 产业对 j 产业提供中间投入。

后向连锁系数是某产业对其他产业产品需求量除以该产业总产量，用公式可表示为：

$$L_{B(j)} = \left(\sum_{i=1}^{n} X_{ij} \right) / X_j (j = 1, 2, \cdots, n) \tag{3-5}$$

其中，$L_{B(j)}$ 为 j 产业前后向关联系数，X_j 为 j 产业全部产出，X_{ij} 为 j 产业从 i 产业获得中间投入。

如果对外贸易部门与国内其他部门在生产、技术和市场等各方面存在较为密切的产业前后向联系，贸易部门就会把各种有关信息传递到非贸易部门，非贸易部门就会作出及时反应，从而使整个经济都卷入国际分工。如果贸易部门是经济中的一个"飞地"，贸易部门对整个经济的辐射作用就会受到限制，从而对外贸易就无法对财富增长起到"引擎"作用。

---

[1]　A. O. Hirschman. The Strategy of Economic Development. New Haven：Yale University Press，1958.

（二）产业结构调整反应

对外贸易对一国财富增长的影响作用，可以通过其促进本国产业结构调整来实现。贸易对产业结构调整的影响效果受以下三方面的影响。

1. 产业结构调整的成本

当一国资源随着国际分工、国际贸易发展而由非贸易部门流向贸易部门时，必然有一部分劳动力面临转换工作岗位的问题。如果企业把现有生产资源转向贸易产业，企业将面对的是以前不太熟悉的新的产品和市场。产业结构的调整还会带来利益的再分配和权力结构的调整，引起社会矛盾。一国在产业结构调整中，面临的成本越小，引起的社会矛盾越小，对外贸易对产业结构调整的效果也就越明显。

2. 产业结构调整的时间

产业结构的调整不是一朝一夕的事，其时间的长短主要取决于企业对国际市场的信号作出反应的快慢。产业结构调整的时间越短，外贸对产业结构调整的效果就越好。

3. 产业结构的层次

一国按照比较优势原则建立起来的产业结构不一定是最好的。对发达国家而言，其比较优势在于资本、技术、服务密集型产业，按照比较优势原则分工有利于发达国家的产业升级。反观发展中国家，其比较优势在于劳动力、资源密集型产业，如果被动地按照比较优势原则发展本国产业，会不利于其资本、技术、服务密集型产业的发展，这将使发展中国家永远处于外围国家的地位。如果产业结构能向高级化方向发展，外贸对本国财富增长的作用将会加强。

四、相关制度安排

（一）市场化程度

在市场化程度较高的经济中，宏观方面政府对市场干预较少，市场扭曲较小。微观方面企业更多是以追求利润最大化为导向，遵循市场规则。在这样的体系中，商品市场、劳动力、资本、技术等要素市场流动性强并富有弹性，市场竞争性较强，企业可以自由进出。引入对外贸易后，企业为了应对激烈的国际竞争会通过全球化资源配置努力提高生产效率，降低经营和生产成本，引进和提高自己的技术水平。如果市场发育不好，企业面对预算软约束，不以利润为导向，即便面对国际竞争压力，也会无动于衷。对这些企业，贸易的竞争效应无法得以实现。

（二）　整体制度弹性

前已述及，对外贸易可以通过促进制度变迁来推动财富增长。从现实看，一个开放的文化和适宜的初始制度结构是贸易引致制度变迁的必要条件。新观念和新思想对一国经济增长起到非常重要的作用。

一种文化是否能够给一个国家带来经济繁荣，关键取决于该文化能否对外来思想和观念采取宽容、包容和开放态度。世界著名经济史学家大卫·兰德斯（David Landes，1998）[①] 通过对世界经济史的权威性研究，发现许多西欧国家的成功与其文化的开放度相关。达龙·阿西莫格鲁（Daron Acemoglu et al.，2005）[②] 在《美国经济评论》上发表的研究论文从理论上再次证明了贸易能够通过影响贸易国的制度，从而影响财富增长，但他们也指出贸易引发制度变迁是有条件的。根据他们的研究成果，从 16 ~ 18 世纪甚至 19 世纪的早期，西欧国家的经济发展以及经济绩效的差异与这些国家通过大西洋与新世界和亚洲进行的贸易密切相关。他们认为，16 世纪后欧洲的兴起主要源于国际贸易对欧洲国家制度变迁产生影响。这些制度变迁不仅体现在各种有利于商业发展的经济制度安排上，而且体现在政治制度的改革。在君权受到一定约束的跨大西洋贸易的国家，如英国和荷兰，商人力量之大使他们有能力促使制度向着有利于他们商业利益的方向变迁。而另一些西欧国家，如西班牙、葡萄牙，君主权利受到较少约束，贸易利益主要为君主及其同盟所获得，商人没有力量促使制度变迁。显然，国家初始制度的差异影响到贸易引致不同的制度变迁，导致各国财富增长的差异。

（三）　冲击解决机制

对外贸易要求对外开放，一国经济必然会受到外部经济的影响，有时甚至会遭受全球性经济危机的冲击。如果毫无准备，这种冲击会使一国财富增长遭遇长期的低迷。

一般而言，宏观经济理论对于各种可能的政策选择并没有明确的偏好。但

---

① David S. Landes. The Wealth and Poverty of Nations: Why Some Are So Rich and Some So Poor ［M］. New York: W. W. Norton & Co. , 1998.

② Daron Acemoglu, Simon Johnson, James Robinson. The Rise of Euorope: Atlantic Trade, Institutional Change and Economic Growth ［J］. The American Economic Review, 2005 (95): 516 – 579.

是，由于每一项政策选择产生的分配结果都是可以预见的，因此，现实政策在很大程度上取决于社会表层之下集团利益冲突的严重程度。如果调整措施适当，同时又未引发分配冲突或打乱现有的社会契约关系，那么，冲击就可以得到很好的处理，不会对经济产生持续的影响。但是，如果做不到这一点，那么就可能引发持续数年的经济瘫痪，因为调整不充分、不到位，经济将会陷入出口下滑、外汇瓶颈、进口收缩、债务危机以及反复出现的高通货膨胀的陷阱中。

第四章

微观厂商和加工贸易的财富效应

国际贸易的有利性早已得到理论和实践的充分证明。但是，国内外学者的研究大部分集中在国家利益的宏观层面上，涉及微观层面的研究比较少。我国改革开放 40 年，微观厂商逐步融入国际市场。从理论上分析厂商对外贸易利益的来源，不仅对微观企业选择外贸业务操作的重心、方式和策略有启发，而且直接有助于未来我国在深化改革开放中更有效地发挥外贸政策的导向作用。

第一节　微观厂商国际贸易利益分析

一、厂商对外贸易的静态利益和动态利益

厂商开展对外贸易与国家从事外贸活动相比，其目的是不尽相同的。这是因为，厂商作为微观经济主体，它的一般经济活动都在追求自身利润的最大化，而对外贸易活动不过是其实现这个基本目标的具体经营方式或途径而已。然而，从整个社会来看，一国的外贸活动只是国内经济增长和发展的延续和扩展，自然应该着眼于社会经济福利的提高和深化，着眼于目前经济增长与长期经济可持续发展的和谐统一。由此分析可以看出，厂商从事对外贸易活动的目的主要在于获取静态和动态两方面的经济利益，与国家整体福利改善的目的并非完全一致。

所谓的对外贸易静态利益主要是指，在不考虑时间、地点和具体条件差异的情况下，也不区分各国社会经济制度的差异性所带来的不同影响时，开展对外贸易活动能够获取的明显经济利益。厂商所获取的这种静态贸易利益，主要表现在贸易利润的获得上。一般而言，它的获取最主要通过两个途径：一方面

是互通有无。各国生产要素分布状况、社会需求以及生产能力的巨大差异，必然导致各自都有过剩的产品和短缺的产品。厂商正是从事这类商品流通活动的主体。过剩产品的价格自然比较低廉，而短缺商品只有肯出较高价格的消费者才能获得，其中贸易利润的丰厚是一般正常的国内商品买卖不能比拟的。另一方面是出口比较优势产品和进口比较劣势产品。由于前述同样的原因，任何国家的商品都可以分为具有相对优势和相对劣势两大类，只不过这种优势或劣势的程度各不相同。例如，从当今国际贸易活动的现状来看，我国仍在劳动力密集型产品和某些中等技术产品上具有相对优势，美国的相对优势则体现在高新技术产品和服务贸易行业上，而日本的资本密集型产品自然是它的强项。这样，出口比较优势产品，进口比较劣势产品，可以使一国在花费同样的人力、物力和财力时，得到更多的商品使用价值。

应该指出，在完全自由的国际贸易环境里，外贸企业的静态利益类似国内贸易企业的商业利益，两者不会有实质上的区别。但是，在当今存在种种贸易壁垒的世界经济环境中，由于各国政府一般都支持外贸活动特别是商品出口，因此在大多数情况下外贸企业的静态贸易利益能够比一般国内厂商得到更多的保障。换言之，外贸活动更易于获取不菲的收益。至于有些外贸企业仍然感到难以为继，甚至认为外贸不如国内贸易有利可图，则恐怕需要从自身的分析思路、贸易增长方式和具体操作技巧等方面的内在因素上寻找原因了。

必须注意，厂商开展对外贸易不能只着眼于静态利益，还应当重视它所带来的动态利益，否则就可能只以一种片面的态度来理解和从事相关的贸易活动。所谓动态贸易利益是指，某些外贸活动表面看来并未产生多少静态利益，但它们对本国的经济增长和发展却起了有力的推动作用，对厂商的中长期发展也提供了强有力的支撑。大概而言，对于外贸企业来说，这种动态贸易利益至少包括以下几方面：

一是改变经营观念。大力开展对外贸易要获得成功，首先必须面对国际市场的现实状况，科学合理地决策、生产和销售。这就需要真正树立起面向国际市场、遵守国际市场规范、为国际市场服务、向国际市场学习和从国际市场要效益的思想观念和运作习惯。应该看到，国际市场这个外部环境源源不断的"逼迫"作用，有力地促使着那些真正参与国际竞争的企业去转变经营观念和运作习惯。相反，如果像某些国内企业抱住计划经济时代那套僵化的观念和做法不放，凭借垄断经营，依靠行政扶植，最终都将被市场经济碰得"头破血流"。可见，外贸企业在确立全方位的市场经营观念方面，明显要领先于一般的国内贸易企业。在我国经济体制从计划经济转向市场经济转变的历史时期，经营观念和运作习惯的及时转换，无疑是企业获得事业成功的重要保障。

二是增加就业机会。扩大对外贸易，自然意味着出口商品数量的大幅增加。在劳动密集型商品仍占我国出口额相当比重的条件下，相当于相应地增加了劳动力的就业机会。尽管保持和创造就业机会主要是政府的职责，旨在提高全社会的经济增长速度和国民收入水平以及维护社会稳定，但作为微观经济主体的企业同样负有责任和义务。这是因为，维持或增加就业机会，对于打造一支结构合理、活力较强、效率较高的生产队伍，对于增强厂商的内部凝聚力，对于保持和扩大自身的国际市场份额，对于厂商自身的长期稳定发展，都是非常有益的。

三是激活经济机制。企业扩大对外贸易之后，会有动力边学边干，加速本国新产品的开发和传统出口产品的更新换代。同时，随着国际经济活动的不断深入，许多有关市场经济的运作机制（如激励机制、竞争机制、规范机制等）也使出口厂商内部发生着相当积极的变化，这有利于厂商的可持续发展。在我国一些国有或集体企业的内部机制转换成效不甚显著的背景下，外贸企业能够受到外部环境的"逼迫"而较快地转换或激活自身的经济机制，实在是一件使其长期受益的大好事。

四是优化产业结构。要在激烈的国际竞争中得以生存和发展，厂商就要不断适应时刻在变化着的世界市场。尽管国际市场的供求变化有时难以捉摸，它却有着一条铁律：市场的赢家始终属于那些致力于不断优化产业结构和坚持提高产品科技含量的企业。因此，积极参与国际贸易活动的企业，可以获得更加强大的推动力来优化自身的产业结构和产品结构，从而提高自己的抗风险能力、增加竞争优势。

五是获得规模经济。厂商为了应对竞争和获取利益，必然会努力扩大自己的生产规模。这会在无形之中取得规模经济的好处，即通过生产规模的不断扩大、或降低生产成本、或提高经济效率、或扩大市场占有率、或提高产品知名度等，进而取得显著的潜在利益。必须看到，这些潜在利益的获取，需要经历一个较长的过程，在短时期里它们常常是以隐性的形式出现的。例如，我国改革开放前期纺织服装业的极大发展和最近几年机电行业的快速发展，都明显得益于各自产品出口规模的迅速增长。

这些都明确告诉我们，厂商进行的某些外贸活动，即使暂时见不到静态利益，可能仍然是值得为之努力的，因为它还可以产生人们往往容易忽略的动态利益（这种利益常常不是直接表现为贸易利润）。在某些情况下，这些不易观察到的动态贸易利益比起直接看得见的静态利益来，对厂商甚至有着远为重要得多的意义。必须强调，许多外贸企业一直对此缺乏起码的理解或足够的认识。所以，只有那些充分关注动态贸易利益的厂商，才能真正把握住一切贸易机会，并尽可能多地获取到外贸活动带来的众多好处。随着我国对外贸易额迅速高涨阶段的逐步过去，用充分获取动态贸易利益的思路去开展对外贸易的相关活动，实属意义重大。

二、对外贸易的厂商利益与社会利益

然而，我们又需要指出，厂商通过对外贸易追求自身利益过程中又不应该损害一国的整体经济利益。换言之，外贸企业作为社会的一分子，具有维护社会经济正常运作的义务，因此，它们应该关注自身外贸活动的社会利益。其实，这种社会利益也是和他们自己的根本利益是一致的。那种认为实现外贸活动的社会利益就是损害自身利益的看法，无疑是错误的。

具体地说，全社会需要从外贸活动获得的根本利益主要应该表现在：

一是平衡国内供求关系。鉴于生产要素分布状况、生产力水平、科学技术和经营管理等方面的明显差异，世界各国的经济状况都有各自的长处和短处，都有自己的比较优势和比较劣势。只从一个国家来看，有些商品会出现空缺，有些商品可能供不应求，还有些商品则呈现过剩现象。这类供求不平衡的现象必然妨碍一国的经济发展。许多国家正是通过对外贸易，出口自己多余的产品，进口空缺或供给不足的商品，既满足了广大国民的诸多需求，又利于社会经济的发展。人类社会最初开展国际贸易活动，恰恰正是为此目的。因此，追求商业利润的外贸企业不能无视这种社会利益，事实上，如果无视社会利益它们也无法长期地赚取到应有的利润。

二是增加社会经济福利。对外贸易带来社会经济福利的途径是多方面的，有些就体现在它的静态和动态利益之中。这就表明了社会利益在这里与它们的一致性。不过，在另一些时候，外贸企业即便没有得到明显的贸易利润，它们的经济活动依然在增进全社会的经济福利。比方说，在一国外汇十分匮乏的背景下，有些出口活动并没有给厂商自己创造出明显的利益，但它们确实带来了宝贵的外汇，从而可以进口社会急需的机器设备和中间产品，形成多方面的、隐性的社会经济福利。这种积极的功能在我国 20 世纪 80 年代也曾有过突出的表现。

三是确保国家经济安全。一国积极开展国际贸易活动，在当今的国际环境中，自然要采取关税这类手段。这就或多或少地增加了本国的财政收入。而如果外贸企业参与走私活动，既会导致国家财政收入减少，又可能严重冲击国内正常的经济秩序。开展国际贸易活动，自然也推动着相应的金融往来，而国际金融活动的大力发展又推动着国际贸易的进一步发展。但是，金融工具本身却是一把双刃剑，它有时会带来灾难性的后果。亚洲金融危机的爆发就是典型的例证。积极稳妥的对外贸易，还可缓解或消除国内经济的不稳定因素，如增加就业机会、改变经济不振局面、填补商品供求缺口等。反之，竭泽而渔的外贸做法，则会激发和加剧国内经济的动荡和混乱。这些都提示我们，微观贸易主体的经济行为，还存在关乎国家经济安全的重大问题。所以，在外贸利润微薄而国家需要厂商们努力扩大外贸业务时，厂商究竟是转向国内贸易，还是响应号召，就是体现其追求的试金石。至于外贸活动中大搞货物走私和金融诈骗，千方百计地逃汇、骗汇和进行资金外逃，更是属于直接危害国家经济安全的犯罪行为，这里就根本用不着赘言。

总之，上述分析旨在指出，并非一切有利可图的生意都是值得外贸企业去做的。应当看到，这里强调对外贸易的社会利益，有着两层基本的意思。一层意思是指，厂商们在开展对外贸易活动时应当尽量获取静态和动态两方面的众多利益，但是，它们不能在无视或损害相关社会利益的情况下片面追求自身的好处。另一层意思是指，厂商自身的静态和动态利益与贸易的社会利益在大多数情况下非但不相矛盾，反而互相联系。因此，厂商在自觉地维护和追求贸易社会利益时，也带来了微观贸易利益的明显增加。相反，它们倘若无视或损害这些社会利益，事实上常常会损害自己本可获得的经济利益。

三、对外贸易的利益来源

一国对外贸易的利益究竟来自哪里？准确地把握好这个问题，从宏观的角度而言，可以帮助政府有关部门正确地发挥外贸政策的导向作用，从而有的放矢地推动我国外贸活动以获取更多的经济利益；就微观的层面来讲，能够指导众多外贸企业正确地确立自身业务操作的重心、方式和策略，努力实现贸易利润最大化。因此，在理论思路上认清我国对外贸易的利益来源，是外贸企业确保自身业务得以顺利开展并取得高效益的关键所在。

我国作为一个发展中大国，经济发展水平相对而言还不高，国际竞争力的迅速提高尚需时日。因此，我国贸易利益的获取大致来自以下这些方面。

首先，它们来自具有比较优势的出口产品。必须指出，对外贸易的比较优势包含着两方面的含义，即本国出口商品与国外同类商品相比，拥有更大的绝对优势，或者更小的绝对劣势。后一方面的含义旨在告诫人们，任何经济后进的国家总会具有某些比较优势的商品可供出口。概括而言，我国出口产品的比较优势目前至少包括：

（1）资源优势。我国某些自然资源拥有丰富的储藏量，又有比较充足的世界市场需求，其相关产品（即资源密集型产品）的出口价格较大程度上还取决于供给状况。这类产品得天独厚的优势是显而易见的。但是，这类产品的出口要有通盘考虑，不能盲目为了扩大出口数量而自贬价格，更不能竭泽而渔。我国从以前的鳗鱼苗出口国到如今被迫成为进口国，就是一个沉痛的教训。

（2）劳动力优势。尽管我国劳动力成本已在不断上升，但相对西方发达国家而言，仍显得比较低廉便宜。所以，大量出口劳动密集型产品（如纺织品等）一直是我国获取外贸利益的一大源泉，在今后较长一段时期里依然会如此。但是，从长远发展来看，这种劳动力的数量优势应该逐步转向质量优势，即形成技能密集型产品的比较优势。

（3）传统技艺优势。传统工艺品一类劳动或技能密集型产品（如陶瓷品），民族风格浓烈，价格又适中，颇受外国人青睐。至于针对外国特殊需求而精制的工艺品（如木雕的神龛），更是获利丰厚的出口产品。要保持和发展这类优势，就离不开传统技艺的继承和发扬光大。

（4）中等技术优势。所谓中等技术是指，生产那些发达国家已逐步放弃而经济后进国家尚无出口优势之产品（如某些小机电产品）的一类技术水平。例如，我国出口贸易额的80%是由工业制成品带来的，不过其中大多数的加工程度并不高，就是这种比较优势的典型表现。在今后一段时期里，我国这种相对优势比起劳动力优势似乎更具发展前景。

（5）高新技术产品优势。随着我国经济发展水平的不断提高，一部分有相当技术实力且具长远眼光的厂商，已在高新技术产品的出口方面作了很多探索和努力，并取得初步的成功，如某些高技术含量的家电产品已大量出口。尽管我国这类产品严格说来还不具优势或优势微弱，且主要出口到经济后进国家，但从我国部分厂商积极调整产业结构和产品结构的趋势来看，只要矢志不渝地坚持下去，必定能够展现光辉灿烂的前途。

总的来说，前两项比较优势主要是我国现有的生产要素供给状况带来的，而技艺优势则来自传统民族手工业的长期发展，第四项则同我国目前的发展中经济类型紧密相关。至于最后一项，完全是我国外贸今后得以迅速发展的最大希望。它们的共同特点是，经由这类外贸活动，可以用较少的人力、物力、财力换取更多的消费品和资本品，从而大量节约社会劳动，同时还能推动我国相关行业的专业化程度不断加强，进而提高劳动生产率。

其次，它们来自具有垄断性或差别性的出口产品。出口商品具有垄断性是指，这类商品的供给量比较有限甚至相当稀少，在世界市场上一般呈现出供不应求的典型特征。这样，出口企业能够影响或者控制它们的销售价格，从中获取可观的贸易利润。出口商品有差别性是指，这类商品独具与众不同的特色，可以保持着比较稳定的市场份额（主要是拥有一批较固定的老主顾），这在一定程度上影响着其销售价格。换一句话说，它们是垄断竞争性产品，自然有望获得较多的贸易利润。

然而，从实际情况来看，我国外贸活动从这个途径获取的额外利益还十分有限，远远及不上许多发达国家。这是因为，我国能够出口的垄断性产品和垄断竞争性产品在种类和数量上都相当有限，主要只是少部分的资源产品和技能密集型产品，如稀缺的矿产品或水产品、珍贵的药材、精妙的艺术品或工艺品等，仅仅占我国出口额的很低比例。事实上，我国在这方面完全可以大显身手。尤其是垄断竞争性产品，它们的优势就体现在自己的特色上，而这类特色可以是全方位的，表现在质量、功能、信誉、外表、营销方式以及售后服务等许多方面。可见，它们更依赖劳动或技能密集型的优势来创造自己在生产和销售方面的特色，同时不太受行业规模和进入成本的制约，理应成为我国获取外贸利益的一大来源。

最后，它们来自具有规模收益的出口产品。如果一种商品能够长期地大量出口，促使相关的出口企业形成大规模生产，就有可能大大提高它的经济效率。这表现在，大规模生产可以深化生产分工和专业化程度而提高劳动生产率，可以减少机器设备闲置期和缩短原材料及产品库存期而降低产品平均成本，可以更多地积累生产经验和更便于引进先进的生产技术及管理水平，从而拥有竞争优势，可以实现产品的多元化而开拓市场占有份额等。这些就是通常讲的规模经济或规模效益，其带来的是更多的产出、较低的销售价格和较大的市场份额。毫无疑问，这类商品自然比较易于获得较多的贸易利益。

值得一提的是，规模经济与比较优势是两个不同的贸易利益来源，就是说，不具备比较优势的出口商品同样能够凭借规模经济取得贸易利益。因此，尽管我国外贸活动目前从这个途径得到的实际利益还不多，它却是我们今后参与国际竞争的前进方向。在我国那些传统出口产品（如纺织品等）逐渐减少甚至丧失比较优势的情况下，出口企业加强这方面的业务尤其显得重要。

另外，它们来自具有竞争优势的进口商品。外国商品的竞争优势各自表现在不同的方面，有的进口国还不能生产或严重短缺，有的生产成本明显低廉，有的质量堪称一流，有的功能齐全独特，有的样式颇具创意。它们不仅可能具有价格优势，更拥有非价格优势，强烈吸引着许多消费者，从而明显优于我国的大多数同类产品。这类商品的较多进口，自然给广大消费者带来了相当显著的经济福利。不过，它与贸易利益的其他方式不同。表面看来，它只是给外国出口商提供了赚取外汇和获得贸易利益的机会，本国从中似乎并无什么实际利得，其实本国的贸易利得不是发生在交易过程而是在消费外国货的过程中，因而容易被人们所忽视。事实上，随着我国经济发展水平的明显提高，广大人民需求层次和消费能力大为提高，加之我国的贸易壁垒将逐渐拆除，他们力图从上述某些进口货中取得较多经济福利的行为也会日趋增多。于是，外贸企业准确把握国内需求的这种发展趋势，有针对性地从事这类商品的进口活动，同样能够获取十分可观的贸易利益。很明显，采取正确的分析思路和恰当的处置手段来对待这个利益来源，可以带来双重的贸易好处，即广大消费者获得经济福利，众多外贸企业赚取商业利润。不过，这类贸易操作需有一个前提条件，即我国国际收支状况处于有利的地位，外贸企业自身也拥有数量较为充足的外汇。

很明显，厂商自身贸易活动的设计、决策和实施，都应当围绕于上述这些利益来源来进行。偏离这个方向，不管厂商把外贸活动搞得表面上如何轰轰烈烈，实质上是难以充分获取贸易利益的。不仅如此，有作为的外贸厂商要从中获得更多的利益，固然会瞄准上述的优势产品去开展进出口业务，同时还应按照前述的分析思路，自己或同其他厂商一起去开发新的优势产品及扩大其生产规模，去迎合新的市场需求，去追求科工贸一体化（即实行科研、生产和对外销售一条龙的做法）所产生的额外利益。总之，企业遵循前述分析思路进行外贸运作，完全能够获取光辉灿烂的业绩。

必须指出，长期以来由于理论思路的偏差以及政策导向的不明确，我国外贸发展尽管取得了巨大的成就，却没有完全着力于上述诸方面以取得更多的利益。相反，不少似是而非的思路和做法普遍存在于出口企业的具体业务活动中。它们的主要表现是：

一是过于依靠低价竞销。由于经济改革带来了利益主体多元化，出口创造外汇和占领国际市场份额便成为全国各地的利益所在。于是，企业在地方政府有意无意的支持下，对内抢购出口原材料，对外则实行低价竞销，在国内上演了一场又一场互相残杀的"国际竞争战"。这种不计成本、不讲究利润的低价竞销做法，既把自己应获的贸易利益拱手送给了外商，又非常容易招致进口国的反倾销制裁，给我国外贸出口带来严重困难。尽管这方面的惨痛教训不可胜数，但低价竞销的做法一直是有些企业开展出口贸易的"法宝"，因而在我国始终难以禁绝。

二是过于依靠优惠政策。改革开放以来，我国宏观当局制定了众多的优惠政策以推动外贸出口。其结果是，有些出口企业便躺在优惠政策上大搞外贸，它们常常以成本价向外商销售商品，自己的实际利得完全来自优惠政策所提供的利益。现在，随着我国外贸的发展变化和与国际经济接轨的需要，大多数优惠政策（其中有些并不符合国际规范）已被淡化或取消。这样，这类出口企业难免会一筹莫展。

三是指望人民币汇率下调。1989 年以来，人民币的汇率先后四次大幅下调。人民币每次贬值都对当年出口贸易有过显著的推动作用，确实产生了外汇倾销效应。虽然这种贬值每次都有其客观理由，但是，它却使有些出口企业产生了一种十分有害的依赖心理，即把人民币贬值视为调节换汇成本和推动出口的主要手段。这就出现了一种奇特的景观，每当我国外贸出口面临的形势比较严峻时，要求人民币贬值的呼声便此起彼伏，不绝于耳。这充分反映出，我国仍有为数甚多的出口企业，对于这种只起短期作用而又受到国内外诸多因素制约的外汇倾销效应，抱有明显不切实际的奢望。

四是牺牲社会福利。为了出口创汇或赚取利润，少数企业还不惜采用种种牺牲社会福利的手段来生产出口商品。例如，大量排放"三废"污染环境、任由生产条件和劳动环境恶化等。它们或许创造了贸易利润（因为这么做生产自然成本相对低廉），却减少了社会福利。这种依靠私人成本低于社会成本以谋取贸易利润的做法，不仅悖逆了外贸发展的本来意义，而且为新确立的国际贸易规范所不容。近年国际贸易活动中逐渐出现的绿色壁垒，就是一个明显的例子。

五是搞商业欺诈。假冒伪劣商品虽然给出口商带来丰厚的利润，同时也招致了恶名，更使贸易额锐减。诚然，这种做法主要是个体出口商所为，但在我国的对外贸易活动中这是值得宏观当局和微观主体都引以为戒的。

可以这样说，凭借上述手段从事贸易业务的企业，表面上看来是在进行对外贸易活动，实际上并未真正登上过国际竞争舞台，一旦离开了这些"法宝"，它们随时都可能被竞争风浪掀倒。然而，这些错误的思路和做法至今仍对不少出口企业有着很大的影响。其中老是想依靠人民币汇率下调来推动外贸发展的思想倾向，就是一个典型例子。

或许有人认为，自己以前就是这样开展外贸活动并获得了不少利益，今后也未必行不通。这里要强调的是，这种在粗放型增长方式下形成的思路和做法不应再继续下去了。面对激烈的国际经济竞争，我国外贸水平还要再上台阶，一定要致力于增长方式的逐步转变。无须赘言，这是唯一的光明大道。外贸企业倘若将粗放型增长方式视为至宝，至今还在留恋上述的做法，而不肯按照集约型增长方式的要求苦练内功，那么，今后恐怕将长期陷于严重的困境之中，甚至可能在残酷的竞争中被彻底淘汰。

第二节　加工贸易促进财富和福利增长的路径

在中国三十多年的对外贸易实践中，加工贸易扮演了相当重要的角色。与一般贸易相比，加工贸易更贴近国际市场，更容易扩张，更能接触到高端技术，在一国财富和福利增长过程中的作用也呈现出有别于一般贸易的特征。

一、加速外向型经济的扩张

外向型经济的特征是利用外部资源。发展外向型经济可突破本国资源限制，推动本国生产可能性边界外移，从而使本国财富和福利得以改善。加工贸易自身的特性使其在这方面的表现更突出。

(一) 加速出口扩张

加工贸易本身的目的就是为了再出口。加工贸易之所以会产生，往往就是本国一般贸易发展不够快。开放经济条件下，在本国存在某种要素（通常是劳动力、土地）过剩，对外部资源和市场的苛求容易滋生加工贸易。这种贸易方式自打它一产生，就定位于利用外部资源并生产成品再出口，如此目标约束注定使其具有加速出口扩张的内在动力。

加工贸易的业务往往与国外的买主相关联，通常是按照国外客户的要求来生产加工产品，使出口企业更了解国外市场所需，这种便利会通过潜移默化地驱使出口企业改进产品的生产，使其产品品质、包装、功能等更接近国际市场要求，从而为扩大出口奠定了现实基础。

加工贸易的出口通常不需要占用本国其他部门的资源，但实际上还是利用了国内的限制资源，因而可以通过乘数效应带动财富和福利的增长。

（二）吸引外商投资

在改革开放之初，外商对中国的引资政策不了解，加工贸易就成了其"试验田"，很多外资都是借助加工贸易开始进入中国的。加上中国为了促进加工贸易的发展，为加工贸易提供了许多优惠措施，也诱使外资加大对中国加工贸易的投入。而加工贸易两头在外的特征本身也反映了加工贸易与国外很多企业存在密切的关系，作为 FDI 全球生产体系的一个环节，自然有吸引外资进入的便利性。

外资的进入不光为引资国带来了资金，通常还会带来先进技术、管理模式及经营理念，有利于推动市场化取向的制度改革。

二、促进产业结构改善和技术进步

相对于一般贸易，加工贸易与国际市场的联系程度更高，与国外企业的接触范围更大，有更多的机会带来新工艺、新技术和新产品。因此，其对产业结构改善的促进、对技术进步的推动也更为直接和明显。

（一）促进产业结构改善

开展加工贸易的企业通常隶属于跨国公司的全球生产体系之中，容易与国际先进企业发生联系，从而成为国际产业转移的承接者。虽然这些转移过来的产业未必有多先进，但只要高于承接国原先水平，就有助于其改善产业结构。对于发展中国家来说，来自发达国家的中高级产业具有很强的辐射效应，更为关键的是，还有可能由此打通一条联通渠道，形成产业转移的累积效应。

此外，从加工贸易产业的特征看，容易形成产业集聚，从而提升产业国际竞争力。加工贸易涉及的大多是一些轻工业，对单个企业的规模要求不高，进入门槛低，在对外输出扩张的影响下，很容易在短期内快速集聚起块状经济。

出口的扩张和块状经济的形成，还有助于配套产业的发展，对区域产业功能的完善具有很强的推动作用。

（二）促进技术进步

在加工贸易发展的初期，其技术扩散效应主要通过产品扩散和竞争机制实现，有时能接受外方的技术帮助以及人员培训，对内则表现为对配套企业的技术帮助。

随着经济全球化的发展，一些跨国公司开始实施技术本土化战略，在东道国建立研发中心，把产品的研发环节放到东道国。此时，技术的扩散则上升到更高层次，使本土加工贸易企业可以在消化吸收的基础上实现再创新和自主创新。

三、增加就业和加速人力资本积累

加工贸易的增加就业效应与出口扩张效应是其两大直接效应，而且就业的增加依赖于出口扩张带动的生产扩张。

按照要素禀赋说，贸易各方都是密集使用相对丰裕要素安排生产并出口相关产品，同时进口要密集使用其相对稀缺要素的产品。中国拥有大量的劳动力（尤其是农村人口），按要素禀赋说发展劳动密集型产业是合理的。所以，不管是中国企业自身取向，还是外方企业看重的因素，基本都统一锁定到劳动密集产业。即便产业调整到资本、技术密集领域，市场运作仍然存在面向劳动力的向心力。因此，加工贸易的发展必然开辟出一条宽广的就业渠道。就业的增加，不光增加了生产中的要素投入，进而增加财富，而且还会改善人的生存状况，促进福利增长。从实际情况看，我国加工贸易吸纳了大量劳动力，这对提高我国国民整体生活质量起到了很好作用。

当然，加工贸易不仅仅扩大了就业规模，其对就业的影响还表现在质的改进。这是由于加工贸易对产业结构和技术水平具有更强的往上调整势力。加工贸易产业相对先进的技术，客观上提高了对就业人口的素质要求。无论是在就业市场形成的示范效应，还是在企业内部对员工的培训，都会改善东道国劳动力的质量，从而推进人力资本的积累。

第三节　加工贸易在财富增长中的不利影响

有关开放经济的扭曲理论证明了扭曲的存在会引起开放效益下降。中国的对外开放实践消除了计划体制时期的一些扭曲，但开放过程中的一些特殊政策又催生了新的政策引致性扭曲，对开放效益产生了不良影响①。

加工贸易的发展对中国财富和福利增长具有正面的支持作用。在过去数十

---

① 张幼文. 从政策性开放到体制性开放——政策引致性扭曲在发展中地位的变化 [J]. 南京大学学报（哲社版），2008（4）：14－23.

年中，加工贸易推动了中国出口的扩张、增加了就业，也促进了中国产业结构升级和技术进步。但也必须看到加工贸易发展中存在的一些扭曲现象，影响到了财富和福利的增长。我们认为，这些问题不是加工贸易本身所固有的，而是由于在加工贸易发展实践中实施政策出现的问题或者微观企业操作中的问题所引起。

一、基于外资背景的资本扭曲与土地扭曲效应

目前，中国的加工贸易主要是外资主导①。外资的进入促进了中国加工贸易的发展，而加工贸易的发展也激励着外资进入中国，二者是相辅相成的。外资激励政策曾迅速消除了中国的外汇短缺状态，缩小了原有的外汇扭曲，并且帮助廉价劳动力及资源的优势在国际竞争中得以发挥，优化了资源配置，消除了闲置要素的扭曲。但是，在旧的扭曲被消除的同时，又滋生了新的扭曲。

（一）资本扭曲效应

对外资提供的优惠政策是中国对外开放实践中最重要的优惠政策。在优惠的引资政策吸引下，外资大量流入中国，中国也因此成为在世界上排前列的引资大国。外资大量进入，势必会挤占内资的投资空间，使国内资本闲置。这样，我们不得不面临很被动的局面。首先，在外汇方面，我们拥有大量的闲置外汇资源，或者用外汇购买收益率不高的外国国债，但我们又要用优惠的政策吸引外资任其赚取高额利润。其次，银行里还有大量的国内沉淀资金，却还要以优惠政策去大量引入外资。

同样都是资本，但由于面临不同的税收等政策，利益空间有差异，导致更多地使用外资而不是内资，这就是一种资本要素扭曲效应。由于内资与外资在收益上对中国财富和福利的回馈机制有差异，过度使用外资对财富和福利增长产生了负面影响。

（二）土地价格扭曲效应

外资进入中国，除了看重劳动力资源外，土地资源也是重要因素。由于发达国家已进入高度发达阶段，土地成本一般都比较高。一些占地面积比较大的产业就会转移到土地相对廉价的发展中国家。如果土地价格由市场来定，本不

---

① 李成钢. 中国加工贸易的发展和竞争优势的提升 [J]. 国际经贸探索，2008（9）：12 – 15.

会有多大的扭曲。但是，中国尚未建立完善的要素市场，土地作为一种特殊资源，其价格决定机制极不透明。受政绩考核机制影响，地方政府在引资工作中存在着很强的指标导向和非理性竞争，导致协议转让土地价格远低于按招标方式形成的价格。2004 年，招标形成的地价 6.25 万元/亩，以其他方式（主要为政府协议转让）出让的价格为 2.09 万元/亩；2005 年，招标形成的价格为 6.85 万元/亩，以其他方式出让的价格只有 1.50 万元/亩[①]。这种由地方政府决策引起的协议低价导致了土地价格的扭曲，直接形成了财富流失，造成对国民福利的不利影响。

二、劳动力扭曲效应

廉价劳动力是中国最具有标志性的要素禀赋因素，也是加工贸易得以在中国大陆发展壮大的重要基础。尽管有优惠政策、廉价土地等有利因素，但从加工贸易本身的发展特征看，或者说从中国大陆目前发展起的加工贸易层次看，我们主要依赖的还是廉价劳动力。

廉价劳动力催生了中国加工贸易的发展，但可惜却未得到足够的反哺。随着加工贸易的发展、经济的发展，劳动力报酬理应上升。但我们目前所看到的却是持续走低。

从发展实践看，笔者认为加工贸易至少在以下两个方面影响着劳动力收益。其一，基于地区发展差距，东部沿海大规模发展起来的加工贸易对中西部劳动力产生了极大吸引力，造成东部地区获得廉价劳动力的大量供给，对就业造成了高压，劳动力报酬很难上去。其二，加工贸易两头在外，其获利空间在中间加工阶段，在两头没有决定权的情况下，企业主只好通过压低加工阶段工人报酬来增加利润。所以，在加工贸易发展起来的同时，其依赖的劳动力要素报酬没有相应提高。

从统计数据看，1989～2005 年期间，中国工资总额占 GDP 比重平均为 12.56%，而西方国家这一数值为 50%～60%[②]；从制造业数据看，中国雇员工资水平相当于英国的 1/27，韩的 1/13，马来西亚的 1/4[③]。横向对比，足

---

① 张幼文. 从政策性开放到体制性开放——政策引致性扭曲在发展中地位的变化 [J]. 南京大学学报（哲社版），2008（4）：14-23.
② 陈秀梅. 刍议中国劳动力价格与经济增长路径转变 [J]. 经济问题，2007（4）：51-53.
③ 陈俊. 从国际比较看我国劳动力价格水平的优势及趋势 [J]. 中国经贸导刊，2006（8）：25-26.

以看出中国劳动力报酬水平的层次。

如果考虑加工贸易中的外资属性部分，劳动力价格扭曲会损害财富增长；如果单纯考虑劳动力报酬，劳动力价格扭曲则违背了发展利益由全民共享的目标，影响到了国民福利的增长。遗憾的是，目前无法预计这种状况何时能得以改善。地方政府期待通过低工资水平来刺激加工贸易和 FDI 的发展；基于地区发展差距的劳动力大量供给，则又使劳动力愿意接受廉价的报酬。更为严重的是，劳动力价格扭曲使本国比较优势失真，长期依赖廉价劳动力参与国际分工，影响到产业结构升级。产业结构的影响是长期的，一旦形成就会产生路径依赖现象，会导致本国财富和福利增长自动收缩。

三、生产外部性效应

当企业的个别成本小于社会成本时，往往会产生负外部性，这属于生产性扭曲。如果出口企业的负外部性没有提供足够的补偿，就会导致开放的福利效应下降。

环境污染是负外部性的一个典型问题。在经济全球化过程中，国际产业转移加速。一些跨国公司为了提高利润，会将高污染的产业链转移到低环境规制的发展中国家，使后者成为"污染避难所"。中国在改革开放之初，没有重视引资工作的环境问题，并未计算环境成本的支出，导致引资越多污染越重现象的产生。有学者研究发现，东部地区高污染产业和中等污染产业占到全国总数的 86.5% 和 87.4%①。这说明在中国已经形成了集中性污染，这容易带来自然生态的失衡，引发巨大的财富和福利损失。

此外，有些境外企业会把一些有毒有害产品的生产环节转到中国，这不仅会对当地环境造成污染，还会对从事相关工作的劳动者带来健康危害。

在企业的负外部性没有作出补偿时，企业成本低于社会成本，为低价竞争奠定了基础。但是，这里没有考虑国民为此付出的代价，这种比较优势是被夸大的，由此产生的开放效益是不真实的。

---

① 蒋兰陵，赵曙东. 加工贸易主导型贸易增长的负面效应分析 [J]. 南京社会科学，2008 (7)：52 – 63.

第五章

国际贸易影响区域财富
增长的实证分析

第一节　对外贸易对财富增长的影响

一、物质财富增长决定因素的实证分析

物质财富增长依赖于生产中要素投入量和要素的使用效率。我们首先来考察一下各相关因素对中国物质财富增长的决定作用。

（一）模型和变量的选择

根据罗伯特·巴罗和泽维尔·萨拉 – I – 马丁（Robert Barro and Xavier Sala – I – Martin）的不变规模报酬的 C – D 生产函数[①]：$Y_t = AK_t^\alpha H_t^{1-\alpha}$，可将物质财富增长予以分解，其中 Y_t、K_t、H_t、A 分别代表物质财富增长、物质资本投入、人力资本投入以及技术和制度等因素。考虑开放经济的实际，随着一国参与全球化经济程度加深，其利用外商直接投资的规模和数量不断增加，外国直接投资对经济增长的影响也更加明显，因而资本的投入已不单纯来自国内的资本，外国直接投资也占有一定比例。据于此，上式中资本的投入 K_t 可分解为国内资本（DI_t）与外国直接投资（FDI_t）两部分。同时也将 A 中的技术（TFP_t）和制度变迁（ST_t）两个重要的因素分解出来。

---

① Robert J. Barro, Xavier Sala – I – Martin. Economic Growth (2nd Edition) [M]. MIT Press, Cambridge, MA. 2003 (10)：240.

由此，通过自然对数变换，构建物质财富增长模型如下：

$$\ln Y_t = a_0 + a_1 \ln TFP_t + a_2 \ln ST_t + a_3 \ln DI_t + a_4 \ln FDI_t + a_5 \ln H_t + \varepsilon_t \qquad (5-1)$$

式中，Y_t 代表物质财富（总产出），TFP_t、ST_t、DI_t、FDI_t 和 H_t 分别代表技术进步、制度变迁、国内资本投入、外商直接投资和人力资本投入，a_0、a_1、a_2、a_3、a_4、a_5 代表常数项和各因素对物质财富的影响弹性，ε_t 为误差项。

（二）相关变量的度量

1. 物质财富变量

我们原本想使用 GDP 和 GNP 分别度量物质财富，但通过观察历年《中国统计年鉴》公布数据，发现二者的变化规律大体相同，因此这里只选取 GDP 考察。我们选取了《中国统计年鉴》（2012）公布的 1985～2011 年 GDP 数据，为消除物价因素的影响，用《中国统计年鉴》（2012）所公布以 1978 年为基期的 GDP 指数计算出实际 GDP，并按此计算出以 1978 年为基期的 GDP 平减指数。相关数据见表 5-1。

表 5-1　　　　　　　　　中国的物质财富增长量及 GDP 平减指数

年份	Y（亿元）	GDP 平减指数	年份	Y（亿元）	GDP 平减指数	年份	Y（亿元）	GDP 平减指数
1985	7031.3	128.23	1994	16506.0	292.00	2003	36006.6	377.22
1986	7653.3	134.26	1995	18309.3	332.04	2004	39637.9	403.35
1987	8539.8	141.20	1996	20141.8	353.38	2005	44120.9	419.96
1988	9503.1	158.29	1997	22014.4	358.73	2006	49713.9	435.12
1989	9889.3	171.83	1998	23738.8	355.55	2007	56754.6	468.35
1990	10268.9	181.79	1999	25547.7	351.02	2008	62222.7	504.71
1991	11211.5	194.28	2000	27701.7	358.15	2009	67956.0	501.65
1992	12808.1	210.21	2001	30001.0	365.51	2010	75050.0	534.58
1993	14596.7	242.07	2002	32725.7	367.70	2011	82032.0	576.46

资料来源：《中国统计年鉴》（2012）。

2. 技术进步变量

我们采用 SOLOW 剩余法计算 TFP 来表示技术进步变量。假设生产函数为两要素的 C – D 函数，$Y_t = AK_t^{\alpha}L_t^{\beta}$，其中，$Y_t$、$A$、$K_t$ 和 L_t 分别代表产出、技术、资本投入和劳动投入，α 和 β 分别表示资本和劳动的产出弹性。根据假设，$\alpha + \beta = 1$，郭庆旺、贾俊雪（2005）[①] 的检验证实中国数据符合这一假设要求。对 C – D 函数两边同时取自然对数，可得：

$$\ln Y_t = \ln A + \alpha \ln K_t + \beta \ln L_t + \varepsilon_t \qquad (5-2)$$

依据 $\alpha + \beta = 1$ 假设，对式（6 – 2）做代数变换，可得：

$$\ln(Y_t/L_t) = \ln A + \alpha \ln(K_t/L_t) + \varepsilon_t \qquad (5-3)$$

利用 OLS 估计处理式（5 – 3），可以获取 α 估计值，再计算出 β，代入公式 $TFP_t = Y_t/(K_t^{\alpha}L_t^{\beta})$，就可获取用 TFP 表示的技术进步指数。

我们采用 GDP、固定资产投资以及三次产业从业人数总和分别表示总产出、资本投入及劳动投入，其中，GDP 和固定资产投资均使用以 1978 年为基期的 GDP 平减指数予以缩减。

利用上述方法和数据，借助 Eviews7.2 软件，对式（5 – 3）作 OLS 回归，得：

$$\ln(Y_t/L_t) = 3.1834 + 0.6931\ln(K_t/L_t) \qquad (5-4)$$
$$(23.95) \quad (37.32)$$

$Adj\ R - squared = 0.9824$，$D.W. = 0.45$。

各系数 t 检验通过，但 $D.W.$ 值显示存在序列相关。对该模型做 MA 处理，得：

$$\ln(Y_t/L_t) = 3.3712 + 0.6657\ln(K_t/L_t) \qquad (5-5)$$
$$(15.85) \quad (24.40)$$

$Adj\ R - squared = 0.9959$，$D.W. = 1.56$，$MA(1) = 1.3242$，$MA(2) = 1.2281$，$MA(2) = 0.9036$。

式（6 – 6）结果基本通过统计检验，可得 $\alpha = 0.6657$，$\beta = 0.3343$，将 α、β、总产出、资本投入、劳动投入代入公式 $TFP_t = Y_t/(K_t^{\alpha}L_t^{\beta})$，得到中国 1985 ~ 2011 年 TFP 指数。结果见表 5 – 2。

[①] 郭庆旺，贾俊雪. 中国全要素生产率的估算：1979 – 2004 [J]. 经济研究，2005（6）：51 – 60.

表5-2　　　　　　　　　　中国 *TFP* 指数测算结果　　　　　　　　单位：%

年份	*TFP*	年份	*TFP*	年份	*TFP*	年份	*TFP*	年份	*TFP*
1985	26.22	1991	29.78	1997	31.83	2003	31.01	2009	27.66
1986	25.44	1992	27.98	1998	31.17	2004	30.40	2010	27.63
1987	25.54	1993	25.34	1999	32.06	2005	29.72	2011	29.39
1988	26.13	1994	27.13	2000	32.91	2006	29.72		
1989	30.00	1995	29.36	2001	33.18	2007	30.69		
1990	30.21	1996	30.64	2002	32.68	2008	30.32		

资料来源：GDP 及三次产业就业人员数据来自《中国统计年鉴》（2012）；全社会固定资产投资 1985～1994 年数据来自《中国统计年鉴》（2004），1995～2010 年数据来自《中国统计年鉴》（2012）。

3. 制度变迁变量

我们对制度变迁（*ST*）的度量综合考虑了非国有化程度（*FG*）、市场化程度（*SC*）、社会占有财富程度（*SZ*）以及对外开放程度（*DW*）四个因素的影响，衡量公式为[①]：

$$ST = 0.25 \times FG + 0.25 \times SC + 0.24 \times SZ + 0.26 \times DW \tag{5-6}$$

式中 *FG* 为非国有工业总产值占全部工业总产值的比重；*SC* 用投资的市场化来表示，即用全社会固定资产投资中利用外资、自筹投资和其他投资所占的比重来衡量，这三项指标基本上是由市场决定、投资者自主决策的，其比重大致可以反映投资领域的市场化程度；*SZ* 为 GDP 扣除财政收入后的比重；*DW* 则是一个加权平均指标，计算公式[②]为：

$$DW = \frac{(0.4 \times \text{进出口总值} + 0.3 \times \text{外债总额} + 0.3 \times \text{利用外资和对外投资总额})}{GDP}$$

$$\tag{5-7}$$

对各个指标涉及的数据进行整理和计算，并将结果代入式（5-6），得到中国 1985～2011 年的制度变迁指数，结果见表 5-3。

---

①② 公式中权重来自叶飞文. 要素投入与中国经济增长 [M]. 北京：北京大学出版社，2004：404.

表5-3　　　　　　　　　　中国制度变迁指数测算结果　　　　　　　单位：%

年份	ST	年份	ST	年份	ST	年份	ST	年份	ST
1985	46.33	1991	53.74	1997	63.19	2003	62.92	2009	62.46
1986	47.93	1992	55.03	1998	63.13	2004	64.53	2010	63.29
1987	49.26	1993	57.39	1999	62.46	2005	65.11	2011	63.54
1988	52.08	1994	62.01	2000	61.67	2006	65.44		
1989	53.26	1995	62.85	2001	61.45	2007	65.13		
1990	53.85	1996	61.96	2002	61.48	2008	64.49		

资料来源：工业总产值数据来自相关年度《中国统计年鉴》，由于2000年以后的全国数据只统计国有及非国有规模以上企业，我们根据1985~1999年全国总数据与国有企业产值推算出2000~2011年全国总产值；全社会固定资产投资中外资、自筹、其他占比，财政收入，进出口贸易额，外债总额，利用外资额，RMB汇率数据均来自相关年度《中国统计年鉴》；对外投资额数据来自《中国对外贸易年鉴》（1994~2002）、《中国统计年鉴》（2005~2012）。

4. 国内资本变量

国内资本变量的度量比较复杂，要考虑资本存量的度量以及折旧率，限于数据的可获得性和定量计算的困难，我们变通处理，采用扣除实际利用外资额后的固定资产投资的增长来代表国内资本的增长。其中，实际利用外资额数据来自《中国统计年鉴》（2012）中按资金来源分类统计的利用外资，全社会固定资产投资额数据来源见表5-2。为消除物价因素的影响，计算后的国内资本额用以1978年为基期的GDP平减指数进行缩减，得到的1985~2011年中国国内资本额见表5-4。

表5-4　　　　　　　　　　中国国内资本额　　　　　　　　　单位：亿元

年份	DI	年份	DI	年份	DI	年份	DI	年份	DI
1985	1912.01	1991	2715.49	1997	6204.37	2003	14041.60	2009	43850.12
1986	2222.05	1992	3620.93	1998	7253.41	2004	16658.52	2010	51053.88
1987	2556.38	1993	5006.02	1999	7933.46	2005	20229.68	2011	53155.99
1988	2829.24	1994	5230.49	2000	8717.32	2006	24283.92		
1989	2397.38	1995	5337.77	2001	9707.87	2007	28224.86		
1990	2328.18	1996	5706.89	2002	11263.21	2008	33190.51		

资料来源：相关年度《中国统计年鉴》。

5. 外商直接投资变量

外商直接投资数据采用《中国统计年鉴》（2012）公布的实际利用外资额，为消除物价因素的影响，用以 1978 年为基期的 GDP 平减指数对其进行缩减，并将其换算成亿元，所得结果见表 5 - 5。

表 5 - 5　　　　　　　　　中国利用外商直接投资额　　　　　　　单位：亿元

年份	FDI	年份	FDI	年份	FDI	年份	FDI	年份	FDI
1985	44.80	1991	119.63	1997	1045.82	2003	1174.02	2009	1225.98
1986	57.71	1992	288.79	1998	1058.63	2004	1244.14	2010	1337.91
1987	61.00	1993	654.94	1999	950.87	2005	1178.94	2011	1299.82
1988	75.10	1994	996.66	2000	941.09	2006	1154.61		
1989	74.33	1995	943.68	2001	1061.57	2007	1213.91		
1990	91.75	1996	981.72	2002	1187.25	2008	1271.40		

资料来源：《中国统计年鉴》（2012）。

6. 人力资本变量

对人力资本的度量比较复杂。卢卡斯（1998）认为人力资本可通过教育和干中学进行积累，业内人士对这一点都十分赞同，但对于具体用什么指标来代表这两个方面仍然存在较大的分歧和困难。

目前，在实证研究中应用较多的方法主要有劳动者报酬法、教育经费法、学历权重法和受教育年限法，我们在综合考虑各种方法的优缺点以及数据的可得性后，选用以下函数度量人力资本：

$$Hl_t = (e^E)^\eta (LYl_t)^N \tag{5 - 8}$$

式中，Hl 代表人均人力资本量，E 为教育年限法计中的一国人均受教育年限，e^E 则为考虑了知识累积效应的一国劳动力平均受教育年限，LYl 为由基期逐步累积的人均产出，η 和 N 分别代表 e^E 和 LYl 对 Hl 的影响弹性。其中人均受教育年限主要用来表示由于受教育而带来的人力资本的积累，而累积的人均产出主要表示干中学效应对人力资本积累的影响。

η 和 N 的获取需要通过其他途径，这里借助前文提到的罗伯特·巴罗和泽维尔·萨拉 - I - 马丁的不变规模报酬生产函数：$Y_t = AK_t^\alpha H_t^{1-\alpha}$。将该式改写成人均形式为：$y_t = Ak_t^\alpha Hl_t^{1-\alpha}$，其 y_t 为人均产出，k_t 为人均资本，将式（5 - 8）所表示的人均人力资本带入这个函数，并取自然对数，可得方程：

$$\ln y_t = \ln A + \alpha \ln k_t + (1 - \alpha)\eta E + (1 - \alpha)N \ln LYl_t + \varepsilon_t \tag{5 - 9}$$

通过对方程（5－9）进行回归，便可估计出 α，η 和 N 的值。

我们用 GDP 与三次产业从业人数总和之比、固定资产投资与三次产业从业人数总和之比分别表示（5－9）式中的 y_t 和 k_t 变量。为消除物价因素的影响，GDP 和固定资产投资均以 1978 年为基期的 GDP 平减指数进行缩减。关于 E 的获取，1985～2003 年数据来自汤向俊（2006）① 研究成果，2004～2011 年数据根据 1985～2003 年数据采用指数平滑法预测而得。LYl 是对 y_t 历年数据的加总。

利用上述方法及数据，对（6－9）式进行回归，得到如下结果：

$$\ln y_t = 2.6386 + 0.4430\ln k_t + 0.1453E + 0.1172\ln LYl_t \qquad (5-10)$$
$$(17.58) \quad (7.75) \qquad (1.41) \qquad (2.46)$$

Adj R － squared $=0.9977$ *D. W.* $=1.73$ *MA*(1) $=0.9872$

由此获得 $\alpha = 0.4430$，并据此计算出 $\eta = 0.2609$，$N = 0.2104$。将 η、N、E、LYl_t 代入（5－8）式，可计算出中国 1985～2011 年各年人均人力资本额，再乘上三次产业就业人口总数，可获得中国 1985～2011 年各年人力资本额，结果见表 5－6。

表 5－6				中国人力资本额				单位：亿元	
年份	H	年份	H	年份	H	年份	H	年份	H
1985	126.98	1991	308.84	1997	437.46	2003	652.16	2009	893.65
1986	156.42	1992	329.27	1998	462.13	2004	688.48	2010	940.24
1987	182.82	1993	349.68	1999	490.91	2005	725.41	2011	989.44
1988	209.10	1994	371.82	2000	538.44	2006	764.00		
1989	234.04	1995	393.51	2001	590.20	2007	805.19		
1990	288.93	1996	419.64	2002	611.78	2008	849.42		

资料来源：GDP、三次产业从业人数、固定资产投资金额数据来自相关年度《中国统计年鉴》。1985～2003 年人均受教育年限数据来自汤向俊"资本深化、人力资本积累与中国经济持续增长"（《世界经济》，2006，08，pp57－64）

（三）决定因素作用的检测

利用上述 1985～2011 年各指标数据对（5－1）式进行回归，结果如（5－11a）式所示。由于常数项的 t 值检验不理想，存在系数为 0 的可能；删除常数项再次回归，结果如（5－11b）式所示。回归结果显示各因素变量的

① 汤向俊. 资本深化、人力资本积累与中国经济持续增长 [J]. 世界经济，2006（8）：57－64.

回归系数均为正，t 值显著，$D.W.$ 值较理想，模型的整体拟合程度较好，$Adj - R\ Squared$ 值达到了 0.9999，这表明影响产出的重大因素基本上被考虑进来了。在中国，这些促进经济增长的重大因素即为：技术进步、国内资本、制度变迁、人力资本和外商直接投资。

$$\ln Y_t = 0.1663 + 0.8424\ln TFP_t + 0.1457\ln ST_t + 0.5677\ln DI_t$$
$$(0.47)\quad(22.35)\qquad(1.39)\qquad(40.22)$$
$$+0.0202\ln FDI_t + 0.1947\ln H_t \qquad (5-11a)$$
$$(2.06)\qquad(5.70)$$

$Adj\ R - Squared = 0.9999$，$D.W. = 1.80$，$AR(1) = 0.6187$，$MA(1) = 0.7105$

$$\ln Y_t = 0.8440\ln TFP_t + 0.1911\ln ST_t + 0.5698\ln DI_t + 0.0166\ln FDI_t$$
$$(22.66)\qquad(4.83)\qquad(40.02)\qquad(2.37)$$
$$+0.1911\ln H_t \qquad (5-11b)$$
$$(5.56)$$

$Adj\ R - Squared = 0.9999$，$D.W. = 1.83$，$AR(1) = 0.6141$，$MA(1) = 0.6468$

采用多因素分析法时，各解释变量之间可能存在多重共线性，需要对模型进行检验。以判断该回归对各决定因素回归系数的估计是否有效。我们在此选择主成分分析方法，将模型中的解释变量分解为几个正交的向量，用正交的向量对产出进行回归分析，然后根据因子分析得到的因子得分矩阵将正交向量还原为各解释变量对产出的影响程度。

在进行主成分分析之前，首先要确认各决定因素之间是否存在足够的相关性。变量之间的相关性越强，说明利用主成分分析方法计算出的结果越有效。利用 Eviews7.2 可检验了各变量之间的相关关系，结果见表 5-7。

表 5-7　　　　　　　　　　决定因素的相关系数

相关性	LNTFP	LNST	LNDI	LNFDI	LNH
LNTFP	1.0000	0.6239	0.3326	0.5522	0.5428
LNST	0.6239	1.0000	0.8090	0.9662	0.9166
LNDI	0.3326	0.8090	1.0000	0.8111	0.9499
LNFDI	0.5522	0.9662	0.8111	1.0000	0.8977
LNH	0.5428	0.9166	0.9499	0.8977	1.0000

检验结果显示，LNST、LNDI、LNFDI 及 LNH 这四个变量之间的相关系数为 0.8090～0.9662，相关性比较强；LNTFP 与其他几个变量的相关性较弱，

但大多也超过 0.5，也存在一定的相关性。这说明各变量之间存在显著的相关关系，可以进行主成分分析。使用 Eviews7.2 软件进行主成分分析，得到的主要分析结果见表 5-8 与表 5-9。

表 5-8   各成分分解表

Eigenvalues：（Sum = 5，Average = 1）

Number	Value	Difference	Proportion	Cumulative Value	Cumulative Proportion
1	4.027516	3.303625	0.8055	4.027516	0.8055
2	0.723891	0.520137	0.1448	4.751407	0.9503
3	0.203754	0.173488	0.0408	4.955160	0.9910
4	0.030266	0.015692	0.0061	4.985426	0.9971
5	0.014574	—	0.0029	5.000000	1.0000

表 5-8 显示，若提取前三个比较显著的共同因子作为主成分，这三个主成分解释了总方差的 99.10%，表明利用这三个主成分进行因子分析，基本上涵盖了绝大部分的原有信息。表 5-9 显示的是最终得到的因子得分矩阵。根据表 5-9 中的数据，我们得到三个主成分表达式：

$$F1 = 0.3228 \times \ln TFP + 0.4846 \times \ln ST + 0.4450 \times \ln DI + 0.4767$$
$$\times \ln FDI + 0.4855 \times \ln H \qquad (5-12)$$

$$F2 = 0.8801 \times \ln TFP + 0.0361 \times \ln ST - 0.4402 \times \ln DI - 0.0521$$
$$\times \ln FDI - 0.1665 \times \ln H \qquad (5-13)$$

$$F3 = 0.3066 \times \ln TPF - 0.4286 \times \ln ST + 0.5275 \times \ln DI - 0.5865$$
$$\times \ln FDI + 0.3163 \times \ln H \qquad (5-14)$$

表 5-9   各成分最终因子得分矩阵

Variable	PC 1	PC 2	PC 3	PC 4	PC 5
LNTFP	0.322745	0.880063	0.30659	0.129552	0.102681
LNST	0.484563	0.036120	-0.42862	-0.69144	0.319518
LNDI	0.445001	-0.440169	0.527518	0.209089	0.535006
LNFDI	0.476708	-0.052053	-0.58649	0.642999	-0.11235
LNH	0.485548	-0.166511	0.316301	-0.218998	-0.76715

由于提取的三个主成分之间是正交关系，不存在共线性，故可以利用这三个主成分对中国的总产出进行回归，得到的回归结果如下：

$$\ln Y_t = 0.7238 \times F1 + 0.3314 \times F2 + 0.5322 \times F3 \qquad (5-15)$$
$$\qquad (125.56) \qquad (10.84) \qquad (24.59)$$

$Adj\ R-squared = 0.9997$，$D.W. = 1.86$，$AR(1) = 0.7302$，$MA(1) = 0.4530$

根据三个主成分方程及它们对总产出的回归系数，可以求得技术进步、制度变迁、国内资本、外商直接投资和人力资本这些因素对总产出的影响系数，计算结果见表 5-10。

表 5-10　　　　　　　　　主要决定因素对总产出的影响系数

因素	$LNTFP$	$LNST$	$LNDI$	$LNFDI$	LNH
影响系数	0.6885	0.1346	0.4569	0.0156	0.4646

初始的各决定因素对中国总产出的回归结果显示，技术进步、制度变迁、国内资本、外商直接投资和人力资本是中国经济增长的主要决定因素，它们对中国经济增长有着正向的促进作用。而后通过主成分分析方法得到的各因素对产出的影响系数值，则较为准确地反映了它们对中国经济增长的影响程度。从表 5-10 数据可看出，TFP、人力资本积累、国内资本投入是推动中国长期经济增长的最主要因素。

二、对外贸易促进中国物质财富增长机制的实证分析

前面实证分析的结论表明促进中国经济增长主要因素为：技术进步、制度变迁、国内资本、外国直接投资和人力资本。下面我们来检验对外贸易是否通过这五个途径促进我国物质财富增长，并且将对外贸易细分为初级产品和工业制成品进出口以观察具体促进机制。技术进步、制度变迁、国内资本、外国直接投资和人力资本数据与前文相应数据保持一致，对外贸易数据来自相关年份《中国统计年鉴》，以 1978 年为基期的 GDP 指数予以缩减，并按历年的年均汇率换算成亿元单位。总的进口与出口、初级产品进口与出口、工业制成品进口与出口分别用 IM、EX、MP、XP、MF、XF 表示。相关数据依然取自然对数处理。

（一）对外贸易通过推动技术进步促进物质财富增长的计量检验

在前面的实证分析中，以 TFP 表示的技术进步是促进中国物质财富长期

增长的最主要因素。这里我们首先来观察对外贸易对 *TFP* 的影响作用。

1. *TFP* 与进出口贸易的平稳性检验

我们主要采用回归分析方法检验进出口贸易与中国物质财富增长决定因素之间的关系。计量经济理论要求在对经济时间序列进行回归分析时，首先必须进行变量的平稳性检验。检验变量是否稳定的过程称为单位根检验，即检验变量序列是否围绕一个均值波动，并且是否具有向其靠拢的趋势。比较常用的单位根检验方法有 DF 法、ADF 法、PP 法，我们主要采用 ADF（Augmented Dickey - Fuller Test）法对进出口与 *TFP* 时间序列的单位根进行平稳性检验，结果见表 5 - 11。

表 5 - 11　　　　　　　　　　　*TFP* 与进出口的 *ADF* 检验数据

变量	检验形式 （C，T，L）	*ADF* 检验值	各显著水平下的临界值		
			1%	5%	10%
ln*TFP*	（C，N，1）	- 2.804494	- 3.737853	- 2.991878	- 2.635542
ln*IM*	（C，T，1）	- 3.013476	- 4.394309	- 3.612199	- 3.243079
ln*EX*	（C，T，0）	- 2.451811	- 4.374307	- 3.603202	- 3.238054
ln*MP*	（C，T，0）	- 2.363042	- 4.374307	- 3.603202	- 3.238054
ln*XP*	（C，T，0）	- 3.412254	- 4.374307	- 3.603202	- 3.238054
ln*MF*	（C，T，3）	- 4.306319	- 4.440739	- 3.632896	- 3.254671
ln*XF*	（C，T，0）	- 2.871392	- 4.374307	- 3.603202	- 3.238054
Δln*TFP*	（N，N，3）	- 3.665073 **	- 2.664853	- 1.955681	- 1.608793
Δln*IM*	（N，N，0）	- 2.271573 *	- 2.664853	- 1.955681	- 1.608793
Δln*EX*	（C，N，0）	- 5.057991 **	- 3.737853	- 2.991878	- 2.635542
Δln*MP*	（N，N，0）	- 3.280675 **	- 2.664853	- 1.955681	- 1.608793
Δln*XP*	（N，N，0）	- 6.436197 **	- 2.664853	- 1.955681	- 1.608793
Δln*MF*	（N，N，0）	- 2.173689 *	- 2.664853	- 1.955681	- 1.608793
Δln*XF*	（N，N，0）	- 3.159449 **	- 2.664853	- 1.955681	- 1.608793
变量观察个数	26				

注：（1）表中 Δ 表示一阶差分；（2）检验形式（C，T，L）中 C，T，L 分别表示单位根检验方程中的常数项、时间趋势和滞后阶数，N 表示没有。检验方程的选取根据序列的图形特征来确定，滞后阶数根据 AIC 准则由系统自动确定。（3）** 与 * 分别表示在 1% 或 5% 的显著性水平下拒绝原假设，即在 1% 或 5% 的显著水平下认为序列是稳定的（下文中单位根检验结果均延续本设定，不再说明）。

　　由表 5 – 11 数据可见，初始时间序列的 *ADF* 检验值均大于 5% 显著性水平下的临界值（大多数指标超过 10% 水平临界值），说明各序列存在单位根可能性很大，是非平稳的，经过一阶差分后各序列的 *ADF* 检验值小于 1% 或 5% 显著性水平下的临界值，变为平稳序列。因此，各序列属于 I（1）同阶单整，可以进入回归分析。

　　2. *TFP* 与进出口贸易的回归分析

　　从前面检验可知，所有时间序列自身都是非平稳的，在同阶单整条件下，可以进行回归分析，再通过协整检验来分析各个变量和被解释变量之间是否存在长期稳定关系。我们选择 E – G 两步检验法，先对数据进行 OLS 回归，得出残差序列，再对残差序列进行单位根检验，若平稳，则存在长期稳定关系。协整检验结果见表 5 – 12。

表 5 –12　　　　　　　　　**TFP 与进出口回归及协整检验数据**

回归方程	残差 ADF 检验					
	检验方式	ADF 值	1% 临界值	5% 临界值	10% 临界值	结论
ln*TFP* = 3. 1666 + 0. 0251ln*IM* *MA*(1) = 1. 25　*MA*(2) = 0. 30 （1. 0487）	(N, N, 0)	− 4. 98485	− 2. 66072	− 1. 95502	− 1. 60907	平稳 **
ln*TFP* = 3. 1431 + 0. 0277ln*EX* *MA*(1) = 1. 21　*MA*(2) = 0. 25 （1. 3433）	(N, N, 0)	− 4. 810009	− 2. 66072	− 1. 95502	− 1. 60907	平稳 **
ln*TFP* = 3. 1934 + 0. 0273ln*MP* *MA*(1) = 1. 27　*MA*(2) = 0. 32 （1. 4452）	(N, N, 0)	− 4. 851262	− 2. 66072	− 1. 95502	− 1. 60907	平稳 **
ln*TFP* = 2. 8443 + 0. 0842ln*XP* *MA*(1) = 1. 10　*MA*(2) = 0. 42 （1. 8965）	(N, N, 0)	− 4. 356588	− 2. 66072	− 1. 95502	− 1. 60907	平稳 **
ln*TFP* = 3. 2158 + 0. 0217ln*MF* *AR*(1) = 0. 37　*MA*(1) = 0. 99 （0. 8896）	(N, N, 0)	− 4. 672090	− 2. 664853	− 1. 955681	− 1. 608793	平稳 **
ln*TFP* = 3. 1151 + 0. 0316ln*XF* *MA*(1) = 0. 95 （2. 0697）	(N, N, 0)	− 3. 414005	− 2. 66072	− 1. 95502	− 1. 60907	平稳 **

注：** 残差序列单位根检验表明存在长期稳定关系。

　　表 5 – 12 数据显示，ln*IM*、ln*EX*、ln*MP*、ln*MF*、ln*XP*、ln*XF* 都与 ln*TFP*

存在协整关系。表中所列的方程为经 *MA* 处理后的回归方程，括号中的数字为回归系数的 *t* 检验值。

根据回归方程，可以看出，在长期内，总进口与总出口和 *TFP* 之间均存在着正相关关系。总进口与总出口对技术进步的影响弹性分别为 0.0251 和 0.0277，出口对 *TFP* 的影响程度略大于进口。进一步考察初级产品和工业制成品进口对技术进步的促进作用，可以看出，长期内，初级产品进口每增加一个百分点，可使 *TFP* 增长 0.0273 个百分点，工业制成品进口每增加一个百分点，带动 *TFP* 增长约 0.0217 个百分点，初级产品进口对技术进步的影响弹性略大于工业制成品进口的影响弹性。同样考察初级产品和工业制成品出口对技术进步的促进作用，发现初级产品出口对 *TFP* 的影响弹性为 0.0842，大于工业制成品出口对 *TFP* 的影响弹性 0.0316。说明进出口对中国 *TFP* 的促进作用还主要处于较低技术层面上。

综合而言，出口效应大于进口效应，初级产品拉动效应强于工业制成品。

3. 误差修正模型

协整检验表明进出口与 *TFP* 之间存在稳定的正相关关系。根据 Granger 定理，可以建立误差修正模型，来研究变量之间的短期动态关系。利用前面各回归方程所得残差序列，可建立 *TFP* 对相关变量的误差修正模型，结果见表 5-13。

考察表 5-13 中各误差修正模型，尽管 *SC* 和 *AIC* 值较小，但 R^2 值大多偏小，拟合程度不理想。从 *t* 统计值看，工业制成品出口模型效果最好，说明工业制成品出口与 *TFP* 的关联较强；其他指标中，初级产品进口及总出口与 *TFP* 也存在一定关联，其余变量与 *TFP* 的关联不显著。相比较而言，*ecm*(-1) 项的 *t* 统计值较小，这表明长期内，进出口以及按初级产品和工业制成品分类的进出口很有可能不是 *TFP* 的 Granger 原因，短期作用相对更强一些。

表 5-13　　　　　　　　　　　*TFP* 与进出口的误差修正模型

误差修正模型	R^2	SC	AIC
dln*TFP* = -0.0026 + 0.0434dln*IM* + 0.2432*ecm*(-1) *MA*(1) = 0.46　(-0.1400)　(0.4767)　(0.8609)	0.1577	-2.7859	-2.9809
dln*TFP* = -0.0079 + 0.0734dln*EX* + 0.1772*ecm*(-1) *MA*(1) = 0.42　(-0.4676)　(1.1021)　(0.6306)	0.1922	-2.8277	-3.0227
dln*TFP* = -0.0110 + 0.0854dln*MP* + 0.2201*ecm*(-1) *MA*(1) = 0.46　(-0.6979)　(1.7541)　(0.7987)	0.2679	-2.9260	-3.1211

误差修正模型	R^2	SC	AIC
$\mathrm{dln}TFP = 0.0003 + 0.0923\mathrm{dln}XP - 0.5058ecm(-1)$ $MA(1) = 0.99\ (0.0175)\ (4.4489)\ (-2.3746)$	0.3946	-3.1661	-3.3111
$\mathrm{dln}TFP = 0.0034 + 0.0132\mathrm{dln}MF + 0.3189ecm(-1)$ $MA(1) = 0.49\ (0.1802)\ (0.1297)\ (0.8224)$	0.1735	-2.7664	-2.9628
$\mathrm{dln}TFP = -0.0079 + 0.0606\mathrm{dln}XF + 0.1227ecm(-1)$ $MA(1) = 0.43\ (-0.4408)\ (0.9632)\ (0.4192)$	0.1518	-2.7789	-2.9739

4. TFP 与进出口的 Granger 因果检验

协整检验结果表明，进出口与 TFP 之间存在长期稳定的关系，然而建立的误差修正模型却未能支持大多数变量对 TFP 的明显影响。分析这种现象出现的原因，我们认为可能是 TFP 促进了进出口的发展，即 TFP 对进出口发展的促进作用才使得它们之间的长期稳定关系得以维系。为了进一步检验这种说法，有必要研究 TFP 与进出口之间的因果关系。由于各相关变量均为 1 阶单整，而 Granger 检验是拿来处理平稳变量的，我们选取各变量的 1 阶差分项来构建双向 Granger 因果检验模型，结果见表 5 – 14。

表 5 – 14　　　　　　　　　TFP 与进出口的 Granger 因果检验

原假设	滞后 2 期			滞后 3 期		
	F 值	概率	结论	F 值	概率	结论
$\mathrm{dln}IM$ does not Granger Cause $\mathrm{dln}TFP$	0.45059	0.6442	接受	1.35051	0.2957	接受 *
$\mathrm{dln}TFP$ does not Granger Cause $\mathrm{dln}IM$	4.13406	0.0333	拒绝	2.92121	0.0683	拒绝
$\mathrm{dln}EX$ does not Granger Cause $\mathrm{dln}TFP$	0.23863	0.7902	接受	0.30835	0.8190	接受
$\mathrm{dln}TFP$ does not Granger Cause $\mathrm{dln}EX$	0.71902	0.5007	接受	0.51408	0.6788	接受
$\mathrm{dln}MP$ does not Granger Cause $\mathrm{dln}TFP$	0.4464	0.6468	接受	0.66422	0.5868	接受
$\mathrm{dln}TFP$ does not Granger Cause $\mathrm{dln}MP$	3.71806	0.0445	拒绝	2.18125	0.1327	接受 *
$\mathrm{dln}XP$ does not Granger Cause $\mathrm{dln}TFP$	0.57248	0.5741	接受	1.48702	0.2583	接受 *
$\mathrm{dln}TFP$ does not Granger Cause $\mathrm{dln}XP$	0.70494	0.5073	接受	0.42052	0.7410	接受
$\mathrm{dln}MF$ does not Granger Cause $\mathrm{dln}TFP$	0.66525	0.5263	接受	2.21958	0.1281	接受 *
$\mathrm{dln}TFP$ does not Granger Cause $\mathrm{dln}MF$	4.77734	0.0217	拒绝	3.72295	0.0350	拒绝
$\mathrm{dln}XF$ does not Granger Cause $\mathrm{dln}TFP$	0.19397	0.8254	接受	0.23344	0.8717	接受
$\mathrm{dln}TFP$ does not Granger Cause $\mathrm{dln}XF$	0.57053	0.5751	接受	0.50220	0.6865	接受

注：* 残差序列单位根检验表明存在长期稳定关系。

检验结果与我们所预期的接近，在我们选取的滞后阶数下，*TFP* 构成了总进口、初级产品进口和工业制成品进口的 Granger 原因，这说明中国进口产品中资本货物居多，主要是适应 *TFP* 增长的需要。不过，总进口、初级产品的出口和工业制成品的进口对 *TFP* 增长还是有一定程度的促进作用（表 5 - 14 中带 * 号指标），而且表现出滞后 3 期的效果更为明显，说明传导机制存在着积累效应。

因此，我们认为 *TFP* 与进出口的协整关系更多是 *TFP* 对外贸的作用，并不能体现出外贸对 *TFP* 的影响。但是，总进口、初级产品的出口和工业制成品的进口对 *TFP* 还是存在一定程度的影响作用。

（二）对外贸易通过推动制度变迁促进物质财富增长的计量检验

1. 制度变迁变量的平稳性检验

用 *ADF* 检验法对制度变迁时间序列进行平稳性检验，检验结果见表 5 - 15。表中结果显示，原始时间序列存在单位根，为非平稳的，而经一阶差分后，序列在 1% 的显著性水平下通过了单位根检验，即制度变迁时间序列为一阶单整序列。

表 5 - 15　　　　　　　　　　制度变迁变量的 *ADF* 检验

变量	检验形式 （C，T，L）	*ADF* 检验值	各显著水平下的临界值		
			1%	5%	10%
ln*ST*	（C，N，1）	- 2. 456143	- 3. 737853	- 2. 991878	- 2. 635542
Δln*ST*	（N，N，0）	- 2. 682124 **	- 2. 664853	- 1. 955681	- 1. 608793
变量观察个数	26				

注：** 残差序列单位根检验表明存在长期稳定关系。

2. 制度变迁与进出口关系的回归分析及协整检验

单位根检验结果表明制度变迁时间序列为一阶单整序列，与前面经过单位根检验的进出口时间序列为同阶单整序列，因而可以进行回归分析及协整检验，以检验它们之间是否存在平稳的线性组合，即长期稳定的关系。检验结果见表 5 - 16。

表 5 – 16　　　　制度变迁与进出口回归及协整检验数据

回归方程	残差 ADF 检验					
	检验方式	ADF 值	1% 临界值	5% 临界值	10% 临界值	结论
$\ln ST = 3.5741 + 0.0634\ln IM$ $AR(1) = 0.77\quad MA(1) = 0.56$ (2.9478)	(N, N, 0)	-4.51507	-2.66485	-1.95568	-1.60879	平稳**
$\ln ST = 3.5676 + 0.0630\ln EX$ $AR(1) = 0.76\quad MA(1) = 0.71$ (3.7516)	(N, N, 0)	-4.72389	-2.66485	-1.95568	-1.60879	平稳**
$\ln ST = 3.8496 + 0.0394\ln MP$ $AR(1) = 0.80\quad MA(1) = 0.54$ (2.5590)	(N, N, 0)	-4.57195	-2.66485	-1.95568	-1.60879	平稳**
$\ln ST = 3.2127 + 0.0280\ln XP$ $AR(1) = 0.41\quad MA(1) = 1.00$ (0.8474)	(N, N, 0)	-4.92177	-2.66485	-1.95568	-1.60879	平稳**
$\ln ST = 3.5809 + 0.0645\ln MF$ $AR(1) = 0.77\quad MA(1) = 0.53$ (2.6742)	(N, N, 0)	-4.66288	-2.66485	-1.95568	-1.60879	平稳**
$\ln ST = 3.5763 + 0.0626\ln XF$ $AR(1) = 0.77\quad MA(1) = 0.75$ (4.1622)	(N, N, 0)	-4.73942	-2.66485	-1.95568	-1.60879	平稳**

注：** 残差序列单位根检验表明存在长期稳定关系。

协整检验结果表明制度变迁变量与进出口之间存在着协整关系，表中列出了经 ARMA 处理的回归方程，括号中的数字为回归系数的 t 检验值。

根据回归方程，比较进出口对制度变迁的贡献，可以看出，在长期内进口与出口和制度变迁之间均存在着正相关关系，而且 t 检验值显著，说明各个贸易指标与制度变迁变量关联度强。进口与出口对制度变迁的影响弹性分别为 0.0634 和 0.0630，进口对制度变迁的影响程度略大于出口。同时依据回归方程，分别考察初级产品和工业制成品进出口对制度变迁的促进作用，可以看出，长期内，工业制成品的进口与出口对制度变迁的影响弹性都要大于初级产品进口与出口的指标，说明工业制成品贸易对制度变迁的影响程度更大。

3. 制度变迁与进出口的误差修正模型

在协整检验通过的基础上，建立误差修正模型以进一步研究制度变迁与进出口之间的短期动态关系，结果见表 5 – 17。

表5-17　　　　　　　　　制度变迁与进出口的误差修正模型

误差修正模型	R^2	SC	AIC
$\text{dln}ST = 0.0016 + 0.0691\text{dln}IM - 0.4020ecm(-1)$ $MA(1) = 0.99\ (0.2152)\ (6.1981)\ (-1.5324)$	0.5951	-5.0012	-5.1987
$\text{dln}ST = 0.0043 + 0.0482\text{dln}EX - 0.2697ecm(-1)$ $MA(1) = 0.95\ (0.6371)\ (3.6327)\ (-1.0769)$	0.6210	-5.0674	-5.2649
$\text{dln}ST = 0.0040 + 0.0401\text{dln}MP - 0.2801ecm(-1)$ $MA(1) = 0.99\ (0.5513)\ (4.4578)\ (-1.4233)$	0.5964	-5.0045	-5.2020
$\text{dln}ST = 0.0083 + 0.0435\text{dln}XP - 0.1837ecm(-1)$ $MA(1) = 0.96\ (1.2261)\ (3.3771)\ (-0.8687)$	0.6010	-5.2134	-5.0159
$\text{dln}ST = 0.0047 + 0.0508\text{dln}MF - 0.3620ecm(-1)$ $MA(1) = 0.96\ (0.6453)\ (2.4084)\ (-2.0237)$	0.5814	-4.9680	-5.1655
$\text{dln}ST = 0.0035 + 0.0487\text{dln}XF - 0.2244ecm(-1)$ $MA(1) = 0.95\ (0.5190)\ (3.7009)\ (-1.1011)$	0.6271	-5.0834	-5.2809

表5-17六个误差修正模型的R^2值分别表示了短期内制度变迁的波动可以用进出口贸易的短期波动以及与之的长期均衡关系所能解释的程度，从实际数据看还是比较可靠的。而且，六个误差修正模型的AIC值和SC值都较小，误差修正模型是基本有效的。

各误差修正模型下方括号内的数字是相关系数的t检验值，可以看到各解释变量的t统计值相对来说比较显著，说明了短期内进口与出口，以及按初级产品和工业制成品分类的进口和出口是制度变迁的Granger原因可能性较大。相对而言，各误差修正项的t检验值显著性要弱一些，说明进出口贸易对制度变迁的影响还是较稳定的。

4. 制度变迁与进出口的格兰杰因果检验

为了更清楚观察制度变迁与进出口之间的因果关系，我们建立制度变迁与进出口的双向格兰杰因果检验模型，结果见表5-18。

滞后3年的因果检验结果告诉我们，工业制成品的出口是制度变迁的格兰杰原因，这与前面误差修正模型反映的情况一致，其他的关系中双向的因果关系不明确，但是EX、XF变量对制度变迁的影响还是有一定可信程度。这说明，以工业制成品为主的出口导向型经济有很强的示范效应，对出口的渴求推动了中国的制度变迁。此外，大多数变量滞后3年的因果检验结果强于滞后2年的因果检验，反映进出口贸易对制度变迁的影响存在滞后效应。

表 5 – 18　　　　　　　制度变迁与进出口的 Granger 因果检验

原假设	滞后 2 年			滞后 3 年		
	F 值	概率	结论	F 值	概率	结论
dlnIM does not Granger Cause dlnST	0.03548	0.9652	接受	0.35686	0.7849	接受
dlnST does not Granger Cause dlnIM	0.73601	0.4929	接受	1.61724	0.2273	接受 *
dlnEX does not Granger Cause dlnST	0.79264	0.4678	接受	1.43119	0.2730	接受 *
dlnST does not Granger Cause dlnEX	0.42162	0.6623	接受	0.72282	0.5539	接受
dlnMP does not Granger Cause dlnST	1.00288	0.3864	接受	0.86201	0.4822	接受
dlnST does not Granger Cause dlnMP	0.08639	0.9176	接受	0.49714	0.6898	接受
dlnXP does not Granger Cause dlnST	1.29842	0.2973	接受 *	2.71502	0.0818	拒绝
dlnST does not Granger Cause dlnXP	0.23224	0.7951	接受	0.78498	0.5207	接受
dlnMF does not Granger Cause dlnST	0.18879	0.8296	接受	0.91798	0.4559	接受
dlnST does not Granger Cause dlnMF	1.32795	0.2898	接受	1.7111	0.2075	接受 *
dlnXF does not Granger Cause dlnST	1.39976	0.2723	接受 *	1.13112	0.3681	接受
dlnST does not Granger Cause dlnXF	0.54092	0.5914	接受	0.61119	0.6181	接受

注：* 残差序列单位根检验表明存在长期稳定关系。

（三）对外贸易通过国内资本投资促进物质财富增长的计量检验

1. 国内资本的平稳性检验

如前文所述，采用扣除利用外资的固定资产投资来代表国内资本，对这一时间序列进行 ADF 单位根检验，检验结果见表 5 – 19。序列经一阶差分后，在 5% 的显著性水平下变得平稳，因而该时间序列是一阶单整序列。

表 5 – 19　　　　　　　国内资本的 ADF 检验表

变量	检验形式 (C, T, L)	ADF 检验值	各显著水平下的临界值		
			1%	5%	10%
lnDI	(C, T, 2)	– 1.814875	– 4.416345	– 3.622033	– 3.248592
ΔlnDI	(C, N, 1)	– 3.833557 **	– 3.752946	– 2.998064	– 2.638752
变量观察个数	26				

2. 国内资本与进出口的回归分析

单位根检验结果表明国内资本时间序列与进出口时间序列同阶单整，可以进行回归分析和协整检验，结果见表 5 - 20。

表 5 - 20　　　　　　国内资本与进出口回归及协整检验数据

回归方程	残差 ADF 检验					
	检验方式	ADF 值	1% 临界值	5% 临界值	10% 临界值	结论
lnDI = 0.9927 + 0.9958lnIM $AR(1)$ = 0.53　$MA(1)$ = 0.67 (9.9007)	(N，N，0)	- 4.75303	- 2.66485	- 1.95568	- 1.60879	平稳 **
lnDI = 1.3169 + 0.9080lnEX $AR(1)$ = 0.87　$MA(1)$ = - 0.33 (9.8942)	(N，N，0)	- 4.622579	- 2.66936	- 1.95641	- 1.6085	平稳 **
lnDI = 3.2777 + 0.8492lnMP $AR(1)$ = 0.50　$AR(2)$ = - 0.44 (24.5928)	(N，N，0)	- 5.113622	- 2.66936	- 1.95641	- 1.6085	平稳 **
lnDI = - 4.4267 + 2.1134lnXP $MA(1)$ = 0.57 (9.4383)	(N，N，0)	- 5.10172	- 2.66072	- 1.95502	- 1.60907	平稳 **
lnDI = 0.8811 + 0.9962lnMF $AR(1)$ = 1.23　$AR(2)$ = - 0.56 (9.3341)	(N，N，0)	- 4.900010	- 2.66936	- 1.95641	- 1.6085	平稳 **
lnDI = 2.5808 + 0.7758lnXF $AR(1)$ = 0.58　$MA(1)$ = 0.50 (7.1348)	(N，N，0)	- 4.812380	- 2.66485	- 1.95568	- 1.60879	平稳 **

注：** 残差序列单位根检验表明存在长期稳定关系。

回归分析和协整检验结果表明国内资本变量与进出口之间存在着协整关系，表中列出了经 ARMA 处理的回归方程，括号中的数字为回归系数的 t 检验值。

回归方程显示，长期内进口和出口与国内资本之间均存在着稳定的协整关系且相关关系为正，从 t 检验看显著性很强，说明这些回归方程可靠性较强。比较进出口对国内资本的贡献，可以看出，整体上进口比出口对国内资本投资的影响程度要大，它们对国内资本的影响弹性分别为 0.9958 和 0.9080，说明要素的进口对我国资本积累贡献较大。同时依据回归方程，分别考察初级产品和工业制成品进出口对国内资本投资的促进作用，可以看出，长期内工业制成品进口对国内资本的影响弹性大于初级产品进口，表明资本货物的进口之促进作用要大于原料性进口的作用；而工业制成品出口却不如初级产品出口对国内资本的影响程度大，反映了我国工业制成品的出口利润不高，对资本积累作用相对较弱。

　　3. 国内资本与进出口的误差修正模型

　　表 5 - 20 所示，协整检验结果表明进出口与国内资本之间存在长期稳定的正相关关系，为进一步研究它们之间的因果方向和短期动态关系，我们建立了关于它们的误差修正模型，见表 5 - 21。

表 5 - 21　　　　　　　　国内资本与进出口的误差修正模型

误差修正模型	R^2	SC	AIC
$\text{dln}DI = 0.1386 - 0.0828\text{dln}IM + 0.0051ecm(-1)$ $AR(1) = 0.69\quad AR(2) = -0.48\ (4.0737)\ (-0.4609)\ (0.0357)$	0.3657	-1.405871	-1.6538
$\text{dln}DI = 0.1224 - 0.1104\text{dln}EX - 0.0862ecm(-1)$ $MA(1) = 0.99\ (3.5879)\ (-0.9862)\ (-0.9381)$	0.5347	-1.9139	-2.1114
$\text{dln}DI = 0.1597 - 0.0856\text{dln}MP - 0.1453ecm(-1)$ $AR(1) = 0.75\quad AR(2) = -0.51\ (8.5521)\ (-1.5174)\ (-1.9706)$	0.7045	-2.5709	-2.8196
$\text{dln}DI = 0.1314 - 0.1009\text{dln}XP - 0.0534ecm(-1)$ $AR(1) = 0.78\quad AR(2) = -0.53\ (5.4151)\ (-0.9591)\ (-0.9630)$	0.4807	-1.6677	-1.9146
$\text{dln}DI = 0.1328 - 0.0965\text{dln}MF - 0.0306ecm(-1)$ $MA(1) = 0.93\ (3.2444)\ (-0.4980)\ (-0.2345)$	0.4257	-1.7035	-1.9009
$\text{dln}DI = 0.1520 - 0.1505\text{dln}XF - 0.0666ecm(-1)$ $AR(1) = 0.76\quad AR(2) = -0.53\ (5.1476)\ (-1.4579)\ (-0.6903)$	0.4691	-1.5838	-1.8317

　　表 5 - 21 的 R^2 值显示出相关误差修正模型拟合程度基本可接受，但各项指标的 t 检验值基本上都通过不了显著性检验，说明进出口贸易增量对国内资本积累的影响并不稳定；而从各系数的符号看，进出口贸易增量对国内资本增量的影响与误差项符号一致，说明进出口贸易增量的作用具有收敛性。考察各误差修正模型中解释变量的影响系数，发现出口贸易的作用更明显一些，但符号为负，说明进口贸易对中国资本积累有更大贡献，反映了中国现阶段资本货物进口的重要性。

　　4. 国内资本与进出口的 Granger 因果检验

　　由于误差修正模型未能有效支持贸易指标对国内资本的贡献，为了更清楚观察国内资本与进出口之间的因果关系，我们建立国内资本与进出口的双向 Granger 因果检验模型，结果见表 5 - 22。

表 5 - 22   国内资本与进出口的 Granger 因果检验

原假设	滞后 2 年			滞后 3 年		
	F 值	概率	结论	F 值	概率	结论
dln*IM* does not Granger Cause dln*DI*	0.73191	0.4948	接受	0.57631	0.6394	接受
dln*DI* does not Granger Cause dln*IM*	2.23576	0.1358	接受 *	1.42221	0.2754	接受 *
dln*EX* does not Granger Cause dln*DI*	0.94088	0.4087	接受	0.5922	0.6296	接受
dln*DI* does not Granger Cause dln*EX*	0.07309	0.9298	接受	0.15903	0.9222	接受
dln*MP* does not Granger Cause dln*DI*	0.59828	0.5603	接受	0.59918	0.6254	接受
dln*DI* does not Granger Cause dln*MP*	1.72917	0.2056	接受 *	1.08566	0.3853	接受
dln*XP* does not Granger Cause dln*DI*	1.47916	0.2542	接受 *	2.0056	0.1565	接受 *
dln*DI* does not Granger Cause dln*XP*	0.28659	0.7542	接受	0.15335	0.9259	接受
dln*MF* does not Granger Cause dln*DI*	0.99888	0.3878	接受	0.93788	0.4469	接受
dln*DI* does not Granger Cause dln*MF*	2.96285	0.0772	拒绝	1.77509	0.195	接受 *
dln*XF* does not Granger Cause dln*DI*	0.83615	0.4495	接受	0.68399	0.5755	接受
dln*DI* does not Granger Cause dln*XF*	0.03268	0.9679	接受	0.22836	0.8752	接受

注：＊残差序列单位根检验表明存在长期稳定关系。

从表 5 - 22 检验结果看，初级产品的出口对国内资本积累有一定影响，其他贸易指标的作用无法印证；另外，国内资本积累对进口贸易的影响较为明显，国内资本积累是工业制成品进口增长的原因，对初级产品进口和总进口也有一定程度的影响，高投入的经济增长方式带动了进口增长，对出口的带动未得到印证。

（四）对外贸易通过吸引外商直接投资促进物质财富增长的计量检验

1. 外商直接投资的平稳性检验

利用 *ADF* 检验法对外商直接投资序列进行平稳性检验，检验结果见表 5 - 23。表中结果显示，外商直接投资原时间序列是不平稳的，经过一阶差分后在 5% 显著水平下不含单位根，是平稳序列，因此该序列为一阶单整序列。

2. 外国直接投资与进出口贸易的回归分析

外商直接投资与进出口时间序列均为一阶单整序列，根据 Granger 定理可对它们进行回归及协整检验，检验方法如上所述，结果见表 5 - 24。

协整检验结果表明，各项贸易指标与 *FDI* 之间存在协整关系。回归方程经过 ARMA 处理，括号中的数字为回归系数的 *t* 检验值。

　　根据回归方程，可以看出，在长期内，各项贸易指标与 FDI 之间均存在着正相关关系，这说明在我国对外贸易与 FDI 之间的互补关系大于替代关系。但从 t 检验值看，初级产品贸易对 FDI 的影响不显著，而且从回归系数看也较小。从长期看，还是工业制成品的进出口对 FDI 的影响更大，体现出 FDI 更看重中国的初级要素，对中国投资安排生产再输出产成品。

表 5 - 23 　　　　　　　　　　外商直接投资的 ADF 检验表

变量	检验形式 （C，T，L）	ADF 检验值	各显著水平下的临界值		
			1%	5%	10%
lnFDI	（C，T，1）	− 1.84743	− 4.39431	− 3.6122	− 3.24308
ΔlnFDI	（N，N，0）	− 2.02877	− 2.66485	− 1.95568	− 1.60879
变量观察个数	26				

表 5 - 24 　　　　　　　外商直接投资与进出口回归及协整检验数据

协整方程	残差 ADF 检验					
	检验方式	ADF 值	1% 临界值	5% 临界值	10% 临界值	结论
lnFDI = 3.0828 + 0.4235lnIM AR(1) = 1.48　AR(2) = − 0.57 (1.5018)	（N，N，1）	− 3.77308	− 2.67429	− 1.9572	− 1.60818	平稳 **
lnFDI = 4.1855 + 0.3295lnEX AR(1) = 0.88　MA(1) = 0.62 (1.1923)	（N，N，0）	− 4.05773	− 2.66485	− 1.95568	− 1.60879	平稳 **
lnFDI = 7.3734 + 0.0274lnMP AR(1) = 0.90　MA(1) = 0.51 (0.1341)	（N，N，2）	− 3.45008	− 2.67429	− 1.9572	− 1.60818	平稳 **
lnFDI = 6.2777 + 0.1830lnXP AR(1) = 0.90　MA(1) = 0.55 (0.6856)	（N，N，0）	− 3.99005	− 2.66485	− 1.95568	− 1.60879	平稳 **
lnFDI = 1.1152 + 0.6814lnMF AR(1) = 0.86　MA(1) = 0.62 (2.2073)	（N，N，0）	− 4.12239	− 2.66485	− 1.95568	− 1.60879	平稳 **
lnFDI = 3.4044 + 0.4078lnXF AR(1) = 0.88　MA(1) = 0.67 (1.5985)	（N，N，0）	− 4.11028	− 2.66485	− 1.95568	− 1.60879	平稳 **

　　注：** 残差序列单位根检验表明存在长期稳定关系。

3. 外国直接投资与进出口的误差修正模型

上述协整检验表明各项贸易指标与 *LNFDI* 之间分别存在一个长期稳定的正相关关系，为进一步研究它们之间的因果方向和短期动态关系，我们建立了关于它们的误差修正模型，见表5-25。

表5-25 外商直接投资与进出口的误差修正模型

误差修正模型	R^2	*SC*	*AIC*
$\mathrm{dln}FDI = 0.0439 + 0.4749\mathrm{dln}IM - 0.3282ecm(-1)$ $MA(1) = 0.9997\ (0.5146)\ (2.5945)\ (-1.7826)$	0.5665	-0.2272	-0.4247
$\mathrm{dln}FDI = 0.0875 + 0.3497\mathrm{dln}EX - 0.2542ecm(-1)$ $MA(1) = 0.9999\ (1.0964)\ (1.3197)\ (-1.4297)$	0.5798	-0.3124	-0.5088
$\mathrm{dln}FDI = 0.1361 + 0.0736\mathrm{dln}MP - 0.4050ecm(-1)$ $AR(1) = 0.56\quad MA(1) = 0.9998\ (0.9252)\ (0.8627)\ (-8.4333)$	0.7070	-0.4825	-0.7293
$\mathrm{dln}FDI = 0.0682 + 0.1979\mathrm{dln}XP - 0.5089ecm(-1)$ $AR(1) = 0.54\quad MA(1) = 0.9998\ (1.0719)\ (0.8827)\ (-4.0849)$	0.7088	-0.4887	-0.7356
$\mathrm{dln}FDI = 0.0504 + 0.5622\mathrm{dln}MF - 0.2751ecm(-1)$ $MA(1) = 1.00\ (0.6162)\ (1.5951)\ (-1.9469)$	0.5868	-0.3293	-0.5256
$\mathrm{dln}FDI = 0.0663 + 0.3882\mathrm{dln}XF - 0.2348ecm(-1)$ $MA(1) = 1.00\ (0.8076)\ (1.4282)\ (-1.2746)$	0.5770	-0.3059	-0.5023

考察表5-25中各误差修正模型中误差修正项，发现它们的 *t* 统计值基本上都很显著，这表明长期内各项贸易指标对 *FDI* 有较强的影响作用。但考察模型中解释变量差分项系数的显著性，发现短期内初级产品的进出口对 *FDI* 的影响不明显，工业制成品进口与出口的发展对 *FDI* 的增长有相对更强的促进作用。

4. 外商直接投资与进出口的 Granger 因果检验

由于误差修正模型未能支持所有贸易指标对国内资本的贡献，为了更清楚观察外商直接投资与进出口之间的因果关系，我们建立国内直接投资与进出口的双向 Granger 因果检验模型，结果见表5-26。

Granger 检验结果没有证实进出口与 *FDI* 之间的因果关系，但仍反映出工业制品出口对 *FDI* 增长有一定影响作用，而 *FDI* 的进入对工业制成品的进出口有一定影响，但存在滞后效应。

表 5 - 26   **外商直接投资与进出口的 Granger 因果检验**

原假设	滞后 2 年			滞后 3 年		
	F 值	概率	结论	F 值	概率	结论
$\mathrm{dln}IM$ does not Granger Cause $\mathrm{dln}FDI$	0.04897	0.9523	接受	0.78265	0.5219	接受
$\mathrm{dln}FDI$ does not Granger Cause $\mathrm{dln}IM$	0.25306	0.7791	接受	1.36283	0.2921	接受 *
$\mathrm{dln}EX$ does not Granger Cause $\mathrm{dln}FDI$	1.29101	0.2993	接受 *	0.86242	0.482	接受
$\mathrm{dln}FDI$ does not Granger Cause $\mathrm{dln}EX$	0.71129	0.5043	接受	1.75032	0.1998	接受 *
$\mathrm{dln}MP$ does not Granger Cause $\mathrm{dln}FDI$	0.04208	0.9589	接受	0.32625	0.8064	接受
$\mathrm{dln}FDI$ does not Granger Cause $\mathrm{dln}MP$	0.68994	0.5144	接受	0.38325	0.7666	接受
$\mathrm{dln}XP$ does not Granger Cause $\mathrm{dln}FDI$	0.5462	0.5884	接受	0.66949	0.5838	接受
$\mathrm{dln}FDI$ does not Granger Cause $\mathrm{dln}XP$	0.55897	0.5814	接受	1.15405	0.3597	接受
$\mathrm{dln}MF$ does not Granger Cause $\mathrm{dln}FDI$	0.07095	0.9318	接受	0.90614	0.4613	接受
$\mathrm{dln}FDI$ does not Granger Cause $\mathrm{dln}MF$	0.31504	0.7337	接受	1.53351	0.2468	接受 *
$\mathrm{dln}XF$ does not Granger Cause $\mathrm{dln}FDI$	1.87052	0.1828	接受 *	1.22326	0.3357	接受
$\mathrm{dln}FDI$ does not Granger Cause $\mathrm{dln}XF$	0.82472	0.4543	接受	1.79828	0.1907	接受 *

注:*残差序列单位根检验表明存在长期稳定关系。

(五) 进出口通过人力资本积累促进经济增长的计量检验

1. 人力资本的平稳性检验

利用 ADF 检验方法对人力资本时间序列的单位根进行平稳性检验,结果见表 5 - 27。由表 5 - 27 可知,经过一阶差分后稳定,人力资本时间序列为一阶单整序列。

表 5 - 27   **人力资本的 ADF 检验表**

变量	检验形式 (C, T, L)	ADF 检验值	各显著水平下的临界值		
			1%	5%	10%
$\Delta \mathrm{ln}H$	(C, T, 2)	-4.77235 **	-4.44074	-3.6329	-3.25467
变量观察个数	26				

注:**残差序列单位根检验表明存在长期稳定关系。

2. 人力资本与进出口的协整检验

单位根检验结果表明人力资本时间序列为一阶单整序列,与进出口时间序列为同阶单整序列，可以进行回归分析和协整检验，检验结果见表 5 - 28。

协整检验结果表明，各贸易指标均与人力资本之间存在稳定的协整关系，经 MA 或 AR 处理后的回归方程如表中所示，括号中的数字为协整回归系数的 t 检验值。根据回归方程，可以看出，在长期内，进出口以及按初级产品和工业制成品分类的进出口与人力资本之间均存在着正相关关系。进一步的比较可以看出，进口效应要强于出口效应，工业制成品贸易作用要大于初级制成品的效应。说明进口贸易的溢出效应对中国人力资本积累贡献较大。

表 5 - 28　　　　　　　　人力资本与进出口回归及协整检验数据

协整方程	残差 ADF 检验					
	检验方式	ADF 值	1% 临界值	5% 临界值	10% 临界值	结论
$\ln H = 2.0166 + 0.4982\ln IM$ $MA(1) = 1.45$　$MA(2) = 0.65$ (11.3158)	(N, N, 0)	-6.52769	-2.66072	-1.95502	-1.60907	平稳 **
$\ln H = 1.9812 + 0.4977\ln EX$ $MA(1) = 0.79$ (21.3781)	(N, N, 0)	-4.90477	-2.66072	-1.95502	-1.60907	平稳 **
$\ln H = 3.2825 + 0.4308\ln MP$ $MA(1) = 0.88$ (13.1751)	(N, N, 1)	-2.40463	-2.66485	-1.95568	-1.60879	平稳 *
$\ln H = 6.9790 + 0.0605\ln XP$ $AR(1) = 0.94$ (1.2368)	(N, N, 0)	-4.28209	-2.66485	-1.95568	-1.60879	平稳 **
$\ln H = 1.8091 + 0.5377\ln MF$ $MA(1) = 1.41$　$MA(2) = 0.58$ (12.1808)	(N, N, 0)	-6.26796	-2.66072	-1.95502	-1.60907	平稳 **
$\ln H = 2.4775 + 0.4484\ln XF$ $MA(1) = 0.73$ (27.0381)	(N, N, 0)	-4.5017	-2.66072	-1.95502	-1.60907	平稳 **

注：*、** 残差序列单位根检验表明存在长期稳定关系。

3. 人力资本与进出口的误差修正模型

协整检验表明，进出口与人力资本之间存在长期稳定的正相关关系，根据 Granger 定理，为进一步研究它们之间的因果方向和短期动态关系，可以建立误差修正模型，见表 5 - 29。

表 5 - 29　　　　　　　　　　人力资本与进出口的误差修正模型

误差修正模型	R^2	SC	AIC
$\mathrm{dln}H = 0.0815 - 0.0081\mathrm{dln}IM - 0.1482ecm(-1)$ $MA(1) = 0.43\ (5.5986)\ (-0.1127)\ (-1.3648)$	0.2601	-3.1994	-3.3944
$\mathrm{dln}H = 0.0662 + 0.1008\mathrm{dln}EX - 0.2117ecm(-1)$ $MA(1) = 0.50\ (4.9705)\ (2.0147)\ (-2.0144)$	0.3783	-3.3733	-3.5684
$\mathrm{dln}H = 0.0785 + 0.0238\mathrm{dln}MP - 0.2409ecm(-1)$ $MA(1) = 0.40\ (6.8008)\ (0.6215)\ (-3.0496)$	0.4436	-3.4843	-3.6793
$\mathrm{dln}H = 0.0616 + 0.0619\mathrm{dln}XP - 0.4892ecm(-1)$ $AR(1) = 0.59\ (3.5999)\ (1.6449)\ (-2.2048)$	0.3844	-3.7072	-3.9047
$\mathrm{dln}H = 0.0627 - 0.0090\mathrm{dln}MF + 0.1526ecm(-1)$ $AR(2) = 0.43\ (4.0557)\ (-0.1586)\ (1.1993)$	0.2668	-3.5323	-3.7298
$\mathrm{dln}H = 0.0610 + 0.1142\mathrm{dln}XF - 0.11819ecm(-1)$ $MA(1) = 0.43\ (4.5434)\ (2.3673)\ (-1.3186)$	0.3777	-3.3724	-3.5674

考察各误差修正模型中误差修正项的显著性，发现它们的 t 统计值比较显著，这表明长期内各贸易指标对人力资本的增长会产生影响。考察各解释变量的 t 统计值，发现进口贸易的作用不显著，短期内出口贸易对人力资本积累具有促进作用。

4. 人力资本与进出口的 Granger 因果检验

由于误差修正模型未能支持所有贸易指标对人力资本的贡献，为了更清楚观察人力资本与进出口之间的因果关系，我们建立人力资本与进出口的双向 Granger 因果检验模型，结果见表 5 - 30。

检验结果表明，在我们选取的滞后阶数下，进出口对人力资本的影响不显著，只有初级产品的出口对人力资本有一定的影响，说明进出口在中国还很少通过人力资本积累来促进经济增长。

表 5 - 30　　　　　　　　人力资本与进出口的 Granger 因果检验

原假设	滞后 2 年			滞后 3 年		
	F 值	概率	结论	F 值	概率	结论
$\mathrm{dln}IM$ does not Granger Cause $\mathrm{dln}H$	0.02895	0.9715	接受	0.68125	0.5771	接受
$\mathrm{dln}H$ does not Granger Cause $\mathrm{dln}IM$	0.06892	0.9336	接受	0.02526	0.9943	接受
$\mathrm{dln}EX$ does not Granger Cause $\mathrm{dln}H$	0.55441	0.5839	接受	0.39634	0.7575	接受

原假设	滞后 2 年			滞后 3 年		
	F 值	概率	结论	F 值	概率	结论
$dlnH$ does not Granger Cause $dlnEX$	0.27666	0.7615	接受	0.37683	0.7710	接受
$dlnMP$ does not Granger Cause $dlnH$	0.44024	0.6506	接受	0.23671	0.8694	接受
$dlnH$ does not Granger Cause $dlnMP$	0.0057	0.9943	接受	0.17523	0.9115	接受
$dlnXP$ does not Granger Cause $dlnH$	1.76694	0.1992	接受*	1.06667	0.3927	接受
$dlnH$ does not Granger Cause $dlnXP$	0.18259	0.8346	接受	1.18217	0.3498	接受
$dlnMF$ does not Granger Cause $dlnH$	0.19218	0.8268	接受	0.96614	0.4344	接受
$dlnH$ does not Granger Cause $dlnMF$	0.16836	0.8464	接受	0.0578	0.9811	接受
$dlnXF$ does not Granger Cause $dlnH$	0.29745	0.7463	接受	0.31714	0.8128	接受
$dlnH$ does not Granger Cause $dlnXF$	0.76472	0.4800	接受	0.41929	0.7418	接受

注：＊残差序列单位根检验表明存在长期稳定关系。

三、对外贸易通过影响机制促进物质财富增长分析

在前述各项贸易指标与物质财富各决定因素的计量检验中，协整检验均通过，说明各项贸易指标与各决定因素之间存在着长期稳定的关系，这种关系可能是单向的影响，也可能是双向的影响。在误差修正模型和 Granger 因果检验模型中，各项贸易指标的影响作用则大相径庭。下面我们通过把各项因素的表现集中起来看。

表 5 - 31　　　　　　　　　　协整方程综合分析

贸易指标	TFP	制度变迁	国内资本	外商投资	人力资本
MP	*	*	*	—	*
XP	***	—	***	*	—
MF	—	***	**	***	***
XF	**	**	—	**	**

注：对应每一个决定因素，影响系数最大的贸易指标取 ***，其次取 **，第三取 *。

表 5 - 31 显示了协整方程的分析情况，综合看来，工业制成品进口作用最强，初级产品进口作用最弱。说明我国出口贸易的规模效应从长期看不显著，

初级产品进口的要素供给作用也不明显，而工业制成品进口的溢出效应最明显。

表 5 - 32　　　　　　　　　　误差修正模型综合分析

贸易指标	TFP		制度变迁		国内资本		外商投资		人力资本	
	短期	长期	短期	长期	短期	长期	短期	长期	短期	长期
IM	—	*	**	**	—	—	**	**	—	*
EX	*	*	**	*	*	*	*	*	**	**
MP	**	*	**	*	**	**	*	**	*	**
XP	—	**	**	*	*	*	*	**	**	**
MF		*	**	**	*	—	**	**		*
XF	*	—	**	*	—	*	*	*	**	*

注：（1）长期是指误差修正项的系数检验，短期是指贸易变量的系数检验；（2）**为 t 检验值绝对值在 1.5 以上，*为 t 检验值绝对值在 0.5～1.5 区间。

表 5 - 32 是对误差修正模型结果的综合分析，反映了影响机制的动态变化。从各贸易指标的对比看，初级产品出口的影响稍显突出，说明中国还是以低级要素出口为主；从决定因素指标看，制度变迁和外商投资受影响较大，说明近 20 多年来外贸的发展对中国制度变迁影响较大，中国外贸的发展也吸引了大量外资引入。

表 5 - 33　　　　　　　　　　Granger 因果检验模型综合分析

贸易指标	TFP		制度变迁		国内资本		外商投资		人力资本	
	2 年	3 年	2 年	3 年	2 年	3 年	2 年	3 年	2 年	3 年
IM	—	*	—	—	—	—	—	—	—	—
EX	—	—	—	*	—	—	*	—	—	—
MP	—	—	—	—	—	—	—	—	—	—
XP	—	*	*	**	*	*	—	—	—	*
MF	—	*	—	—	—	—	—	—	—	—
XF	—	—	*	—	—	—	*	*	—	—

注：（1）2 年或 3 年是指滞后期数；（2）**为无因果关系的概率在 10% 以内，*为无因果关系的概率在 10%～35%。

表 5 - 33 是对 Granger 因果检验模型的综合分析，反应了影响机制的直接效果。从贸易指标看，工业制成品的出口效果最为明显，说明了中国各地区出口导向型战略还是有成效的。

结合以上表 5 - 31、表 5 - 32、表 5 - 33，从贸易指标上说，如果观察静态的相关系数，工业制成品进口作用明显；如果观察动态变化，初级产品出口作用明显；如果观察因果关联，工业制成品出口效果更显著。静态的相关系数只是反映存在数量上的对应关系，动态变化往往反映短期现象，而因果关联反映内在联系，从这个意义上看，工业制成品出口的作用更有说服力。从决定因素上看，制度变迁、外商投资受外贸影响更大。就 TFP 和人力资本这两个与人的发展相关的观测指标来说，综合而言，与初级产品的进口、出口关联度相对高一些。

回顾前面关于中国物质财富增长决定因素模型分析结果，TFP、人力资本积累和国内资本投入是推动中国物质财富长期增长的最主要因素，但对外贸易对 TFP 和人力资本积累的影响却不明显，说明中国对外贸易在推动经济增长方面的效率是不高的。

综合决定机制和影响机制的分析，我们发现二者有个交集，就是国内资本。决定模型中，国内资本的贡献虽然不是最大，但也处于较重要位置；影响机制中，外贸对国内资本的影响也是比较大的。所以，我们认为，对外贸易主要是通过推进国内资本积累来推动中国物质财富增长的。

第二节　对外贸易影响区域居民收入差距的实证分析

随着中国改革开放的发展，对外贸易得到了长足的发展，物质财富总量也随之高速增长。但是，伴随对外贸易和物质财富增长的同时，中国居民之间的收入差距也在不断扩大，根据世界银行和其他中外研究者的计算，中国的基尼系数在 1980 年为 0.23，1990 年上升到 0.35，2001 年为 0.417，2005 年上升到 0.47，2007 年进一步上升到 0.48，大大超过国际公认的警戒线①。2013 年，国家统计局首次公布了 2003 ~ 2012 年中国基尼系数，显示 2008 年达到最高

---

① 王云飞. 我国贸易发展与居民收入差距——基于地区面板数据的检验 [J]. 财贸研究，2008 (5)：41 -47.

0.491，其后逐步回落，2012 年为 0.474①。中国对外贸易的发展是否是引起我国收入差距扩大的主要原因呢？不少学者对此进行了检验，得出了不同的结论。我们借鉴国内学者的研究成果，从基尼系数和城乡居民人均收入比两个角度对中国外贸发展与居民收入差距之间的关系进行检验。

一、基于基尼系数的分析

（一）模型建立和数据选取

1. 模型建立

本节主要考察对外贸易发展对基尼系数的影响，因此只考虑以外贸指标作为解释变量，基本模型为：

$$gn = f(IM, EX) \tag{5-16}$$

其中，IM、EX 分别代表进口指标和出口指标，gn 表示基尼系数变量。

为了更清晰地观察外贸的影响，我们分别考察了进出口贸易额、进出口年增长率以及进出口额占 GDP 比值三组指标对基尼系数变量的影响。根据相关变量的特点，建立回归模型如下：

$$\ln GN_{it} = \alpha_0 + \alpha_1 \ln IM_{it} + \alpha_2 \ln EX_{it} + \varepsilon_t \tag{5-17}$$

$$GN_{it} = \beta_0 + \beta_1 \dot{IM}_{it} + \beta_2 \dot{EX}_{it} + \upsilon_t \tag{5-18}$$

$$\ln GN_{it} = \gamma_0 + \gamma_1 \ln IMg_{it} + \gamma_2 \ln EXg_{it} + \mu_t \tag{5-19}$$

其中，gn_{it}各考察地区相关年份基尼系数，GN_{it}为 gn_{it}对应的百分值，IM_{it}、EX_{it}为各考察地区相关年份进出口额，$\dot{IM}_{it}$、$\dot{EX}_{it}$各考察地区相关年份进出口额年增长率，IMg_{it}、EXg_{it}各考察地区相关年份进出口额占 GDP 比值。

此外，为了考察经济发达水平对外贸影响机制的影响，我在式（5-17）、式（6-18）、式（6-19）的基础上加入一个虚拟变量——地区变量 D，将模型调整为：

$$\ln GN_{it} = \alpha_0 + \alpha_1 \ln IM_{it} + \alpha_2 \ln EX_{it} + \alpha_3 D_{it} + \varepsilon_t \tag{5-20}$$

$$GN_{it} = \beta_0 + \beta_1 \dot{IM}_{it} + \beta_2 \dot{EX}_{it} + \beta_3 D_{it} + \upsilon_t \tag{5-21}$$

$$\ln GN_{it} = \gamma_0 + \gamma_1 \ln IMg_{it} + \gamma_2 \ln EXg_{it} + \gamma_3 D_{it} + \mu_t \tag{5-22}$$

2. 数据选取

为了克服样本不足的问题，我们采用了面板数据（panel data）的分析方

---

① 人民网. 国家统计局首次公布 2003 至 2012 年中国基尼系数，http：//politics. people. com. cn/n/2013/0118/c1001 - 20253603. html.

法。在面板数据模型中有关模型设定的问题非常关键，首先是要在常截距模型和变截距模型之间做出选择。一般采用协方差分析方法进行检验，该方法利用 Hendry "一般到特殊" 的建模思想，用无约束模型和有约束模型的回归残差平方和构造一个 F 统计量，通过 F 检验进行面板数据模型的设定。

$$F = \frac{\dfrac{(R_u^2 - R_P^2)}{(n-1)}}{\dfrac{(1 - R_u^2)}{(nT - n - K)}} \sim F(n-1, \; nT - n - K) \tag{5-23}$$

其中，R_u^2 表示无约束模型的残差平方和（变截距模型），R_p^2 表示有约束模型的残差平方和（常截距模型）。在给定的显著性水平 α 下，如果 $F < F_\alpha(n-1, \; nT - n - K)$，则接受零假设，即认为设定的常截距模型是可靠的，反之则拒绝零假设，认为应该采用各地区截距项不同的模型进行回归。

变截距模型主要有两种方法，一种是使用固定效应模型（Fixed Effects Model，FE），另一种是使用随机效应模型（Random Effects Model，RE）。在计量分析中常用 Hausman 检验来判定固定效应模型和随机效应模型谁更有效（Hausman，1978）。检验形式如下：

$$H = \chi^2[K] = [b - \beta]' \widehat{\sum}^{-1} [b - \beta] \tag{5-24}$$

其中，b 是固定效应模型的估计系数，β 是随机效应模型的估计系数，$\widehat{\sum} = Var[b] - Var[\beta]$，$H$ 服从一定自由度的卡方分布（Chi-squared），若 $|H|$ 大于临界值，则接受固定效应模型，反之则接受随机效应模型。

表5-34　　　　　　　27 个地区 1995~2010 年城乡居民基尼系数

年份	北京	天津	河北	山西	内蒙古	辽宁	黑龙江	上海	江苏	浙江	安徽	福建	江西	河南
1995	0.2405	0.2776	0.2643	0.3777	0.339	0.3154	0.3084	0.244	0.3078	0.3314	0.3417	0.3265	0.3018	0.3316
1996	0.2308	0.2754	0.2594	0.3461	0.3171	0.3013	0.2618	0.2429	0.2875	0.3229	0.3401	0.3186	0.2683	0.3138
1997	0.2401	0.2752	0.2731	0.3414	0.3485	0.2983	0.2649	0.2275	0.2903	0.3258	0.3196	0.3151	0.2686	0.3177
1998	0.25	0.2745	0.3096	0.3357	0.3358	0.2773	0.2801	0.2293	0.2902	0.3292	0.3279	0.3275	0.2834	0.3182
1999	0.2477	0.2854	0.3331	0.3624	0.3663	0.3014	0.3061	0.2627	0.2993	0.3361	0.344	0.3508	0.3059	0.3287
2000	0.2613	0.2851	0.3434	0.3648	0.3975	0.3488	0.3474	0.256	0.3013	0.335	0.359	0.3404	0.3495	0.3539
2001	0.2695	0.299	0.3406	0.3937	0.4085	0.3331	0.3664	0.2799	0.3104	0.3428	0.364	0.3613	0.364	0.3641
2002	0.2809		0.3477	0.4013	0.4094	0.3663	0.3862	0.2652	0.3414	0.3528	0.38	0.3843	0.369	0.3908
2003	0.2668		0.3526	0.4118	0.437	0.3631	0.3953	0.3129	0.353	0.3603	0.413	0.3939	0.3609	0.414

续表

年份	北京	天津	河北	山西	内蒙古	辽宁	黑龙江	上海	江苏	浙江	安徽	福建	江西	河南
2004	0.2892		0.347	0.4147	0.4271	0.3574	0.3731	0.3183	0.3574	0.3611	0.3976	0.3956	0.3719	0.3993
2005	0.2803		0.3545	0.4096	0.4185	0.3786	0.3893	0.3116	0.3621	0.3741	0.4172	0.3985	0.384	0.3974
2006	0.2756		0.358	0.4135	0.4077	0.3819	0.3865	0.3134	0.3742	0.3733	0.4166	0.4009	0.3814	0.3956
2007	0.2801		0.3497	0.4157	0.3971	0.3827	0.38	0.3052	0.3767	0.3755	0.4123	0.4045	0.393	0.3931
2008	0.2955		0.3764	0.4147	0.4054	0.3765	0.3743	0.305	0.377	0.374	0.4128	0.4119	0.4033	0.398
2009	0.2896		0.3801	0.4163	0.4229	0.374	0.3721	0.297	0.3827	0.3749	0.4061	0.411	0.3905	0.409
2010	0.2739		0.3686	0.4251	0.4154	0.3577	0.3484	0.2839	0.3738	0.3731	0.3884	0.3897	0.3683	0.3931

年份	湖北	湖南	广东	广西	重庆	四川	贵州	云南	陕西	甘肃	青海	宁夏	新疆
1995	0.3574	0.3849	0.3583	0.4224	0.4063	0.385	0.3474	0.3275	0.405	0.41	0.424	0.4257	0.4378
1996	0.328	0.3497	0.346	0.3967	0.3998	0.3612	0.3288	0.2756	0.3896	0.3708	0.4182	0.3607	0.4367
1997	0.3238	0.3399	0.3415	0.3753	0.3802	0.35	0.3481	0.2623	0.3849	0.3696	0.4076	0.371	0.4175
1998	0.3282	0.3515	0.3478	0.3673	0.3835	0.3534	0.3464	0.284	0.386	0.3774	0.4018	0.3555	0.4102
1999	0.3438	0.3597	0.3507	0.3647	0.3992	0.3626	0.3553	0.3146	0.3881	0.3878	0.4205	0.3714	0.4182
2000	0.3465	0.386	0.3687	0.3977	0.4126	0.375	0.418	0.3874	0.4559	0.4253	0.4487	0.409	0.4545
2001	0.3541	0.4053	0.3813	0.4158	0.4261	0.3844	0.4326	0.4001	0.4613	0.4506	0.4663	0.4197	0.4546
2002	0.3767	0.4065	0.3989	0.4299	0.4474	0.3867	0.4538	0.4304	0.4784	0.4719	0.4635	0.4265	0.4588
2003	0.3847	0.4221	0.4284	0.4368	0.4346	0.3895	0.4665	0.4301	0.4786	0.4828	0.4739	0.4323	0.4484
2004	0.3182	0.4069	0.4305	0.4316	0.4353	0.3816	0.4679	0.4175	0.4698	0.4831	0.4552	0.4225	0.4452
2005	0.3863	0.4237	0.4284	0.4248	0.4356	0.3821	0.4782	0.4336	0.4651	0.4754	0.4591	0.4299	0.4343
2006	0.3918		0.4276	0.4376	0.4473	0.3857	0.49	0.4308	0.4606	0.4816	0.4729	0.4435	0.4352
2007	0.3888		0.4252	0.4535	0.4417	0.3876	0.4907		0.4593	0.4901	0.4735	0.4482	0.4308
2008	0.388		0.4222	0.4516	0.4337	0.3792	0.4795		0.464	0.478	0.4857	0.4529	0.4372
2009	0.3914		0.4219	0.4555	0.4304	0.3933	0.4836		0.4587	0.4793	0.4807	0.4424	0.4294
2010	0.3792		0.4136	0.4409	0.4003	0.3931	0.4756		0.4123	0.46	0.4693	0.4361	0.4161

资料来源：田卫民. 省域居民收入基尼系数测算及其变动趋势分析 [J]. 经济科学，2012 (2)：48 – 59.

基尼系数取值利用田卫民 (2012)① 对我国 27 个省市自治区基尼系数的

① 陈昌兵. 各地区居民收入基尼系数计算及其非参数计量模型分析 [J]. 数量经济与技术经济研究，2007 (1)：133 – 142.

计算结果，相关数据见表5－34。个别地区某些年份基尼系数缺失，属于非平衡面板数据（unbalanced panel data），好在 EViews 允许使用非平衡面板数据估计模型。

各地区进出口贸易额和国内生产总值选自相关年度《中国统计年鉴》，用以1978年为基期的全国 GDP 平减指数消除价格影响，进出口贸易额选择按境内目的地和货源地分类数据，按《中国统计年鉴》（2012）公布历年 RMB 汇率换算成亿元值，进出口额占 GDP 之比采用百分数。D 取值0或1，根据历年《中国统计年鉴》公布数据，按1995年全国人均 GDP 值（约5000元）为标准，各地区人均 GDP 超过5000元的 D 取值为1，低于5000元的 D 取值为0。

（二）回归结果

根据 F 值检验，本节面板数据模型均采用变截距模型。再根据 Hausman 检验，式（5－18）采用随机效应模型回归，其余公式采用固定效应模型回归。回归结果见表5－35。

表5－35　　　　　　　区域居民基尼系数变量的回归结果

式	(6－17)	(6－18)	(6－19)	(6－20)	(6－21)	(6－22)
常数项	3.1291 (29.082)**	35.2400 (34.333)**	3.3895 (37.43)**	3.0804 (34.766)**	34.8700 (35.226)**	3.2959 (38.965)**
$\ln IM$	0.0690 (2.8577)**			0.0652 (2.7899)**		
$\ln EX$	0.0449 (1.6323)			0.0443 (1.6686)		
$\dot{IM}$		0.0341 (3.6065)**			0.0062 (1.2096)	
$\dot{EX}$		0.0592 (4.5566)**			0.0233 (3.0876)**	
$\ln IMg$			0.0543 (2.1702)*			0.0548 (2.2300)*
$\ln EXg$			0.0600 (1.8155)			0.0677 (2.1019)*
D				0.0778 (3.7131)**	3.0529 (3.8215)**	0.0732 (3.2985)**

续表

式	(6-17)	(6-18)	(6-19)	(6-20)	(6-21)	(6-22)
$AR(1)$	0.5799 (8.2922)**		0.7023 (11.77)**	0.5799 (8.2922)**	0.6688 (10.6465)**	0.6336 (9.7523)**
$Adj. R^2$	0.8235	0.1861	0.8171	0.8361	0.8218	0.8273
$D. W.$	1.9687	0.3231	2.0877	1.9875	2.0236	2.1250

注：括号内数据为 t 检验值，** 为在 1% 水平下显著，* 为在 5% 水平下显著。

根据表 5-35 回归结果，各项贸易指标与基尼系数指标均成正相关关系，t 检验值也比较显著，说明中国对外贸易的发展拉大了居民收入差距。其中进出口额模型中，进口效应大于出口效应；进出口增长率模型和进出口占 GDP 之比模型中，出口效应大于进口效应。说明从累积角度看，进口产品挤占国内产品市场，对本土企业影响较大；从速度角度看，强调出口扩张挤占国内生产资源，会拉大贸易部门与非贸易部门的收入差距。

地区指标（D）系数都为正，说明在更发达区域对外贸易对收入差距的拉大效应更明显，沿海发达区域的贸易发展在促进资本积累的同时拉大了国内居民收入差距。

二、基于城乡居民人均收入比的分析

基尼系数是一个反应收入差距的综合指标，但其计算比较复杂。前文所用的基尼系数是借鉴国内学者的研究成果，其可靠性难以保证。国内还有学者利用城乡居民人均收入比（以农村居民人均纯收入为 1）来作为各地区收入差距的度量指标，如林毅夫等（1998）、陆铭等（2006）、王少瑾（2007）[①] 都曾采用此方法。

下面我们借鉴模型（5-17）和模型（5-24），用城乡居民人均收入比 Rcn 代替基尼系数，构建以下模型：

$$\ln Rcn_{it} = \alpha_0 + \alpha_1 \ln IM_{it} + \alpha_2 \ln EX_{it} + \varepsilon_t \qquad (5-25)$$

$$\ln Rcn_{it} = \alpha_0 + \alpha_1 \ln IM_{it} + \alpha_2 \ln EX_{it} + \alpha_3 D_{it} + \varepsilon_t \qquad (5-26)$$

其中，Rcn 为城镇居民人均实际收入与农村居民人均纯收入之比，收入指标和贸易指标数据均来自历年《中国统计年鉴》，贸易指标选择按境内目的地

---

① 王少瑾. 对外开放与我国的收入不平等 [J]. 世界经济研究，2007 (4)：16-22.

和货源地分类数据，用《中国统计年鉴》（2012）公布历年汇率换算成亿元，并用以 1978 年为基期的全国 GDP 平减指数缩减，地区指标 D 取值依然按 1995 年全国人均 GDP 值（约 5000 元）为标准，各地区人均 GDP 超过 5000 元的 D 取值为 1，低于 5000 元的 D 取值为 0。样本包括除中国港澳台地区外的 31 个省市自治区，时间区段为 1995 ~ 2011 年。

数据处理使用面板数据，采用变截距模型。根据 Hausman 检验，选择固定效应模型回归，回归结果如下所示：

$$\ln Rcn = 0.4447 + 0.1021\ln IM + 0.0493\ln EX \qquad (5-27)$$
$$(7.4378)\quad(7.7744)\quad(3.2685)$$

A. $R^2 = 0.9522$　D. W. $= 1.6655$　$AR(1) = 0.6918$

$$\ln Rcn = 0.4076 + 0.1046\ln IM + 0.0490\ln EX + 0.0304D \qquad (5-28)$$
$$(7.4432)\quad(8.0862)\quad(3.3114)\qquad(2.2112)$$

A. $R^2 = 0.9527$　D. W. $= 1.7047$　$AR(1) = 0.6586$

从估计结果看，各系数 t 检验值显著，A. R^2 值较高，整体模拟效果好。回归结果与模型（6-17）和模型（6-24）的结果相似，进口和出口的发展都拉大了收入差距，且进口效应大于出口效应。加入了地区因子 D 的模型 5-27 与模型 5-26 差别不大，D 的系数为正，说明随着收入水平提高，收入差距有进一步拉大的趋势。

第六章

国际贸易财富的区域间传递效应

国际贸易促进财富的增长在地区间存在正向溢出效应，主要通过产业链和劳动力的区间流动来实现。改革开放后，中国东部沿海发展贸易型加工业，中西部劳动力通过到东部沿海打工来增加收入，进行财富积累，不少财富汇入到中西部，不少人完成原始积累后回中西部创业。

第一节　沿海地区国际贸易对内陆腹地的传递

一、国际贸易对沿海地区财富增长的贡献

综观全球，几乎 50% 以上的人口集中在距海 200 千米以内的沿海地区，50% 以上的大都市位于沿海或靠海 50 千米以内的地区。当今世界最大的城市经济带，美国东北沿海城市（纽约－华盛顿）和西海岸城市经济带，日本东京－横滨－大阪/神户城市经济带，荷兰鹿特丹－阿姆斯特丹城市经济带，中国的长江三角洲、珠江三角洲和环渤海湾城市经济带，都是以大型港口为中心的沿海或紧靠海岸地区。

通过分析可以确定这样一个事实，那就是，无论是世界财富增长的空间扩散过程，还是中国财富增长的空间扩散过程，沿海由于其特殊的地理位置，在财富增长进程中起着十分重要的作用。沿海城市的特殊性在于两个方面：一方面，它是联结国内和国外经济贸易交往的重要节点，从而使其成为现代化输入本国的第一站，并率先吸收来自国外的现代化因素，吸纳来自国外的资金、技术等并启动工业化进程，从而成为本国现代化的辐射源；另一方面，作为内陆与国外发生经济贸易联系的极其重要的通道，自然形成与内陆相关区域的经济

联系，市场化发展有了先天的优势，通过市场的力量，海港城市将内陆一定区域吸纳为其经济腹地，引领着本国现代化的发展。

财富增长过程中，工业化和市场化是两个基础因子，这已为学界所公认。因此通过考察海港城市与工业化、市场化发展之间的联系和相互影响的程度，或能说明国际贸易对沿海地区财富增长的贡献。

二、沿海地区率先发展国际贸易的逻辑

世界经济在空间上的发展有明显的阶段性和开放特征。公元前的埃及王国、中国、波斯帝国，基本发源于大江大河流经地区，河流成为改变封闭系统的重要工具。欧洲文明最初的起源是希伯来文明和希腊文明，而希腊文明受到两河流域的重大影响。这不仅因为当时两河流域的文明比古希腊文明更加先进，也是因为地理上的原因：古希腊相比于欧洲其他地区更接近于两河流域，交通更加方便，因此两个文明之间的交流更加频繁。古希腊在黄金时期有很大的开放系统，地中海、爱琴海的商业环境，带来了大量来自系统之外的物质流和能量流，易于形成创新。地中海海上贸易的开放，促进了古埃及文明、古希腊文明、罗马帝国等之间的交流与发展。其沿岸的腓尼基人、克里特人、希腊人，以及后来的葡萄牙人和西班牙人都是航海业发达的民族。著名的航海家如哥伦布、达·伽马、麦哲伦等，都出自地中海沿岸的国家。

文艺复兴之所以发生在意大利，与开放也是密切相关的。大量古希腊的信息传入到意大利，使之成为开放最前沿。在中世纪，以西西里岛为主要渠道，经由多种途径传入的阿拉伯著作拉丁文译本，给意大利人带去了东方人的知识、观念和思想。中国人发明的造纸术由中亚经埃及传到意大利，给人文主义思想的传播提供了便利。而马可·波罗、鄂多立克等人对东方文明的描述如《马可·波罗游记》《鄂多立克游记》等，开阔了意大利人的视野。

后来因为新航路绕开意大利，所以意大利衰退下去了。相反，因为新航路的发现，15～16世纪英国处于世界开放最前沿，大量人流、物流、信息流汇聚到英国，信息交汇累积的阀门效应提高了英国生产方式和生产技术的更新速度，使英国比欧洲大陆更容易发生产业革命。

近代美国成为世界开放的中心，人、财、物各种要素在美国集聚，造就了现在的美国；第二次世界大战后日本的开放与贸易使其迅速恢复并崛起为世界经济帝国；亚洲"四小龙"通过加工贸易为主导的开放模式，迅速摆脱了落后贫穷，创造出辉煌的繁荣；改革开放以来的中国更是一部开放的活历史，率

先开放的东南沿海地区成为经济文化繁荣的排头兵，之后形成了开放到何处就发展到那里的空间格局。

对于任何一个国家而言，现代化的过程也是一个对外开放的过程。产业革命起于英国，通常把英国的现代化看成为自发的源生型现代化，但实际上外部因素对英国现代化所起的作用和影响是相当大的。苏联的工业化可以说是在一个相对封闭的环境中主要依靠自身的力量来实现的，但这只是就其实现工业化的道路而言的，事实上，苏联的工业化在技术、设备等方面都与西欧国家有密切联系。除此之外，几乎所有国家的工业化进程都离不开对外国先进经验的模仿、引进和改造。

三、沿海率先发展的区位理论解释

德国经济学家和工业区位论的奠基人韦伯从微观经济局部均衡的视角研究认为，运输成本、劳动力费用和聚集效益是影响工业布局的三大主要因素。瑞典经济学家俄林进一步强调了运输便利程度对工业区位的影响，提出差异性运输成本的概念。新贸易理论的创立者美国经济学家克鲁格曼则将贸易理论和区位理论紧密结合，更深入地解释降低运输成本，对实现生产和运输规模经济效益的意义。

德国学者高兹则将韦伯的工业区位研究方法和理论应用于海港区位研究，其基点仍是费用最小，并从海洋指向（地理位置）、海岸指向（自然条件）和腹地指向（腹地经济）三个方面，研究和说明海港区位促进海港的形成发展。

虽然城市发展模式的研究来看，城市不一定在港口位置发展起来，但港口城市具有运输上的额外优势，它们比非港口城市更有可能发展成主导地位的城市，甚至一些非港口城市可能被港口城市所吸纳和合并。

因倚傍海港成长起来的城市，便是海港城市。海港城市因其具有港口的优势，特别是海运费用低廉的优势，不仅具有发展商贸服务业的便利，也往往成为工业发展的首选地。海港是开展国际贸易的主要通道，频繁且日益增大的国际间贸易往来，自然而然催生金融业的发展，形成通畅的资金流，为发展工业打通了资金流入的渠道。资金通融的方便，加上运输成本的优势，使工业往往在临近海港的城市率先发展起来。在源源不断的大宗国际贸易推动下，出口加工业和修造船业往往成为首先得到发展的工业。

海港城市具有区位锁定效应，海港城市的区位锁定效应是指因港口城市的区位优势，市内生产要素不断聚集的发展特点。区位锁定效应主要反映在极化效应上。梯度推进理论的权威学者缪尔达尔和赫希曼认为，发达地区的极化效应（或者称为回波效应）要大于涓滴效应（或称为扩散效应）。海港城市作为先发地区，自然明显具有这一特征。区位锁定效应使得在之后工业发展转型升级的过程中，海港城市仍然是首先发展的地方。当今世界沿海海港城市工业带的形成就是一个不争的事实。

第二节 国际贸易与沿海地区现代工业发展历史脉络

一、国际贸易与发达国家沿海地区现代工业发展的考察

世界工业化发展始于英国的工业革命。在英国工业革命期间，城市是工业革命的摇篮，而工业革命又促进了城市的兴起和发展。工业革命前的城市很小，除伦敦外，依现代眼光看都是乡镇。从城市的地理分布看，工业革命前，英国经济最发达的地区是以伦敦为中心的农业发达的东南地区，尤其是英格兰南部。与经济发展情况相适应，城市也多数分布在这里。当时除伦敦外，诺里季、约克、布里斯托尔、纽卡斯尔和埃克塞特五个当时最大的城市都是处在东部和南部地区，每个城市约有 1 万 ~ 2 万居民。[1] 但是，工业革命导致工业向英格兰北部和西北部的一些地区转移。这是因为：第一，这些地区家庭手工业分布很广，为机器工业奠定了一定的基础；第二，这些地区有较充足的水源；第三，这些地区丰富的煤炭有利于使用蒸汽动力。[2] 于是，在这些地区，新兴的城市如曼彻斯特、利物浦、伯明翰、里兹、普莱斯顿、波尔顿、谢菲尔德、诺丁汉等勃兴起来，成为工厂的集中点。南威尔士变成制铁的大中心，苏格兰也出现了以格拉斯哥为中心的新工业区。原来英格兰东部和南部的一些相当重要的城市，少数仍保持其原有的地位，多数的重要性相对地降低。

英国的港口城市是随着工业的发展、贸易的频繁而兴旺起来的。工业革命期间，英国的纺织、冶金、采煤和机器制造业迅速发展，工业生产已远远超过了国内市场的容量，半数以上的工业品要在国外销售，同时，国内消费的大部分原料又要靠外国供应，因而对外贸易迅速增长。港口城市如伦敦、利物浦、布里斯托尔、赫尔、纽卡斯尔、普利茅斯、朴次茅斯等也就随之繁荣起来。伦

① H. C. Darby. A New Historical Geography of England After 1600, 1976：81.

② Edward P·Cheyncy. A Short History of England, 1924：79 – 85.

敦在 16 世纪已成为全国经济中心，17 世纪中叶，它随着英国经济和政治力量的增强而成为具有世界意义的商港，并在 18 世纪最后 30 年间成了世界贸易中心。在整个 19 世纪，伦敦是世界上最大的城市和港口以及最重要的贸易和金融中心。利物浦原是个荒僻的小村落，到 19 世纪却发展成为英国的第二大商港。这个港口城市因奴隶贸易而臭名昭著，但除了奴隶贸易之外，它同爱尔兰和欧洲也有相当多的贸易联系，出口煤、盐和工业品，进口工业原料（如棉花等），因此成为兰开夏南部和米德兰工业区的主要供应港口，在 18 世纪末就取代布里斯托尔而成为西部的主要港口。其他港口城市如纽卡斯尔、赫尔、雅茅斯、桑德兰等，由于国家对煤的需求增加，都参与沿海的煤贸易，从而迅速发展起来。由此导致工业也开始在港口城市兴起。

日本是典型的依托海港城市发展工业的国家。日本的工业发展，从一开始就集中在沿海地区，这与它工业化发展起始条件有很大关系，因为日本工业化发展走的是引进借鉴之路。

二、国际贸易与中国现代工业的萌芽

中国在 1840 年鸦片战争后，社会经济发生剧烈变动。外国资本主义的入侵，给以耕织结合为主要特征的自给自足自然经济带来猛烈冲击，封建的社会经济结构开始分解。国外先进技术、设备的传入，也推动了中国社会经济部门重新组合。近代工矿业的兴起，城乡手工业的变动，农村经济的演变，轮船与铁路的运行，市场交易的扩大与商业资本的发展，新式金融业的崛起以及近代城市的出现，使中国社会的经济生活出现了引人注目的变化。中国的近代工业包括三个部分，即外资在华企业、中国官办企业和民间资本企业。它们都发端于 1840 ~ 1894 年这一历史时期。

我们参照复旦大学戴鞍钢教授在《中国近代工业地理分布、变化及其影响》一文，将中国近代工业以甲午战争、第一次世界大战和抗日战争为分界点划分成四个阶段来分析海港城市与中国工业化进程之间的联系。

三、中国国际贸易和工业化的时空特征

中国近代工业从萌芽到新中国成立，大致可以分为以下四个阶段。

第一阶段为 1840 ~ 1894 年。在这一时期，外国资本主义对华经济活动，虽然以商品输出为主，但是资本输出也已经开始。围绕着商品输出和原料掠

夺，列强相继在中国开办加工厂和轻工业，诸如砖茶厂、缫丝厂、制糖厂、轧花厂、打包厂、火柴厂、造纸厂和卷烟厂等。据估计，截至 1894 年，外国在华的投资总额为 2 亿~3 亿美元①。这是列强对中国初期的资本输出。19 世纪 60 年代初，以曾国藩、李鸿章等人为代表的一批官僚，开始引进西方的科学技术，发展军事工业和民用工业，史称洋务运动。首批创办的近代企业是军事工业。1861 年，曾国藩在安徽安庆创办内军械所。次年，李鸿章在江苏苏州设立制炮局。1865 年，李鸿章在上海设立江南制造局，制造轮船、枪炮、水雷、火药等，这是清朝政府所办的规模最大的军事工业。同年，李鸿章将苏州制炮局移到南京，设立金陵制造局。次年，左宗棠在福州开办福州船政局。以后，在天津、西安、兰州、昆明、广州、济南、成都、吉林、北京、杭州、汉阳等地，陆续有十几家军事工业创办，制造枪炮军械。据统计，1862~1894 年，清朝政府在各地共举办了 19 家军事工业企业，雇佣工人 10000 余名②。自 19 世纪 70 年代起，洋务派官僚在经营军事工业的同时，陆续举办了轮船、煤矿、冶铁、纺织等民用工业。据统计，1872~1894 年，洋务派官僚共举办民用工业 27 家，雇佣工人近 30000 名③。其中有中国人创办的最早一批轮船公司、近代煤矿和机器棉纺织厂，如轮船招商局、开平矿务局和上海机器织布局等。

在洋务派官僚举办民用工业的前后，另有一些民间资本独立创办了一批近代企业。据资料，1869 年起开始使用车床的上海发昌机器厂，是中国第一家民族资本主义企业。机器缫丝，是民间资本较早涉足的工业部门，它的出现是受生丝大量出口的推动。机器缫丝工业也自广东开始，最早的创办人是原籍广东南海县的侨商陈启源。1872 年，他在家乡创设继昌隆缫丝厂，雇佣工人 600~700 名。该厂开办后，出丝质优，行销欧美，获利丰厚，以致效仿者纷起。至 19 世纪 90 年代，广东顺德县有蒸汽缫丝厂 200 余家④。机器棉纺织业，是民间资本较集中的近代工业，出现于 19 世纪 90 年代。1894 年，一名有道台衔的商人朱鸿度在上海投资建成裕源纱厂，同年投产，拥有英国制纺纱机 25000 锭。后由其次子朱幼鸿接办，并另外创办了裕通纱厂，与裕源并称⑤。据统计，截至 1894 年，民间资本创办的近代工业先后约有 100 余家，其中有的企

① 吴承明. 帝国主义在旧中国的投资 [M]. 北京：人民出版社，1955：35.
② 许涤新等. 中国资本主义发展史（第二卷）[M]. 北京：人民出版社，1990：340.
③ 许涤新等. 中国资本主义发展史（第二卷）[M]. 北京：人民出版社，1990：379.
④ 许涤新等. 中国资本主义发展史（第二卷）[M]. 北京：人民出版社，1990：456.
⑤ 许涤新等. 中国资本主义发展史（第二卷）[M]. 北京：人民出版社，1990：468.

业开办不久就停办歇业，所以到 1894 年时，民间资本近代工业约有 70~80 家①。它们主要分布在缫丝、棉纺织、面粉、火柴、造纸、印刷、榨油等业。在采矿业方面，这一时期民间资本也投资经营了一些企业，如 1880 年创办的山东峰县煤矿、1885 年设立的山东平度金矿等。

它们绝大部分建立在通商口岸或靠近通商口岸的地方，其中以上海为最多，广州次之。就外资企业而言，这一时期的在华投资主要服务于其商品输出，侧重于船舶修造业、出口加工业等工业部门，上海是当时中国最大的外贸口岸，也是外资企业的首选地。如 1841~1858 年间，外商在中国开设的船舶修造厂共有 7 家，其中除柯拜船坞和厦门船厂分别开设于广州、厦门外，其余 5 家都设在上海②。1843~1894 年，外国资本先后在上海设有 27 家船舶修造厂，后经兼并改组，至 1894 年继续开工的有 8 家，资本总额达 323 万余元，占同期外国在沪资本总额的 1/3，企业数目也在各工业部门中名列第一③。而中国本国资本的近代企业，则主要不是在中国社会原有的手工业工场的基础上产生，而是直接从外国输入机器和技术开办的，绝大部分也都集中在通商口岸地区。这一时期民间资本先后开办的 100 余家工厂，就主要设在上海和广州两地；其他零星各厂也都是建立在通商口岸或邻近通商口岸的地方。除了便于机器和技术的输入，还在于这些企业中的很大部分（如缫丝、制茶和轧棉等工厂）实际上都是为了原料出口加工而创设；又有些企业，如船舶修造和机器修理厂，则是附属于各口岸的航运业需求而存在。此外，很多企业所以设立在通商口岸或是借"租界"政策减轻封建守旧势力的阻挠和压榨，谋求企业的发展。

第二阶段为 1895~1913 年。甲午战争后列强竞相向中国输出资本，加速了中国自然经济的分解，扩大了中国的商品市场和劳动力市场。以资本在 10 万元以上的外资厂矿为例，1840~1894 年的 50 余年间，总计设立 23 家，按各家设立时的资本额计算，共 763 万余元；而在 1895~1913 年的 19 年间，就有 136 家设立，资本额共 10315 万余元。就资本额而言，后者是前者的 13 倍④。这一时期近代工矿业增长的速度和规模，比前一阶段有明显的进展。1895 年，中国资本主义工矿企业的资本总额是 2421 万余元，到 1911 年，则增至 10434 万余元，比 1895 年增长了 4 倍多。在这期间，中国工业的发展，前后经历了

① 李新等. 中华民国史（第一编上册）[M]. 北京：中华书局，1981：50.
② 孙毓棠. 抗戈集 [M]. 北京：中华书局，1981：125 – 126.
③ 张仲礼等. 近代上海城市研究 [M]. 上海：上海人民出版社，1991：333.
④ 汪敬虞. 中国近代工业史资料（第二辑上册）[M]. 北京：科学出版社，1957：3.

1895～1898 年和 1905～1908 年两个高潮。特别是在第二个高潮的四年中，新设厂矿 238 家，投资总额 6121 万余元，发展速度和规模十分显著。其中民间资本企业的发展，尤为迅速。民间资本设厂矿由甲午战争以前的 53 家、资本额 470 万余元（占本国近代企业资本总额约 22%）陡增至 416 家、8277 万余元（占本国近代企业资本总额 77%）。甲午战争后新设的民间资本企业，主要仍集中在轻工业。在 416 家企业中，纺织部门（包括轧花、纺织、织染、缫丝、呢绒、织麻等）占 155 家，资本额为 2733 万余元，均位居第一；其次是面粉工业 39 家，资本额 703 万余元；再次是榨油、火柴、卷烟等部门。重工业很少，燃料采掘、金属开采冶炼和金属加工三个部门相加也只有 39 家，资本额 963 万余元[①]。

　　与前期相比，这一阶段中国近代工业的地域分布，就总体而言，没有实质性的变化，仍多集中于东南沿海和长江沿岸通商口岸及其附近地区。在外资企业方面，除了矿场以外，这二十年中所设立的规模较大的工厂，都集中在上海和少数几个通商口岸。在几个其主要投资的工业部门中，如机器造船厂和纺纱厂全都集中开设在上海；水、电、煤气工业和烟草工业，也都首先在上海创办。外资工业所以集中于少数通商口岸，除了利用租界的各项特权外，还因为上海等通商口岸作为中国最早一批近代城市，提供了举办大工业所必需的现代金融、交通、动力等方面的有利条件。与此相联系，中国民间资本企业也呈现类似状况，表 6－1 显示了 1895～1913 年间设立的 549 家民间资本厂矿企业的地域分布[②]。

表 6－1　　　　　1895～1913 年间设立的民间资本厂矿企业地域分布

	总计	上海	武汉	天津	广州	杭州	无锡	其他
厂矿数（个）	549	83	28	17	16	12	13	380
资本额（万元）	12028.8	2387.9	1724.0	421.9	579.1	155.2	142.2	6618.5

　　显然，这一阶段中国民间资本企业仍多集中在上海、武汉、天津、广州等几个主要的沿海沿江的通商口岸。其中也反映出中国工业发展两个值得注意的动向：一是向通商口岸附近地区的扩展，如上海周围的杭州、无锡分别有 12

---

① 李新等. 中华民国史（第一编上册），第 56，58，59，61 页。
② 汪敬虞. 中国近代工业史资料（第二辑上册），第 9 页；（第二辑下册），第 654 页。

家和 13 家，与天津、广州相差无几；二是地处长江中游的武汉紧随上海，跃居第二，体现了近代工业从东南沿海向内陆地区伸展的态势。从具体工业部门考察，也反映了同样的趋向。以民间资本企业主要门类的面粉工业为例，1905 ~ 1911 年的 7 年中，全国共有 18 个城市创办新的面粉厂共 27 家，主要设立在包括上海在内的江苏和东北两个地区。其中在江苏共 11 家。除 3 家设在上海外，另外 8 家分布于无锡、南通、扬州、泰州、高邮、宿迁、清河、海州等地。在东北地区共有 6 家，其中吉林 4 家，黑龙江 2 家。此外，还有汉口 5 家，北京 3 家，安徽芜湖和四川长寿各 1 家。辛亥革命以后，民间资本面粉工业又有发展，1912 ~ 1913 年共设新厂 20 家，其中 1913 年一年之内就有 15 家新厂设立，除了上海、无锡等地续有开办外，地处内陆的山东济南、山西大同都有民间资本的面粉厂首次开办，引人注目。但上海一地的产量，仍占全国机制面粉产量的 33.11%，说明中国近代面粉工业的重镇仍在上海[①]。相比之下，一些技术要求低的工业部门（如火柴厂），其地域分布的扩散化更为突出。在 1895 ~ 1913 年开设的 58 家火柴厂，绝大部分都设在内地省份，其中四川 14 家，广东 10 家，云南 7 家，江苏、河南各 4 家，河北、山东、陕西、辽宁各 3 家，浙江 2 家，江西、湖北、湖南、山西、甘肃各 1 家[②]。火柴厂成为地域分布较广的近代工业，主要原因在于其生产技术要求低，因为它的制造方法是从国外引进的，实际上在中国主要是手工制造，便于向内地扩散。

　　从全局考察，中国近代工业已向全国广大地域扩展。这一阶段新增设的近代企业，虽然有的行业仍然集中在上海及其附近的江浙地区和广州等处，但较多的行业已逐渐向广大内地包括东北、西南、西北等地区伸展。除了青海地区尚未设有近代企业，除西藏等地区只有个别近代企业以外，其余省区无不或多或少地有近代企业出现和兴起。尤以火柴工业、织布工场手工业分布最广，遍及大部分省区。其余针织工业、榨油工业、肥皂工业、玻璃工业、印刷工业、电灯工业、矿业等，也都散布于十多个省区。面粉工业和缫丝工业则是兼跨数省的大行业。尽管各地区、各行业之间的发展仍不平衡，但已使中国工业开始摆脱局限于沿海、沿江丁字形线条地带各个通商口岸孤点的狭窄地域，逐渐向全国伸展开去[③]。而中国台湾，在甲午战争后沦入日本控制长达半个世纪。在这期间，中国台湾工矿业中，日资均处垄断地位。其地域分布，则偏重于中国台湾西部沿海地带。

---

①　上海市粮食局等. 中国近代面粉工业史 [M]. 北京：中华书局，1987：23，24.
②　许涤新等. 中国资本主义发展史（第二卷）[M]. 北京：人民出版社，1990：662.
③　樊百川. 二十世纪初期中国资本主义发展的概况与特点 [J]. 历史研究，1983（4）.

　　第三阶段为 1914 ~ 1936 年。第一次世界大战爆发后，帝国主义列强忙于互相厮杀，中国资本主义乘隙得到较快发展，一直延续到 20 世纪 30 年代。据对上海 11 家主要外资工业企业资本额增长的统计，自 1913 ~ 1919 年的年平均增长率为 10.7%，比前一阶段还略高。到了 20 世纪 20 年代，外资工业加速扩张，棉纺、卷烟、电力、制皂等一些行业主要企业的资本额大多几倍、十几倍，甚至几十倍地增长，到了 20 世纪 30 年代才稍减缓。日本资本则在东北、华北地区大肆扩张。据估计，从第一次世界大战结束到抗日战争爆发前的 1936 年，在华外资工矿业资本额的年平均增长率达 11%。同一时期，中国官办工业的增长势头迟缓，至 1936 年，其工矿业资本总额在整个中国工业资本总额中所占的比重不到 5%。相比之下，中国民间资本企业在这一阶段增长迅速。一些主要行业在 1912 ~ 1920 年间的产量或投资规模平均每年增长率都在 10% ~ 20%，如棉纱为 17.4%。面粉为 22.8%，火柴为 12.3%，电力为 11.9%，卷烟为 36.7%。据估计，全国民间资本工业的投资额在第一次世界大战结束后的 1919 年为 1.91 亿元，1922 年增为 3 亿元，1927 年增为 3.68 亿元，1931 年更增至 6.34 亿元，1935 年再增至 6.97 亿元。[①] 这一时间上海的荣家企业、武汉的裕大华等民族资本集团迅速崛起。

　　这一阶段，中国工业在地域分布方面向内地扩散的进程加快。据 1895 ~ 1913 年各省创办工厂的统计资料，内地的一些省份，如河南、湖南、山西等共新设工厂 35 家，西南地区的四川、云南等省新设工厂 15 家，西北地区仅新疆省有 1 家小型制革厂。但到了 20 世纪 30 年代，据 1932 ~ 1937 年间向南京国民政府经济部注册登记的工厂统计，河南、湖南、山西三省六年内新设的工厂就有 237 家。西南地区的四川、云南、贵州、广西等地有新设工厂 163 家。在西北地区的陕西、甘肃等省，这一时期也有了 20 余家新设工厂，都比以前有非常明显的增多。从几个主要行业的地区分布，更可清楚地显示近代工业的地域分布正在进一步扩散。如二三十年代新建的棉纺厂很多都转向原棉产地，江苏、山东、河南、山西、陕西、新疆等地一些中小城市都有了新的棉纺厂。棉织业的分布则更广，各地几乎都有织布厂、织袜厂、毛巾厂等设立。面粉业的地区分布也在不断扩大。1921 年，全国民间资本机器面粉厂共有 137 家，其中有 113 家设立在上海、无锡、天津、汉口、济南等大中城市和东北地区，占工厂总数的 82.5%，生产能力的 83.4%。以后，新设的机器面粉厂开始大量向内地和小麦原料产地扩展，原先空白的陕西、绥远、宁夏等地都有工厂设

---

　　① 潘君祥等. 近代中国国情透视 ［M］. 上海：上海社会科学院出版社，1992：66，67，78.

立。据 1936 年的资料统计，全国民间资本机器面粉厂共有 152 家，其中设在
上海等城市和东北地区的共有 88 家，比 1921 年减少了 25 家，在企业总数和
生产能力所占的比重，也从原先的 82.5% 和 83.4%，分别降至 57.9% 和
74.9%；而其他地区，主要是内地的小麦产区，新设的面粉厂从原先的 24 家
增至 64 家，在企业总数中所占的比重由 17.5% 上升为 42.1%。但它们的规模
一般都比较小，因而生产能力所占比重增幅不大，由原来的 16.6% 上升为
25.1%①。这一阶段民间资本棉纺织业的地域分布，也从上海和江浙一带向华
北和华中地区伸展。到 1922 年，民间资本纱厂的地区分布，按纱锭计，大约
上海占 38%，江浙其他地区占 25%，天津占 14%，成为北方纺织中心，华北
其他地区占 10%；武汉占 10%，华中其他地区占 3%②。由于各地电力工业的
发展，20 年代以后近代工业在向内地的扩展中，购置小型电动机设立的小规
模工厂，如印刷厂、农产品加工厂等有明显增多，它们分布的区域比前一阶段
也有较大的拓展。

　　中国近代工业在这一时期向内地扩散的主要特征，是移向和接近原料产地
和消费区，从工业的地域分布的角度考察，这是一种合理现象，但是半殖民地
半封建的社会条件，决定了这种现象是微弱的，并不能改变近代工业的地域分
布依然偏重于东南沿海和长江沿岸通商口岸的总体格局。以棉纺织业为例，
1930 年上海一地即占全国纱厂总数的 48%，加上青岛、天津、武汉、无锡和
通州等地，通商口岸所在地的棉纺织厂数约占全国总数的 74%，资本总额占
全国的 82.8%，纱锭数占 82.5%，线锭数几乎占到 100%，布机数亦占 93%。
另据 1933 年南京国民政府经济部对不包括东北地区在内的 22 个省市工业企业
所作的调查，当时这些省市共有雇佣工人在 30 人以上的各类工厂 2435 家，其
中有一半以上共 1229 家集中在上海。又据 1935 年对江苏、浙江、安徽、山
东、江西、河北、湖南、山西、陕西等省及北平、天津、威海卫、青岛、南
京、上海、汉口等城市的工业调查，上述地区共有工业企业 6344 家、工人 52
万余人，而其中上海一地就有工厂 418 家，工人近 30 万人，分别占总数的
85.4% 和 57.5%③。这说明，历经近百年的风云变幻，上海仍是中国工业最集
中的地区。原因主要是，虽然上海并非工业原料产地，但较之当时战乱频仍、
军阀横行的内地省份，企业的经营环境明显要好些，因而许多企业主宁可远离
原料产地和消费区而将工厂设在上海。如《1922—1931 年海关十年报告》所

①　潘君祥等. 近代中国国情透视［M］. 上海：上海社会科学院出版社，1992：82，83.
②　许涤新等. 中国资本主义发展史（第二卷）［M］. 北京：人民出版社，1990：861.
③　潘君祥等. 近代中国国情透视［M］. 上海：上海社会科学院出版社，1992：131.

言："与过去十年的工业发展密切相关的因素是内地动乱不宁，那里的工厂经常遭到骚扰。这就形成了工业集中于上海的趋势。许多本应迁出或开设在原料产地的工厂也都在沪设厂。虽然运费成本有所增加，但在上海特别是在租界内，可在一定程度上免受干扰。"①

　　第四阶段为 1937～1949 年。1937 年日本帝国主义大举侵华，抗日战争全面爆发，中国的工业及其地域分布进入一个特殊的时期。据不完全统计，在华北被日军强占并"军管理"的民族工业企业有 115 家，其中面粉厂最多，为 21 家；其次是纺织厂 15 家，毛织、火药、制酸、火柴、水泥、冶炼厂各 3 家，其余有造纸、制革、精盐、制糖、印刷、烟草、化工等厂。在日本帝国主义的残暴统治下，华北民族工业毫无生机，奄奄一息。据不完全统计，临近 1945 年，青岛约 1100 家工厂企业中，有 200 余家完全停产，近 500 家处于半停产，其他或为中日合办，或被日资企业所控制。在天津，除面粉、机器等业中个别华商企业还勉强维持外，纺织、火柴等其他行业或处于半停产，或完全破产停闭②。为了保存国家经济实力，支援抗战的军需物资，补充后方的民用供给，南京国民政府决定大规模地将工厂内迁，得到爱国资本家的支持。在上海工业家的带动下，其他战区工厂也相继内迁。据统计，经国民政府协助内迁的厂矿有 447 家，其中迁川者 245 家，迁湘者 121 家，迁桂者 25 家，迁陕者 24 家。此外，自动迁移的工厂亦有百余家，合计共有 600 余家。国民政府并相应制定了在四川、云南、贵州、陕西以及湘西建设新工业区的规划，其具体布局是：四川以重庆为中心，开发沱江和岷江流域的盐、糖、木材及水利资源；湖南以沅陵、辰溪为中心，重建电厂、水泥厂及煤矿；陕西西安、宝鸡等处重建电厂和纺织厂；贵州中部与东部开采水银、煤、石膏等矿；云南以昆明为中心，建立电厂、机器厂、钢铁厂及采矿等；广西以桂林、柳州和全县为中心，建立电厂、纱厂及机械厂；甘肃、青海两省开采石油及金矿等③。政府又采取措施予以扶持，于是 1938～1941 年以西南地区为重心，内地的工业有了迅猛发展。各类工业部门都有很大发展，每年设厂数增长迅速。据国民政府经济部的统计，截至 1941 年，在西南地区 3700 余家工业企业中，1938 年以前所开工厂仅 590 余家，约占总数的 15%。其余历年的设厂数则是，1938 年新增 240 家，1939 年新增 466 家，1940 年新增 589 家，1941 年新增 843 家，合计

————————

　　① 徐雪荡等. 上海近代社会经济发展概况［M］. 上海：上海社会科学院出版社，1985：277 – 278.
　　② 居之芬等. 日本在华北经济统制掠夺史［M］. 天津：天津古籍出版社，1997：369，373.
　　③ 中国大百科全书·中国历史［M］. 北京：中国大百科全书出版社，1992：524.

约占后方新建厂矿的 60% 以上①。这种发展虽是战时阶段特殊的历史现象，但它较明显地改变了全国工业的布局，使近代工矿业在内地更大的区域内出现。

抗战时期内地的工业布局，主要集中在四川，特别是陪都重庆，其他地区相对较少。1942 年以后，由于资金短缺，能源、燃料供应不足，以及国民政府对民间资本企业减少扶持，甚而采取压抑的政策，内地工业趋向衰退，其中民营工厂每年设厂数从 1942 年的 1077 家降到 1945 年的 68 家。1942 年以后虽有一些新办工业，但整个工业的停工减产、开工不足和改组倒闭等现象已很严重。以重庆为例，1943 年 871 家工厂中停产者达 270 余家②。1945 年抗日战争胜利，原先迁至内地的很多骨干企业纷纷回迁，中国工业布局重心一度移向内地的态势逆转，重又聚集沿海通商口岸地区③。见表 6 - 2，1947 年上海、天津、广州和青岛又重新成为企业集聚的城市。

表 6 - 2　　　　　　　　　**抗日战争前后工业的地区集中**

地区 项目 年代	1933 年		1947 年	
	华厂职工数	百分比（%）	华厂职工数	百分比（%）
全国	789670	100.0	682399	100.0
上海	245948	31.1	367433	53.8
天津	34769	4.4	57658	8.5
广州	32131	4.1	25085	3.7
青岛	9457	1.2	28778	4.2
四市合计	322305	40.8	478954	70.2

抗战胜利后，南京国民政府倒行逆施，大打内战，导致恶性通货膨胀，致使中国工业倍受摧残，濒于绝境。在中国工业中心——上海，1948 年全市各面粉厂的开工率约为年生产能力的 37.5%，到 1949 年 1 至 5 月间，锐减到仅10% 左右。全市卷烟工厂在 1948 年底已停闭 2/3。1949 年 1 月，全市 74 家毛纺织工厂中，全部停工者有 24 家，局部停工者有 48 家，只有 2 家勉强照常生

① 周天豹等. 抗日战争时期西南经济发展概述 [M]. 重庆：西南师范大学出版社，1988：145.
② 凌耀伦. 抗日战争时期的大后方经济，中国经济史论文集，387.
③ 许涤新等. 中国资本主义发展史（第三卷）[M]. 北京：人民出版社，1990：649.

产。1949 年 4 月，上海 1000 余家机器工厂开工的不到 100 家[①]。直到中华人民共和国成立，中国工业才走出困境，其地域分布也步入一个全新的发展时期。

通过上述对我国近代工业发展四个阶段的分析可知，在中国工业化的进程中，通商口岸特别是海港口岸城市发挥了重要的作用，海港城市可以称为我国工业化的源头。

在工业化引入的早期，无论是设备、技术、资本，还是贸易便利，海港口岸城市因其交通地理之优势，必然成为西方工业化进入的首选地。由此，可以说开埠通商和通商口岸城市引燃了中国工业化之火，从历史数据来看，上海作为当时最大的外贸口岸处于火心的位置，是中国工业化之火燃烧最烈的地方。从对外经济发展的角度看，对外贸易是源动力，因此无论内资还是外资，首先投入的工业部门是出口加工业和修造船业，其中出口加工业主要集中于日用品等轻工业部门，这也与世界工业化发展的一般历程是一致的。

随着时间的推移，作为中国工业化发展源头的海港城市在工业化发展中，工业门类不断增加，外资以增长方式不断进入，民间资本不断积累，现代金融、交通、动力等条件逐渐形成，使之逐渐积蓄了能量，开始向海港城市周边扩散，进而向内地延伸。在上述分析中的后三个阶段中，工矿企业考虑运输成本等因素，逐渐向原材料产地、消费区转移，大部分日用轻工业、农产品加工业等逐渐完成了向全国大部分地区的扩散。虽然，其间因日本的侵略，中国工业布局进行了人为的调整，工业中心向内地沿江城市重庆迁移，但抗战一结束，许多骨干企业又迁回到沿海地区。因此，在总体上沿海港口城市在中国工业化发展中仍然起着引领作用，上海居于中国工业中心的地位，海港口岸城市在中国工业化过程中发挥着"外引""内领"的作用。

第三节　国际贸易与沿海地区市场化发展的关系

一、国际贸易与中国市场化演进的一般考察

从人类经济发展的历史来看，商品交换的发生具有极端重要的意义。商品

---

① 《荣家企业史料》，上海人民出版社 1979 年版，第 639 页；《上海资本主义工商业的社会主义改造》，上海人民出版社 1980 年版，第 29 页；《上海民族毛纺织工业》，中华书局 1963 年版，第 149 页；《上海民族机器工业》，第 781 页。

的交换使劳动分工成为可能，而劳动分工的不断演化细化又是人类生产率不断提高的重要原因。商品交换的种类不断增加促进并形成了经济的市场化发展形势，商品交换的空间范围不断扩大使经济的市场化发展方式不断扩散。从这个意义上说，贸易（交换）的繁荣是促进市场化发展的重要动力。虽然，从国别来看，市场化的发展方式因各国具体状况不同，形成了不同的发展历程。但是，市场化发展对人类经济社会发展的意义与作用已被历史所证实的。由于国别差异，市场化发展有先后快慢之别。在市场化的国际扩散过程中，国际间的经济交往活动，特别是国际间的贸易起到了重要的作用。

　　中国由于长期处于封建统治之下，市场化发展不充分，且地区间的差距也很大。清代自康熙中叶开放海禁，沿海贸易得以迅速发展，到清代中叶它已取代运河成为南北贸易最重要的流通干线。随着沿海贸易的发展，一批港口城市迅速崛起。这一时期，我国的商品经济以东部地区最为发达，以苏州、杭州、南京为中心的长江下游地区和以广州为中心的珠江三角洲地区，不仅是我国农业最发达的地区，也是手工业、商业、城市和市镇体系最为发达的地区。① 自然这些地区的市场化发展在中国是较为领先的。在西方帝国主义列强的压力下，中国被迫打开国门，与西方列强开展不平等的国际贸易交往。西方列强通过贸易、投资等活动不仅向中国输出资本主义，促进了中国工业化的发展，也引发和促进了市场化的发展。值得注意的是，鸦片战争后帝国主义列强在沿海选择的通商口岸，主要就是一些清代前期发展起来的港口城市。见表6－3，第一次鸦片战争后开设的五个通商口岸，正是1685年清政府在东南沿海设立的江、浙、粤、闽四海关，其关署分别设在上海、宁波、广州、厦门和福州（闽海关有两处衙署）。它们在清代前期一百五十余年的南北贸易中得到很大发展，已成为东南沿海重要的流通枢纽。其中以广州、上海发展最著，厦门、福州、宁波稍次之，而潮州由是粤海关的一个重要的分税口。第二次鸦片战争后开设的北洋三口中，天津发展较早，营口和烟台的崛起是在乾隆至道光年间。

表6－3　　　　　　　　　1840～1860年沿海开设的通商口岸

口岸名	所在省份	开放时间	不平等条约
广州	广东	1843年7月	中英南京条约
厦门	福建	1843年11月	中英南京条约

---

① 吴松弟. 港口－腹地和中国现代化进程［M］. 济南：齐鲁书社，2005：7.

口岸名	所在省份	开放时间	不平等条约
上海	江苏	1843 年 11 月	中英南京条约
宁波	浙江	1844 年 1 月	中英南京条约
福州	福建	1844 年 7 月	中英南京条约
潮州	广东	1860 年 1 月	中美天津条约
天津	直隶	1860 年 10 月	中英北京续增条约
营口	奉天	1861 年 4 月	中英天津条约
烟台	山东	1862 年 1 月	中英天津条约

资料来源：复旦大学历史地理研究中心．港口－腹地和中国现代化进程［M］．济南：齐鲁书社，2005：225。

中国近代的通商口岸，依其开埠缘由和形式不同可分为两类。一类是以与列强订立条约的方式而被迫开放的商埠，称为"约开口岸"（treaty ports）；另一类是以商业发达而主动开放的商埠，称为"自开口岸"（voluntary ports）。两类通商口岸基本的经济功能，都在于为国际贸易行为提供一种特定的市场，并通过进出口贸易，进一步完善内、外市场结构，强化内、外两个市场之间的互动关系，以带动和促进经济的市场化和外向化发展。

显然，在中国经济市场化发展的过程中，沿海口岸城市的对外贸易起着十分重要的作用。一方面，沿海地区发展到近代，已成为中国近代经济最为发达的地区，海港城市由于其便利的交通优势，是地区内外经济贸易联系的纽带，并发展成为沿海地区的经济中心，其市场化水平处于当时国内的领先水平，对地区外有着较强的影响力。另一方面，成为通商口岸的海港城市，承担起了国内外经济贸易交往的纽带，在吸收西方带来的市场化发展因素方面形成了先发优势，进一步带动邻近地区乃至全国的市场化发展。

二、国际贸易与华北地区市场化演进

开埠通商后，华北地区城市中发展最快的是沿海港口城市。这些城市经过港口设施的建设和不断完善，可以停靠较大吨位的轮船，并有铁路等陆路运输工具连接内地，具备了近代港口和港口城市的基本条件。沿海的港口连通了世界市场，内外贸易的发展和近代工商、金融等行业的振兴，增强了自身的经济实力和辐射能力，成为不同范围的经济中心。

　　从进出口贸易来看，天津 1863 年进出口贸易总额净值为 718.8 万两，1895 年增加到 5017 万余海关两。① 从 1902 年起天津开始与各国直接贸易，进出口贸易总值迅速增长，1902 年净值为 8947 万海关两，1921 年上升到 11477.9 万海关两，1931 年达到 35022.9 万余海关两，是北方对外贸易最大的港口城市。烟台与天津同时开埠，是当时山东唯一的进出口贸易港口，并可通过小清河连接济南，海关进出口贸易总额净值迅速增长，1865 年为 718.3 万海关两，1900 年为 2705.8 万海关两。1910 年的贸易总额为 3632.9 万海关两，1921 年最高为 6269.7 万海关两，1930 年后有所下降。青岛在港口设施建设和胶济铁路开通的背景下，对外贸易迅速发展。1900 年进出口贸易总额仅为 396.8 万海关两，1905 年达 2232.5 万海关两，1910 年跃居山东第一位；1920 年为 6948.9 万海关两，1923 年超过了 10000 万海关两，1931 年为 21912.6 万海关两。秦皇岛港为 19 世纪末的自开商埠，以运输煤炭为主，1905 年进出口贸易额净值为 2185 万海关两，1931 年达到 3671.7 万海关两。龙口亦为 1914 年自开商埠，1915 年进出口贸易总额为 62.8 万海关两，1920 年上升到 397.6 万海关两，1930 年为 1092.3 万海关两。威海进出口贸易较小，1913 年不过 888.7 万海关两。②

　　从商业和近代工业来看，这些港口与世界市场接轨后的商业多以内外贸易为主，商品的品种、来源、销路、用途等方面都表明商品市场的性质发生程度不同的演变。而且内外贸易的发展和近代交通运输体系的建立，必然带动商品流通网络的重组，形成了具有近代意义的以沿海港口城市和交通枢纽为中心的多层次市场组成的商品流通网络。沿海的港口城市在商品流通网络中具有各自的位置，天津、青岛是各经济区域的经济中心，其他港口城市担负着中级市场或辅助进出口等不同的作用。

　　从市场结构的发育状况来，京津冀地区传统的市场体系有两个：一个以大运河和海河各支流为商品运输渠道的体系，如沧州、泊头、大名、献县、衡水等。另一体系是以官道、驿道为运输渠道，结合地方行政建置的内地市场体系，这一市场以畜运为主。京津冀地区传统的市场由于受运输工具的限制，属于区域内的封闭性的、内贸型的市场，商品流通主要是区域内的互通有无。这样就不能形成互相有紧密联系的市场体系，缺乏高层次跨区域的中心市场，也缺乏具有集散转运能力的中间市场。传统市场因依附于自然经济，市场结构极

---

　　① 王怀远. 旧中国时期天津的对外贸易 [J]. 北国春秋，1960 (1).
　　② 烟台港务局. 近代山东沿海通商口岸贸易统计资料 [M]. 北京：对外贸易教育出版社，1986：7－14.

为简单，仅有产地市场、销地市场和城市消费市场。在传统市场中，流通的商品是粮、布、盐等，粮布间的交换构成市场交换的主要内容，商品流向单一，市场的辐射范围极其有限。近代京津冀地区铁路建成以后，大批洋货如布匹、棉纱、煤油、糖、火柴等由天津用铁路运至沿线农村，这使京津冀地区传统市场的商品结构变得复杂起来，商品种类由以前单一土货变为土洋兼有，商品流向也出现了土货和洋货两种鲜明的对流：洋货由天津经铁路分散到铁路沿线农村销售，土货如皮毛、棉花、猪鬃及草帽辫等由铁路沿线农村经铁路运输到天津出口外埠或国外。大量的商品汇集到铁路沿线，带来铁路沿线市场的繁荣。传统市场的格局由此发生变化，形成以天津为进出口市场中心向内地中转市场、专业市场、集散市场和产地市场辐射的新市场体系，市场结构也由传统的产地和消费两级市场结构，变为高级市场、中级市场和初级市场三级市场结构。通过这一市场体系，洋货则由口岸市场——天津逐渐推销到铁路沿线农村的产地市场，土货则由铁路沿线农村的产地市场输送到天津后输往国内外。正是通过这一市场体系，洋货才得以深入到铁路沿线内地的穷乡僻壤，铁路沿线从城市到农村的经济都凭借这一市场体系而同世界经济发生紧密的联系。

19世纪60年代初，约开口岸天津、烟台、镇江、汉口等相继开放。它们一方面将其进口的种类洋货输往河南，另一方面又把河南丰富的物产出口到沿海和国际市场上去，从而使河南的对外经济交流，由传统的内陆市场扩大到了沿海和国外，使近代河南的市场结构发生了很大的变化。口岸市场的拉动，成为近代河南经济变迁的一个不可忽视的动力。

天津被辟为通商口岸以后，其经济影响很快覆盖了直隶、山西、内蒙古、河南及山东等省区的全部或部分地区，成为拉动这些地区近代外向型经济发展的龙头。[1] 处在天津近代经济直接辐射之下的豫北卫河沿线地区，其对外物资交流的内容和目的地就随之发生了变化。天津进口的各色布匹和其他洋货，经卫河大量地输入到河南彰德府、卫辉府和怀庆府的广大地区，[2] 从而冲击了当地居民的消费结构。而豫北运往天津的药材、棉花等货物，"也是经卫河下运，而道口正是一个集散地"[3]。这样，河南北部就逐渐形成了一个以怀庆府、卫辉府和彰德府各地为初级市场，以道口为中级市场，以天津为国内终点市场的新型对外贸易经济区。

黄河处孟津以下向有通航之利。1855年黄河自铜瓦厢改道、夺大清河而

① 吴松弟，樊如森. 天津开埠对腹地经济变迁的影响 [J]. 史学月刊，2004 (1).
② 吴弘明等译编. 津海关年报档案汇编 (1865－1911)，1993年内刊本.
③ 史念海. 中国的运河 [M]. 史学书局，1944：172.

由山东利津入海以后，沿黄各县如洛阳、孟津、偃师、巩县、汜水、荥阳、武陟、广武、郑县、中牟、开封、兰封（今兰考县）等，得以借助黄河水运，与山东的济南等地了生了直接的物资交流。烟台开埠后不久，其所进口的布匹等各类洋货，便先运抵济南等地，然后再溯黄河而上，销往河南东中部地区。① 而开封府各县、商丘、鲁邑等地的草帽辫、花生等物产，在开封的惠济桥等处聚集后，也顺黄河而下，抵济南城北的泺口镇后，再沿大、小清河入渤海，最后达到烟台。② 从而使河南的沿黄地区与烟台口岸市场之间，辗转建立了一种外币型的经济联系。

镇江开埠以后，其进口洋货则沿汾河支流运到了河南的东南部地区。③ 而豫东南地区也先后以贾鲁河沿岸的朱仙镇和沙河沿岸的周家口镇为集散中心，将芝麻、杂粮等各类物资顺颍河而下，至安徽的正阳关入淮，再通达镇江。④

汉口开埠以后，各种洋货便经治水支流销往河南的西南部。⑤ 而豫西南淅川、内乡、镇平、南召、鲁山等县的桐油和漆等物资，也通过唐河、白河、丹江等汉水支流，经济襄樊、老河口等地集运到汉口，再辗转出口到国际市场。⑥

这样，河南就借助于传统的水运网络，以豫北的道口镇、豫东的惠济桥和朱仙镇、豫东南的周口镇、豫西南的赊旗镇等水运枢纽为货物集散地，通过天津、烟台、镇江、汉口等约开口岸，建立起了联通国际市场的新型进出口贸易关系，初步改变了河南只有省内和省外内陆市场的传统格局。

三、国际贸易与华东地区市场化演进

上海是中国近代最早对外开放的通商口岸之一，开埠后其对外贸易迅速发展，超过广州成为全国最大的对外贸易中心。作为对外进出口货物最大的集散地，又是国内各地货物交流辐辏之处，上海通过与各口岸间外贸埠际转运，影响着各口岸乃至全国的经济与贸易格局，显示出其全国贸易中心的地位。外贸埠际转运主要指，上海将从国外进口的洋货转运至国内各通商口岸，同时将各

① 烟台港务局档案馆译. 东海关贸易报告，1866 年未刊稿.
② 烟台港务局档案馆译. 东海关贸易报告，1874 年未刊稿.
③ 列说 [J]. 江南商务报，1900 – 09 – 14.
④ 白眉初. 中华民国省区全志（河南省），第 33 页.
⑤ 李必樟译编. 上海近代贸易经济发展概况（1854 – 1898）——英国驻上海领事贸易报告汇编，第 515 页.
⑥ 河南农工银行经济调查室. 河南之桐油与漆，1942 年编印，第 31 页.

口岸出口到上海的土货转运到国外，成为这些口岸对外贸易的中转点。

众多内河轮船的营运密切和促进了上海与三角洲各地城乡的经济联系，沿途城镇的经济生活也日益活跃。"苏省昆山、新阳两县境为自苏至沪必由之道，向来商业本甚繁盛，自内河创行小轮，苏沪商旅往来尤便，贸易亦日有起色。""苏州府属吴江、震泽两县同城，东南平望镇，东通梨里、芦墟、金泽等镇，南盛泽镇，西至梅堰、双阳、震泽六镇，北界县城暨同里、八斥两镇，其余乡村小集，均有朝发夕至之便。自苏省以达嘉、湖，必由此路，是以商业繁盛，甲于诸镇。所有货物，以丝绸、纱布、米、油为大宗。近来内河小轮盛行，客商往还日多。"据1909年乡土调查资料载，浙江嘉兴、海盐、沈荡、平湖、石门、桐乡、屠甸等地所产蚕丝、棉花、茶叶、土布等农副产品，都有很大部分直接销往上海。折返时运回日用工业品，"闵行为沪南通衢，各货以上海为来源，杭、嘉、湖等属为去路"。这种因四通八达的航运网络建立起的经济纽带是坚韧的，即使清末民初社会动荡，也未中断，只是相应"改变了它的长久的贸易路线，即原来用平底船从北浙运到上海，而现在则改用汽船经苏州运往上海。"①

像上海这样的全国性中心口岸，它对各个经济区域的影响和作用可以说是一种"普照的光"，它对于区域及其胜地具有某种统摄、积聚功能，所不同的只是产生影响的路径与作用的方式有所不同因而受影响的程度及结果会有所不同。但是，自第一次世界大战后，区域口岸城市的发展却使中心口岸上海与间接腹地的关系发生了某些变化，在若干地区和行业，原先单纯的统属关系掺糅进了对等的竞争成分，更具体说，区域口岸具有了双重性——它既是口岸与间接胜地的联系纽带，同时又是其毫不含糊的市场竞争者。由此可知，海港口岸城市的间腹地交叉所带来的竞争，导致了区域市场化发展的进一步深入。

四、国际贸易与华南地区市场化演进

由于西方列强通过不平等条约或直接使用武力逼迫华南沿海实行全方位开放，使之成为中国开放通商口岸最多的地区。以香港和广州为龙头，有汕头、海口、北海、拱北、三水、广州湾（即今湛江）、惠州、甘竹、香洲埠、公益埠、中山港、雷州等10余个口岸。1941年8月，国民政府将沿海汕尾广海、

---

① 嘉兴府各属物产调查表 [J]. 杭州商业杂志，1909（1）；章开沅前揭书，第875页；陆允昌. 苏州洋关史料 [M]. 南京：南京大学出版社，1991：115.

阳江、水东等 12 个原非通商口岸的港口开放，① 形成若干新的贸易路线，位于此线上的市镇遂成为货物集散地，商贸随之兴旺。华南港口具有以海港为主的特征，按 20 世纪 40 年代末国民政府将全国各港的分类，这里基本上都属海港，其中广州和广州湾（湛江）为一等港；汕头、拱北、江门、北海、海口、榆林为二等港；电白、钦县、澳头为三等港。②

中国港澳地区由于在出入境方面并无限制，人民可自由往来，故粤港澳交流频繁，经贸联系特别密切。港澳的农副产品、燃料等，"须仰给于广州，而华南与欧美间之商业运输，亦以香港为总枢纽"。③ 中国香港"各行商业，其与广州有密切关系者，占 90%"。④ 由于这种特殊的合作关系，有外国学者认为"至少在商业上香港与广州完全可视为一个城市中密切结合的两个部分，香港是这个城市中的批发与航运中心。"⑤

香港属全国的转口港，这种功能被沿海贸易商所充分利用，主要通过海轮运输，使其腹地范围直至华北一带。同时，珠江内江航运和粤汉、广九两路接轨，使珠江、长江流域亦成为香港的腹地。20 世纪 30 年代贸易情况表明：以转口而言，华北倚重香港出口多于进口，而华中特别是华南则倚重香港多于出口。⑥ 广州是国内外物资集汇之重地。广州港位于珠江口内，珠江源远流长，横贯滇黔桂粤四省，粤汉铁路建成通车后，其影响范围更是延至中原。这些地区农产品极其丰富，稻、麦、豆、麻、棉花、桐油等，均有大量出产。蔗、茶、菜籽油、杂、烟草、木材、矿产（煤、铁、钨、锡、锑、锰、铅、锌）等，均为交通沿线特产。这些物资南下，提供粤港澳地区消费，或通过香港而远销国外。南部几省的土特产经西江、东江、北江、粤汉铁路和海运到广州集中，而广州进口的环球百货再通过这些城市扩散到各地农村。

华南沿海各口岸的南北货物交流很活跃，如广东每年均有大宗食粮、水果、甘蔗、葵扇等土特产须经海运销往华北一带。

由于沿海口岸城市经济与贸易的快速发展，作为市场化发展的重要方面，金融业也首先在海港城市得以发展，其银行体系逐渐延伸到相应的经济腹地。

以银行与钱庄为代表的金融汇兑、拆借是商业流通的血液。银号、钱庄通过自身的速效和获得外交银行的借贷，沟通口岸和腹地，进而影响腹地的空间

---

① 龚学遂. 中国战时交通史［M］. 上海：上海商务印书馆，1947：211.
② 行政院新闻局编. 全国重要港口，1947 年 12 月编印，第 2 页.
③ 《港闻》，载 1938 年 10 月 27 日《星岛日报》。
④ 《本港新闻》，载 1938 年 10 月 24 日香港《大公报》。
⑤ 转引自陈明球. 近代香港与广州的比较研究［J］. 学术研究，1988（3）.
⑥ 王赓武. 香港史新编（上册）［M］. 中国香港：三联书店（香港）有限公司，1996：294.

伸缩。20世纪20年代广州国民政府为了促进商业、加强区域中心地位，优先考虑开展金融业务。1924年设立的广东银行，在汕头、江门、韶关、海口等重要城市，以及广西梧州、江西龙南、赣州等处设立分行。到1937年广东省银行在省内扩展到各县的市镇，在省外扩展到桂林、柳州、南宁、贵阳、昆明、衡阳、长沙、汉口、重庆、上海、南京，以及国外的新加坡、曼谷、海防等地①，试图构建起以广州为中心的金融网络，直接推动了民国中后期广州贸易中心的重新崛起。

---

① 黄毓芳：广东省银行概况，广东文史资料，第7期。

第七章

国际贸易与区域精神财富的发展

国际贸易通过商品交换和人员交往，不仅增加物质财富，还能增加个人和社会的精神财富。正如英国经济学家穆勒所言，国际贸易可以加强思想和行为方法不同的人种间的接触和交流。各民族相互学习，吸收对方的先进思想和品德。使人们认识到其他民族的财富与进步，可以促进本民族财富增长与进步。

第一节　国际贸易对区域精神文化影响的一般考察

一、开放影响区域精神文化的意义

如果说一个国家或地区的经济只有开放才能发展的话，那么，一个地区的精神文化也只有开放才能发展，区域开放也促进文化的转轨与发展。古典贸易理论的追随者穆勒甚至认为，通商在经济上和道德上的间接利益，比直接利益更大①。当然，与经济相比较；文化的保守性、稳定性、传统性更强一些，其生命力也更强。文化的变化具有一定的滞后性。下面这句话是不少人所公认的：枪炮可以消灭一个民族的肉体与物质设施，却摧不垮一个民族文化的内

---

① "某一民族会因为其全部爱好或者已经得到充分满足，或者完全没有得到发展，而处于沉寂、怠情、未开化的状态，他们因为没有足够的欲望，也就不能发挥自己的全部生产能力。开展对外贸易，可以使他们开始知道各种新的物品，或者使他们较易获得以前没有想到可以得到的各种物品，这种引诱，有时会在由于人民缺乏干劲和抱负而其资源尚未开发的国家引起一种产业革命；引诱过去满足于少数舒适品和少量工作的人们，为了满足他们新的爱好而更加勤奋地工作，甚至为了将来能够更加充分地满足这些爱好而积蓄金钱和积累资本。"约翰．穆勒《政治经济学原理》，第 17 章第 5 节，中译本，商务印书馆。

核；一个国家即使被夷为平地，只要她的文化还存在，这个国家就有复兴的希望。这说明了文化的顽强性。

冯骥才说，抽掉了精神文化这根神经，一个民族就会变成植物人。这说明了精神文化对于一个民族、国家的重要性。区域开放对区域经济的影响直接而显著，而区域开放对区域精神文化的影响却比较复杂，这种影响既有直接性与显著性的一面（如对物质文化与制度文化的影响），也有间接性与潜在性的另一面，如对精神文化、文化价值观的影响并非"立竿见影"，而要经历一个潜移默化的较长过程。但新的文化精神、文化价值观一旦确立，又不会轻易改变。文化只有海纳百川，兼容并蓄，才会有活力，才能有发展。

二、中国开放对区域精神文化影响的阶段分析

1949 年前中国区域开放史可以划分为两大阶段：第一阶段是截至 1840 年以前的古代史，第二阶段是 1840 年以后的近现代史。这两大阶段的区域开放都走过了曲折的历程，但总的趋势是不断扩大开放的广度与深度。第一阶段是区域开放对古代区域文化发展的影响，第二阶段是区域开放对近代区域文化的影响，并推动它向现代文化转型。无论在什么时候都存在着一条文化交流与文化传播的规律，即高势位文化向低势位文化强势渗透的规律。

无论在哪一个历史阶段，区域开放对区域文化的影响一般主要体现在四方面：一是带来了精神文化、文化价值观的变化，促进了文化观念的更新。如近代严复将达尔文进化论的"物竞天择，适者生存"观念介绍进中国，就属于这一种情况。"十月革命一声炮响"，给我们送来了马克思主义，则更是带来了思想大解放。二是带来了知识文化（主要是自然科学知识与科学社会科学知识）的变化、更新，如"五四"运动后"赛先生"（科学）之传入中国。三是带来了制度文化的变化、更新，如"五四"运动后"德先生"（民主）的传入中国。四是带来了物质文化的变化、更新，如近代西方工业文明之传入中国，电灯、电话、电报、电影的推广等。文化的产生与发展离不开一定的社会、经济环境。一定的生产方式与经济结构，孕育出一定的文化类型；不同的社会环境乃至自然地理环境也会形成不同类型文化。一般来说，开放的社会环境与沿海沿江地区较易孕育出开放型的文化形态，如海洋性文化。宁波文化基本上就属于这种情况。宁波文化是以越文化为根基。以浙东文化为历史基础，不断吸取中外优秀文化成果而形成的多元一体的区域文化，它接纳过吴文化、楚文化及中原文化的精神，受到邻近的海派文化及海外文化的影响，既兼容并

蓄又勇于拓新，在消化改造外来文化成分中使自身获得质的升华，几度辉煌。它既具有鲜明的开放性、地域性，又具有创造性特点。

第二节　历史上的国际贸易与精神文化传播

一、国际经贸活动对精神文化交流影响的形式

季羡林在其《佛教与中印文化交流》一书中说："中国从清末时到现在，经历了许多惊涛骇浪，帝国统治、辛亥革命、洪宪窃国、军阀混战、国民党统治、抗日战争、解放战争，一直到中华人民共和国成立后的社会主义初级阶段，我们西化的程度日趋深入。到了今天，我们的衣、食、住、行，从头到脚，从里到外，试问哪一件没有西化？我们中国固有的东西究竟还留下了多少？我看，除了我们的一部分思想感情以外，我们真可以说是'全盘西化'了。"季先生在这里使用的"全盘西化"一词比较吓人，但也多少道出了中外文化交融的普遍性：古代以至近现代以来我们在精神文化层面上接纳了许多外来文化，马克思主义、列宁主义是"西来"的，佛教也是"西来"的；在知识文化层面上，从"数、理、化"到"天、地、生"，从自然科学知识到社会科学知识，我们接纳的东西不少；在制度文化层面上，我们接受了不少外来法制文明；在物质文化层面上，我们接纳并享受着西方的科技文明与工业文明的成果。季羡林在《中印文化交流史》一书中又说："如果没有佛教的输入，东方以及东南亚、南亚国家今天的文化是什么样子，社会风俗习惯是什么样子，简直无论想象。"他在《再谈东方论》一文中还说："从人类全部历史看，东方文化和西方文化的关系是'三十年河东，三十年河西'……到了21世纪，三十年河西的西方文化就将让位于三十年河东的东方文化。"这里说的主要是东西方文化交融中的文化中心迁移规律。任何一种文化的发展除了时代动力（吸收时代精神，补充时代文化营养）外，不外乎内外两大动力：一是继承、弘扬、更新自身的传统文化，这是内部动力；二是借鉴、吸收外来的有益文化，这是外部动力。二者缺一不可，相辅相成。每个人都生活于一定的时代及一定的文化环境之中，这是个人不可选择的，但如何继承传统文化与如何接受外来文化，都是可以选择的。一般来说，个人总是潜移默化地从上一代人那里继承传统文化，同时根据自己的经验与需要，有选择性地吸收外来文化中的有

益内容，对传统文化加以改造并注入新的内容，扬弃那些过时的、落后的成分。本土文体与外来文化之间总是存在着双向的互动、互渗、互补的连续关系，取长补短，从而促进各自文化的发展与人类文明的进步。中华文化、中国文化与外来文化、西方文化的撞击、交流、渗透、融合贯穿于整个历史长河之中，从未间断过，只是在其形成、规律、程度、途径、特点、速度等方面在不同的历史阶段，表现有所不同。这种交流往往是双向而不是单向的。外国文化对中华文化有影响，中华文化对外国文化也有影响。后者如中国的当代四大发明及中医学、武术等对西方国家的影响，中华文化对日本文化的影响。日本学习唐朝文化，甚至到了"全盘唐化"的地步。关于日本学习中国文化，可以隋唐作为时间界线作一个划分：隋唐以前，日本除了学习中国的语言文化、服饰文化、民俗文化等以外，还引进了中国的水稻耕作技术，水利文化等，实现了从狩猎采集社会到农业生产社会的重大转型。而隋唐时代且乃至以后，日本主要是学习中国的思想学术文化、制度文化、宗教文化、书画艺术文化、建筑文化、纺织文化等，实现了日本第一次近代化。而明治维新以后，日本从学习中国文化为主影响以学习欧美文化为主，实现了第二次近代化。这一时期，中日交流也是十分频繁的，中国也借助日本这个"桥梁"吸收了不少西方文化。在本章接下来的考察中，将重在阐述外来文化对中国文化的影响。

二、国际贸易与古代精神文化的交融

在秦汉以前，由地理环境的阻隔，不具备今天这样的交通、通信条件，因而中外文化的交流不多，即使偶尔有，也都是间接的。秦朝与汉朝同时采取既固守又开放的两手政策。前者的标志是修筑万里长城，它虽然主要带有军事防卫性质，但也有人认为它体现了国家自我封闭的一面；后者的标志就是打通西域，其标志是汉代张骞通西域，开拓了陆上丝绸之路。沟通中西方、欧西大陆的陆上丝绸之路，不仅是物资、贡品、商品交流之路，同时也是文化交流之路。它导致中国文化进入了本土文化与外来文化的交融期，形成了中国文化开放型的格局。当时中国的造纸术、火药和指南针等重大发明成果借助中西一些国家的中介作用，辗转传到了西欧。到东汉末年，佛教文化自印度开始传入中国，开启了中印文化交流、融合的新篇章。在魏晋南北朝期间，"紫气东来"的佛教广为传播，大兴寺院、大造石窟，佛教教义与儒学、玄学相融合，逐渐中国化，促成了天台宗、华严宗、禅宗等中国化的佛教宗派的产生。这些宗派经过长期的发展及选择最终以中国化程度最高的禅宗独占鳌头，并广泛传播，对中华文化的许多领域都产生了深刻的影响。

在外来佛教本土化的同时，本土道教他吸也佛学的某些内容，并糅合进儒学的思想，有较快的发展，到隋唐时期形成了儒释道三教鼎立的局面，这正是中外文化交融的一个典型例证。盛唐时代更是中国历史上中外文化交流、交融的一个高峰。当时的京城长安成为国际性都会，成为中外文化汇聚的中心。唐朝以博纳兼容的开放性心胸，广为吸收外来文化。唐人不仅广泛地接受胡乐、胡舞、胡服、胡食、胡种（外来物种），使盛唐的经济与文化呈现出空前的活跃、繁荣；而且大规模地采撷外域文化的精华，这包括来自东亚的佛教、医学、历法、音韵学、音乐、美术，来自中亚的音乐、舞蹈，来自西亚的祆教、景教、摩尼教、伊斯兰教，以及医术、建筑艺术、饮食文化乃至马球运动等。阿拉伯的伊兰教于唐永徽二年（651）传入中国，唐、宋、元时期都有一批又一批的阿拉伯人、波斯人来中国定居，与当地人长期生活后形成了回族，在中华民族大家庭中增添了新的成员。

进入明清时期，随着西方探险家发现新大陆与开拓海上航线，随着郑和七下西洋及海上丝绸之路的开拓，准全球性的交通及贸易开始同步发展。利玛窦、龙华民、汤若望等西方传教士开始到中国传播基督教，开办教会学校等，带来了基督教文化。而日本朝鲜半岛乃至南亚的文化也沿着海上丝绸之路传进中国。阿拉伯民族的数学、天文、历法等也被介绍进中国，推动了中国科技文化的发展。应当承认，在18世纪以前，西方文化与中国传统文化的冲突、矛盾，加之清朝统治者一度的夜郎自大思想，曾一度对西方文化持排斥态度。鸦片战争爆发后，在洋人坚船利炮之下，西方文化借机大举进入国门，这是中国进入近代以后的事情了。

可见，古代中国文化是以中华文化为主体，吸取多种外来文化的结晶。作为一种多元一体的文化，中国文化既包括国内各民族的文化，又吸收了多种外来文化。中国文化正是在不断博纳兼容外来文化的过程中走向博大壮美的。自汉代张骞通西域以后，中外文化交流一直十分频繁，中国文化经历了多次积极吸收、融合外来文化的过程，并在相当长的历史时期内呈现出开放性与兼容性的特色。

在这一过程中，中国文化吸纳了中西文化、印度文化、日本文化以及欧洲的基督教文化、阿拉伯地区的伊斯兰教文化等。这些文化源源进入中国，由"多元"融合为"一体"，不断丰富与拓展着中国文化的内涵，并使其不断葆有生机与活力。

三、国际贸易与近代精神文化的交融

自清代雍正年间起至鸦片战争发生前为止，清王朝曾一度推行了闭关自守的国策，几乎中断了中国与外部世界的接触渠道，致使以往中外文化的交流中断了一百余年之久。而正是在这一期间，西方社会进步神速，近代科学体系全面形成，近代科学技术迅速转化比较发达的生产力，资产阶级还建立了一整套有利于巩固自己统治的政治制度与意识形态。由此不少西方国家逐渐成为资本主义强国。与此相反，清王朝不但沿袭的是封建专制制度，而且其主导的意识形态——儒家思想中不具备通过自我更新、自我调节而产生现代文化的因素，在全民、民族的心理上又以"天朝上国"自居，盲目排斥异质文化的积极的进步性影响。在这种情况下，到 19 世纪，在中国的封建主义文化形态与西方资本主义文化形态之间产生了巨大的文化势位差，前者相对封闭与相对落后，后者相对开放与相对先进。根据文化的交流与传播的规律，这是高势位的先进文化向低势位的落后文化渗透、影响的客观态势已经形成。因而，第一、第二次鸦片战争之后，西方资本主义文化开始对一度与世隔绝的中国文化发起了冲击。"中西文化的冲突"以鸦片战争为原点正式拉开帷幕，以中国近代史为坐标逐层展开。这种冲击使中国人惊醒过来，由此开始"睁眼看世界"，反复思考如何吸收西方文化的优势为我所用。一些先觉、先进的中国人（如严复、康有为、梁启超、孙中山等）为了寻找救国救民的真理，开始由不自觉到自觉地向西方学习文化，输入西学，经历了上下求索的艰难历程，从温和的改良维新走向激越的民主革命，掀起了中国近代史上的两次思想解放运动。可以说，没有中西文化的交融，这两次思想解放运动是难以形成的。近代中国文化正是在与外来文化特别是西方文化的交锋、交汇过程中，逐步实现向现代形态的文化转型的。

这一时期中国文化对西方文化的吸取主要在三个层面上进行：

首先，洋务派大力倡导"中学为本（体），西学为用"，因而要"师夷长技以治夷"，学习西方先进的科学技术，引进洋人的机器设备与坚船利炮，这主要是在物质文化层面上引进。时人邵作舟兽将西方文化分为"器数工艺"与"政教义理"两大类。前者侧重于物质文化。从曾国藩、李鸿章到张之洞、沈葆桢、洋务派都推行了一整套"自强新政"，如引进或制造船舰、枪炮，开办铁路、矿山、机械制造厂、船政学堂、邮政局、电报局、银行等。此外，中国在化工、纺织、印刷、冶金等领域都采用了西方新技术。洋务派认为甲午战败的根本原因在于学习西方科技不够，希望通过学习物质层面的西方文化来"救亡强国"，而没有看到西方文化中优于中国传统文化的许多积极因素，不重视学习西方的政治法律制度，把"体"与"用"对立起来，因而导致了失败。

其次是学习西方文化中隐藏在物质文化背后的政治法律制度，即在制度文化层面上（亦即前述的"政教义理"层面）上学习西方文化。这是改良维新派吸取了洋务派的失败教训后走出的一条"救亡新路"。他们发现，西方国家不仅拥有先进的科学技术，还有先进的社会政治法律制度作为保障，有系统的社会科学理论做先导。严复等人认为，"夫西人之国，自有本末……育才于学堂，议政于议院，君民一体，上下一心，务实而戒虚，谋定而后动，此其体也；大炮、洋枪、水雷、铁路、电线，所其用也"。因而中国人不能"遗其体而求其用"，要学习西方的根本即政法制度，首先要学其"体"，然后再为其"用"。日本正是学到了西人这些"体"即制度，才使自己富强起来，"脱亚入欧"。类此，改良维新派大力倡导、引进西方资产阶级的社会政治学说（如卢梭的"天赋人权说"等）与法律制度，将其作为变法维新的理论根据和学习模式。具体来说，在政治制度方面，他们主张中国应仿效日本、英国，实行君主立宪制，制定宪法，成立国会，提倡民权学说，在教育制度方面，主张废科举兴学校，废"八股"试"策论"，用西方的科学知识教授学生，启发民智；在法律制度方面，主张效法西方平等法律，建立法庭、审判制度，确立法律程序和法官律师的职责等。[1] 而民主革命派比改良维新派更激进，更注意对西方政治法律制度的学习引进。总之，无论是以康有为、梁启超为代表的维新派的君主立宪主张，还是以孙中山为代表的民主革命派的民主共和理想，都脱胎于近代西方国家的政治模式。

再次是进一步看到了比政法制度更为深刻的内容——西方精神文化，看到了西政法制度赖以建立的理论基础，从而努力学习、引进西方的精神文化、理论文化、知识文化。当时以徐光启为首的"西学派"提出对西方文化"欲求超胜，必先会通；会通之前，先须翻译"的主张。严复在"以自由为主体，以民主为用"的资产阶级思想指导下，不赞同李鸿章的"中体西用"主张，为此他第一次比较系统地将西方资产阶级的政治、经济等各方面的学术思想介绍到中国来。他在甲午海战战败的刺激下，首先翻译了英国生物学家赫胥黎的《天演论》，意图借进化论"物竞天择，适者生存"的思想，向中国人敲响救

① 刘可《清末西学的输入与中国的现代化》，张立文等主编《传统文化与现代化》，中国人民大学出版社1987年版，第319页。

亡图存的警钟。除外，他还翻译了 19 世纪英国著名思想家约翰·穆勒的《群已权界论》、英国经济学家亚当·斯密的《原富》、法国著名的资产阶级思想家孟德斯鸠的《法意》、英国政治学著作《社会通诠》、论理学著作《穆勒名学》前半部与《名学浅说》、英国庸俗进化论者斯宾塞的社会学名著《群学肄言》等。这 8 部译著被统称的"严译名著八种"。在这些译著中，严复全面介绍、传播了资产阶级的天赋人权、平等博爱等理论，其所覆盖的知识面构成了当时中国社会科学体系的基本框架与内容。紧跟着严复的脚步，近代中国的许多学者在政治学、哲学、文学、新闻报刊学、经济学、法学、教育学、历史学、语言学、逻辑学、社会学等方面，也大量介绍、引进了西方的思想、理论。如留日学生在刊物上译载卢梭的《民约论》孟德斯鸠的《万法精意》、穆勒的《自由原论》、斯宾塞的《代设政体》、美威曼的《革命新论》、大井宪太郎的《自由原论》、中川笃介的《民权真义》与《法国革命史》等，宣传资产阶级的自由平等与天赋人权思想，宣扬资产阶级革命的进步性和正义性，为中国资产阶级民主革命作为舆论上的准备。留日学生同时也引进、鼓吹无政府主义，在国内思想界激荡起一股无政府主义思潮。与此同时，国内的资产阶级革命派或倾向革命的人士也相继创办书局、学社。据统计，1901～1911 年，以"译"字为报刊或书社名称的，就有 23 种。① 这些机构竞相出版、介绍西方社会政治学说的书籍，其中重要的译著有杨廷栋译《卢梭民论》（1902）、马君武译的《弥勒约翰自由原理》（1903）、《斯宾塞社会学原理》（1903）、赵兰生译《斯宾塞干涉论》（1903）、罗伯雅译《共和政体论》，马为珑译《比较国会论》等。在哲学领域，梁启超在流亡日本时，在改良派创办的报纸上发表了许多文章，介绍康德、笛卡尔、培根、斯宾塞、尼采、边沁等人的哲学观点。王国维也不遗余力地撰文介绍康德与叔本华。在文学艺术领域，从文艺理论到西方作品都陆续得到介绍。梁启超首先提倡仿效日本，翻译西方政治小说，从中寄寓、表达译者的政治理想。王国维则采用西方的哲学、美学思想来研究中国小说，戏曲和诗词。19 世纪末至 20 世纪初的 10 年中，在全国范围内掀起了翻译、出版西方学术作品的热潮，译者中仅林纾（琴南）就翻译了欧美各国 17～19 世纪著名作家的作品约 183 种。② 西方自文艺复兴运动以来的古典主义、浪漫主义、批判现实主义流派的重要作品，大都得以介绍，各种体裁的文艺作品如小说、话剧、诗歌、美术等都有所介绍。据统计，晚清翻译小

---

① 刘可《清末西学的输入与中国的现代化》，张立文等主编《传统文化与现代化》，中国人民大学出版社 1987 年版，第 314 页。

② 连燕堂. 林译小说有多少种 [J]. 读者，1982（6）.

说数量约 1500 种。

到"五四"运动时期，中国人中的先进分子更是打出了"德先生"与"塞先生"的大旗，借鉴西方的民主自由思想，对中国文化作深刻的反思与改造。尤其是自 20 世纪新开始介绍到中国来的马克思主义，促进了中国人的思想大解放。马克思主义是当时西方文化中的最先进文化。马克思主义学说最早是中国留日学生通过日文书籍，系统介绍到中国来的。第一部系统地介绍马克思主义的译著当推《近世社会主义》一书，它全面地介绍了马克思主义和各国社会主义运动的概况。另一部水平较高的社会主义理论著作是《社会主义神髓》，它对《共产党宣言》与《社会主义从空想到科学的发展》中科学社会主义的观点作了概括性的阐述。1906 年 1 月革命党人朱执信还在《民政》上发表《德意志社会革命家列传》，系统地介绍马克思与恩格斯的生平，并翻译了《共产党定言》提出的十大纲领，同时介绍了《资本论》的部分内容。20 世纪20 年代以李大钊、陈独秀、毛泽东为代表的中国共产党人，在引进，宣传马克思主义、列宁主义方面，发挥了主导性作用。

在自然科学书籍特别是科技书籍引进方面，在甲午战败之前，洋务派借助京师同文馆、制造局和教会机构这三支译书力量，于清同治元年（1862）在北京设立京师同文馆，接着上海、广州也相继仿行，这是清末大规律输入西方学的开端。同文馆以翻译法政书籍为主。而洋务派开办的各个兵工制造局，则主要翻译西方科技书籍，其中江南制造局译书最丰，涉及学科、领域有：算学测量、汽机、化学、地理、地学、天文航海、博物学、医学、工艺、水陆兵法、年代表、造船等。在教会译书机构中，比较有名的有墨海书馆，益智书会、广学会等。除宣传基督教神学以外，他们在传播西方近代科学知识方面发挥了一定作用。洋务运动时期输入西学的次要形式是请外籍教员任教，及选派学生出国留学。外籍教员，以同文馆人数最多。据《同文馆记》统计，在1862 年至 1844 年间已有 20 多人。清政府以官方形式派遣留学生，始于同治十一年（1872），容宏曾带领 120 名中国幼童留学美国，之后清政府又分别向欧洲各国派遣留学生，主要学习兵工船政。这些外籍教员与留学生充当了近代中外文化交流的重要媒介。

近代中外文化交融的直接影响主要体现在当时中国的中心城市而不是农村，它对城市有广泛深刻的直接影响。在近代中国的沿海沿江城市，产生出一批华洋杂处、兼具中外文化特色的大都会，如广州、香港、上海、哈尔滨等。以下试举南北两个典型城市——被称为"十里洋场"的上海与被誉为"东方莫斯科"的哈尔滨为例，中国文化与西方文化的交流碰撞与共存融合在这两座城市中有集中而鲜明的体现。

先说上海。自 1843 年上海开埠以来，欧风美雨竞相登陆上海滩，自西方东来的众多门类的文化纷纷涌入上海，从内容与形式两方面都冲击并改造了上海。从内容上说，西方文化对上海的精神文化如城市精神、城市心理、城市气质、城市的文化价值观等都有深刻而持久的影响，产生了带有某种洋味的海派文化。没有兼容并蓄、海纳百川，就没有海派文化的诞生，它产生于特定的时空。19 世纪的上海是中外多种文化的汇聚点，是西学东渐与近代中国新文化的发祥地。它的生成体现了东西方文化的融合共存，体现了多样性文化的统一。它产生于 19 世纪西方文化跟随铁甲炮舰后面大举入侵的，充满传统文化与近现代文化、本土文化与舶来文化、东方文化与西方文化冲突矛盾的时代，因而使它兼具东西文化的特点与气质。多元性与开新性是海派文化的两大特征。上海利用东西文化交流桥头堡的地位，为各种文化流派提供了多元共存的宽容环境。那个时代的伟大人物如爱因斯坦、罗素、泰戈尔、萧伯纳、杜威、卓别林等，都曾莅临上海。上海在文化创新与技术创新（如电话、电影、电梯、飞机、广播等首先登陆上海，再传播至国内各地）方面紧跟着世界的前进步伐。海派文化对紧邻上海的宁波文化也有广泛而深刻的影响。从形式上说，西方文化对上海的物质文化与制度文化也有广泛的影响。突出的是西方文化的输入改变了上海的城市面貌、城市形态（包括城市的政治法律形态、经济形态、文化生活形态、建筑形态等）。建筑是城市文化的凝结与表征。上海之所以成为"万"国建筑"博览会"，就源于中外多样性建筑文化的交融。自 19 世纪至 20 世纪 30 年代，是上海西式建筑出现的高峰时段，这些建筑几乎囊括了近代以来西方各个时期的典型建筑风格。因而上海被誉为"西洋文明最精美的复本"，被称为"东方巴黎"。上海外滩更是万国建筑一大汇聚点，这里既有仿欧洲古典主义文艺复兴式的汇丰银行，又有折中主义风格的今上海总工会大厦；既有体现建筑装饰派风格的沙逊大厦，美国摩天楼风格的百老汇大楼，又有典型的中西合璧的中国银行大楼等。这一时期上海城市形态开始由体现传统的吴越文化的都会，转向华洋特色兼具的东方大都会。与此同时，西方的生活方式、行为方式、服饰文化、饮食文化、语言文化等也大举进入上海，对上海的社会风气、社会习俗都产生了重大影响。应当说，上海是研究中西文化交融的一个典型样本。

再说哈尔滨。哈尔滨成为近代城市虽只有百年历史，但却因中西文化交融而一跃成为东北亚重要的国际性都会。19 世纪以来，沙俄借助《中俄密约》取得了修筑"中东铁路"的特权。随着铁路的修建，西方资本主义文明通过中东铁路的物流、人流、信息流涌进了哈尔滨，使它成为欧亚多国移民、文化的汇聚之地。近代哈尔滨除了国内多地域（主要来自关内）人口的聚集外，还有欧美各国特别是俄国、日本、朝鲜等大量移民的迁入。1922年俄国移民多达 15.5 万人，自 1907～1931 年，先后有 19 个国家在哈尔滨设立领事馆，有 33 个国家的商人，企业家来此经商，办企业。哈尔滨还是近代东亚的犹太人聚居中心之一。犹太人最多时达 2.5 万人。西方文化借助于移民及其他途径的大量输入哈尔滨，使哈尔滨形成了有别于其他城市的中西文化交融的众多特征。例如，中西文化交融造就了市民的开放心理与兼容性格；市民的生活方式中融进了"欧域风情"；多样性的中西建筑文化的并存；服饰文化、饮食文化、音乐文化的中西文化特质兼具等。总之，哈尔滨是近代中西文化交融频率很高的城市之一，也是研究中西文化交融并存的一大典型。

西学的输入中国以及中西文化的交融，一个直接的社会后果就是使近代中国适应时代要求，加入现代化的世界性潮流。有一种观念认为，所谓现代化指的是在 18 世纪工业革命以后，人类社会由传统的农业社会向现代化工业社会转变的历史过程。现代化不仅仅限于经济领域内生产力的进步与生产方式的更新，也包括社会的政治进步与文化转型，是一个多层面的向现代工业文明转型的过程。古代中国虽与西域各国乃至西方国家过程度不同的接触，但这种接触在李约瑟看来"从来没有多到影响它特有的文化以及科学的格调"，因此中国文化历来"保持着明显的从未间断的自发性"，这是中国与世隔绝的真正涵义。而当资产阶级开拓了世界市场，将所有民族都卷入了资本主义文明之后，中国面临着一个严峻的现实，即必须在较短时间内，顺应时代潮流，及时学习、移植西方先进文明，把自己纳入世界各国各民族奔向现代化的行列之中去，否则就会落伍、亡国。正如孙中山先生所言："世界潮流，浩浩荡荡，顺之者昌，逆之者亡。"这是世界性的资本主义发展趋势摆在近代中国人面前的一个重大课题。值得庆幸的是，面对西方文明的挑战，先进的中国人迈出了学习西方文化的步伐，使中国加入了现代化的世界潮流。由于中西文化交融而导致的近代中国融入现代化潮流，可从三方面来考察：一是中西文化交融为近代中国走向现代化准备了观念、心理条件。观念起先导作用，一个民族在向现代文明进军过程中，首要的是实现国民观念与文化价值观的现代化，实现国民心理现代化。在西方文明的冲击之下，近代中国人的传统价值观念发生了很大变化，纲常伦理的教化理念发生了动摇，资产阶级的人道主义及民权平等思想逐渐深入人心；不少人抛弃了传统思维方式，开始接受西方文化作为重要价值评价标准的思维方式。科学知识得到承认与传播，"器"不再被视为"形而下者"，科举取士不再是唯一的升迁捷径，出洋留学不再被视为"学侍蕃鬼"。在道德伦理、宗教信仰乃至生活方式、行为方式诸方面，都受到西方文明的深刻影响。二是中西文化交融为近代中国走向现代化准备了理论条件与制度条件。近代中国资产阶级为了变革的需要，曾将西方的政治理论、与学术思想与中国儒家文化中可资利用的成分结合起来，构成为"不中不西""亦中亦西"的所谓新学，以此作为理论武器来反对传统的封建文化。这种新学被资产阶级作为变革社会现实的理论依据，随之在中国进行了政治体制、国家体制以及其他具体制度的改革试验，力图推动中国在制度层面上也赶上世界先进国家。为此，改良派发起了变封建制为资产阶级君主立宪制的政体改革运动；革命派则发动辛亥革命，推翻了数千年的封建专建制度，建立了资产阶级民主共和国。在教育制度方面，清末废科举、兴学校，建立新式学堂与新教育体系，推行国民教育、实业教育、美感教育等；在法律制度方面，当时国内对国际法、刑法、民法、行政法以及世界五大法系等都多有探讨、学习，曾有过伍廷芳、沈家本试图以资产阶级法律来改革中国旧法的尝试；在其他制度如经济、军事、行政、财政等制度方面也都有过学习西方类似制度的设想。三是中西文化交融为近代中国走向现代化准备了物质文明条件与科技条件，虽然这种"准备"有限。当时中国人面对的西方物质文明，是自18世纪后期第一次工业革命以来西方国家进入蒸汽时代与电气时代的工业初步现代化、科技初步现代化，体现了当时世界上的先进水平。中国从西方学习引进了与这两次工业革命相关的一系列先进科学技术，如机械冶铁、炼钢、勘探、纺织、运输、电机、航海、石油、化工等技术，并建立起自己相应的工业部门，形成了与之相对应的自然科学学科，逐步形成了不同于中国传统学科的现代科学知识体系。但遗憾的是，这种在当时属于先进生产力的科学技术的引进，并未在中国引起深刻的"科技革命"，也没有使人们确立现代科学思维方式，没有使中国摆脱传统的工业社会，实现长足的工业现代化进步。中国近代思想家从西方文化的物质层面中吸收到不少思想养料，借助西方科学技术来宣传他们对人生、社会的哲学与政治见解，因而倒使西方文化的物质内容对中国意识形态领域内的变革起到了不小的"催化剂"作用。不过即使如此，也应当承认，中西文化交融还是多少为中国走向现代化准备了一些可贵的物质条件。

第三节　国际贸易与国内区际精神文化交融

一、国际贸易与国内区际精神文化交流

没有历史上不同朝代的区域开放以及各区域文化的交融，就不会有博大精深化的中华文化的形成。中国的内涵是多元一体、多民族统一的国家，不是哪一个特定民族的国家。因而在费孝通先生看来，中华文化也是多元一体的文化，它既包括中国境内各民族的文化，也吸纳了多种外来文化。中华文化倡导"厚德载物"，主张用宽厚的心态包容万物。因而中华文化具有开放性、兼容性和亲和性的显著特片。它既对世界上主要文化体系（包括印度文化、希腊罗马文化、阿拉伯文化等）开放、亲和，也对境内、国内的各民族文化、各区域文化开放、亲和，广纳各种文化精华，由"多元"融为"一体"。中华文化正是在不断博采各种区域文化及民族文化的过程中不断获得新的发展生机与活力，走向雄浑壮大的。

中华文化基础雄厚，源远流长，其源头是在黄河流域与长江流域这两大地区发育、发展起来的多类型的史前文化。如黄河流域的马家窑文化、齐家文化、老官台文化、仰韶文化、后岗文化、大汶口文化、龙山文化等，长江流域的大溪文化、石家文化、马家浜文化、崧泽文化、良渚文化、河姆渡文化等。中华文化正是在这些高度发达的史前文化基础上，兼容了这些区域文化后形成和发展起来的。就汉民族内部而言，主要的区域文化有黄河流域和中原文化，以及长江流域的巴蜀文化、楚文化和吴越文化等。早在秦统一中国以前，不同的区域文化之间就有密切的交流，如屈原的《楚辞》虽植根楚文化土壤，却是楚文化与中原文化交流的产物。秦代的"车同轨""书同文""印同制"对区域文化的融合发挥了重要作用等。属魏晋南北朝时期，儒家"独等"的局面被打破，出现儒、玄、释、道多元文化共融共存的局面。同时，北方游牧民族的"胡"文化与中原农耕社会的"汉"文化开始交会、交融。自晋代开始，中原的官宦大族与平民三次大规模移民南方，促进了中原文化与吴越文化、岭南文化的融合，孕育出我中有你、你中有我的新文化。至盛唐时代，唐人更是以兼容并蓄的宏大气度，吸收异族的或外域的文化。唐人广为接受胡乐、胡舞、胡套、胡药、胡椅。唐代诗人元稹在《法曲》中这样描写："自从胡骑起

烟尘，毛毳腥膻满威珞。女为胡妇学胡妆，使进胡音务胡乐。"短短几句一连用了 5 个"胡"字，反映了那时汉胡文化交融的盛况。到清代，汉文化与满族文化也得到了融合。实际上，今天中国人在物质文化与精神文化方面的许多内涵、特点，并非全部源于汉族文化，其中有不少来源于其他民族的文化，在文学艺术以及服饰文化、饮食文化等方面，都受到了其他民族文化的影响。"胡乐番曲"的输入，不仅丰富了我国的音乐、舞蹈，而且促进了宋词、元曲的产生；流传至今的文学作品《敕勒川》、史籍《元朝秘史》等都出自少数民族作者之手，旗人曹雪芹创作的《红楼梦》是满汉两大民族文化融合的结果，著名红学家周汝昌先生就持这一观点。今天我们所穿的上衣下裤，就来自"胡"服，是战国时越武灵王倡导"胡服骑射"后开始引入内地的，今天妇女穿的"旗袍"，则来自满族服饰。至于今天我们栽种的许多农作物如胡萝卜、蚕豆、葡萄以及许多面食，甚至今天坐的折叠椅（交椅）等都是从西北少数民族那里传过来的。即使是儒家传统精神文化，也具有吸收外来文化的优良传统。

二、国际贸易与国内区际精神文化融合

历史上国内各大区域文化也在共存中互融，齐鲁文化、中原文化、燕赵文化、关中文化、巴蜀文化、荆楚文化、吴越文化、岭南文化、八闽文化、滇黔文化等多元发展的区域文化，也在长期发展中走向融合，先是融合为华夏文化，再成为博大的中华文化宝库中的一大核心文化。可见，中华整体文化的精华都是从各区域文化中抽取浓缩出来的，中华传统文化就是各区域文化中最富生命力的要素交汇融合的结晶。它既是以中华文化为主体吸取多种外来文化的结果，是以汉民族为主体的多民族文化的统一，又是以中原文化为中心的多种区域文化的融合，以儒学为核心的多种思想文化的融合。没有历史上的区域性开放及主体的文化开放心胸，不可能形成博大精深的中华文化。清代文人赵翼有"江山代有人才出，各领风骚数百年"的传世佳句，文化人才与文化流派的影响是有限的，但中华文化的开放博纳性及其生命力却是无限的。

第四节　海上丝绸之路对区域文化的影响

一、海上丝绸之路对区域文化的总体考察

广义的"海上丝绸之路"是泛指古代东西方之间借助海洋进行经济文化

交流的大通道。其内涵不限于商贸来往，还包括文化（如科学技术、书画、佛教文化）的交流。因此有学者提出"海上丝绸（陶瓷）之路"与"海上书画（佛教）之路"是开放之路，也是历史上宁波区域开放的代名词。研究区域开放对宁波区域文化的影响，不能不首先分析它们对宁波文化的广泛影响。海上丝绸（陶瓷）之路与海上书画（佛教）之路在时间、空间及其内涵上有交叉、重叠，是经济交往中有文化现象、文化交流中有经济载体（佛教文化交流除外）。

海上丝绸之路既是商贸易往来之路，也是文化交往之路；不但交流物质文明，也交流精神文明；这条海上之路时间延续长（自汉代至近现代跨度约2000年）、空间跨度大、交流的内涵丰富、文明样式众多、影响面广泛。海上丝绸之路对区域文化的影响主要体现在物质文化层面，但对其他形态的区域文化也有影响。择其要者，海上丝路对我国的海洋文化、蚕桑文化、纺织文化、服装文化、商帮文化、港口交通文化、建筑文化、妈祖文化、茶文化等都有深远影响。

二、海上丝路对纺织等文化的影响

丝织品及其他纺织品是海上丝绸之路最主要的商贸载体，而同时它们又构成了纺织文化交流的重要文化载体。历史上浙东地区发达的蚕桑文化与纺织文化，为宁波海上丝绸之路的形成准备了前提条件，而海上丝绸之路的长期繁盛，反过来又促进了宁波纺织文化的发展，刺激、推动了它的繁荣。

作为海上丝绸之路的起点之一，历代沿海港口城市向海外输出在当时堪称先进的纺织文化特别是丝绸文化，促进了许多国家、地区纺织文化的发展。比如唐代明州的纺织技术就对日本的丝织漂染技术的提高产生很大影响，这是中国对世界文明的一大贡献。但文化交流是双向的。反过来，作为海上丝绸之路的终点之一，我国沿海城市也受到了外来纺织文化的影响。例如，自唐代以来，宁波也从日本、高丽、越南等地输入采用中国原料织造的丝纺品（如高丽毛丝布、高丽绢等），并从其他国家如印度尼西亚、柬埔寨、伊朗等国进口毛驼布、番花旗布、袜布、毛丝布、木棉布，从英国输入棉纱，从荷兰进口水抄布，从美国输入花旗布等。这些纺织品的进口，既丰富了国内纺织品花色、品种，有利于浙东地区学习外国织造技术，也有利于提高国内纺织技术水平，提升纺织文化档次。尤其是国外的王公贵族对中国高档丝织品有消费需求，国外市场对中国纺织品有数量与质量上的需求，借助海上丝绸之路的传导，这些需求也有利于刺激、促进浙东地区扩大纺织业规模，增加纺织品花色、品种，提高纺织文化水平。

海上丝路对服装文化的影响显著。服装生产属于一种经济活动，但服装生产过程中有文化因素参与，服装本身也体现了人的审美情趣、文化追求、民族文化特色和生活方式，因此服装文化无处不在。海上丝绸之路对沿海地区服装文化的影响主要体现在：一是海上丝路的繁盛刺激了江南一带蚕桑业与纺织业的发展，为服装业发展提供了历史的、物质的基础；换言之，蚕桑文化与纺织文化的发达导致了我国服装文化的发达。二是经海上丝路向我国进口了来自日本、高丽、东南亚、伊朗乃至荷兰、英国、美国的各色织物、布料，也为我国服装文化的发展提供了物质条件。三是近代以来欧风东渐，西方的服装样式特别是西服经由海上丝路，被介绍到中国来。它首先在上海登陆，然后影响腹地，影响了我国服装文化。

海上丝绸之路的依托载体是海洋，古人将沿着海丝之路来华进贡或贸易的外国人称为"海人"或"海商"。海丝之路的开通与繁盛，给历史上沿海地区的区域文化刻上了海洋文化的鲜明印记，也使沿海地区的海洋文化从史前时代的海洋文明进入到以东西方文明对话为主要内容的海洋文明时代。由此，沿海的区域经济文化便带有了农耕文化、商贸文化、海洋文化的多重色彩，具有"海纳百川"的鲜明开放性特征。

海上丝路对我国沿海港口交通文化的影响明显。优良港口与先进的造船、航海技术，是海上丝路繁盛的前提条件，而日益繁盛的海上丝路反过来又促进了港口交通文化的发达。在港口发展方面，五口通商口岸是中国最早开辟港口的城市。"五口通商"以后，沿海口岸更是彰显其在全国外贸港中的重要地位。由于海丝之路的推动，我国沿海地区自古以来拥有在当时先进的造船与航海技术。我国沿海先民造船历史可溯到六七千年前，秦汉时期就能制造各式船只，隋唐时代能造更大的海船，成为世界重要的造船基地。到宋代，江浙沪的造船技术与航海技术都在全国居于领先地位。从那时开始，长江三角洲地区成为全国造船中心之一与航海运输中心之一。这一切都说明，由于海上丝绸之路的兴盛，我国因海上航运而兴起，赖港口而兴旺。可见，海丝之路也刺激、促进了我国沿海地区港口交通文化的发展、兴盛。

海上丝绸之路对宗教文化的影响也是明显。沿海地区是国内最早接纳妈祖文化信仰的地区之一，这与古代海上交通贸易的兴盛尤其是海上丝绸之路的开辟有密切关系。妈祖原名林默，是福建莆田湄洲岛人，相传她升天后，常着红衣显灵海上，为船民护航救难，人称天后、天妃，俗称妈祖。自北宋以来她逐渐成为沿海百姓崇祀的海神，其影响还通过华侨远播东南亚及欧美各国。妈祖的信奉者从最早企求天后救难扶危、保佑海上平安扩展到期望她济世救难、庇民救国，从而倡导一种同舟共济、救死扶伤、见义勇为、助人为乐和忘我无私的大无畏精神。经过千年的传播、升华，她已经转化为一种影响深远的文化现象，成为中华民族传统文化的一个组成部分。据史料记载，北宋宣和五年（1123 年），给事中路允迪出使高丽返回途中遇险，为妈祖所救。为此，宋徽宗挥毫钦赐"顺济"庙额，妈祖故事传遍朝野。宋绍熙三年（1192 年），北号船帮一位福建船主在我国沿海一带建了一批天妃宫（现不少已毁）。例如，清道光三十年（1850 年）在现址又建庆安会馆。它又称"北号会馆"或"甬东天后宫"，宫馆合一，这是宁波北号航运商团的行业会馆，又是供奉妈祖的天后宫，实质上是借助妈祖这种神力作为开展海上贸易活动的支撑力量。作为妈祖文化的载体，庆安会馆不但充满底蕴深厚的民间信仰文化，而且规模宏大，建筑精美，对沿海的海交文化、商贸文化影响深远，成为海上丝绸之路重要港口城市的历史见证和标志性建筑。

海上丝路对我国茶文化的影响也很明显。正如京剧被称为国剧、丝竹被称为国乐一样，饮茶被称为"国饮"，它们都是中国的国粹。海上丝绸之路不仅把茶叶作为大宗货物加以交流，把中国茶叶出口到国外去，而且还交流茶道，把中国的品茶法输入日本、高丽。所以海上丝路又称为"海上茶路"。而茶道的交流主要靠日本僧人来完成。如唐代中叶，日僧最澄自天台山经明州携带茶种返日，成为"茶禅"入日始祖；1191 年，日僧荣西从浙东带茶籽回国种植，并著《吃茶养生记》上下两卷，把中国饮食习俗与方法介绍到日本，被尊称为日本的"茶祖"；日僧道元自宁波天童寺带去茶禅清规，在日本永平寺创立"永平清规"，为中日间茶文化交流作出了贡献。借助于海上茶路对外的茶文化影响，反过来同样促进、推动了沿海地区茶叶种植的技术、品种及饮茶法的改进，促进了沿海地区茶文化的兴盛。

三、海上陶瓷之路对区域文化的影响

海上丝路上交易的大宗货物之一是中国的陶瓷，故又称为"海上陶瓷之路"。它对区域文化的影响，主要体现在对沿海陶瓷文化的影响方面。瓷器的发明，可以说是中国对人类文明的贡献，世界上第一个发明瓷器的国家是中国，而江浙地区是中国瓷器的发祥地之一。早在商周时期，这里就成功地烧制出原始瓷。以后经过不断地创新、发展，在汉时出口成熟的青瓷，到唐五代时期，江浙制瓷业达到鼎盛，并形成了"南青北白"的制瓷业格局。南青主要指越窑青瓷，尤以产自浙江省慈溪上林湖的最为著名，有"九秋风露越窑开，夺得千峰翠色来"之美誉。一个日本学者也称赞"上林之窑盛天下"。据国外有关考古资料表明，至少在魏晋时代，越窑青瓷就外传到了朝鲜半岛，在日本、泰国、菲律宾、印度尼西亚、越南、印度、柬埔寨、伊朗、巴基斯坦、斯里兰卡、也门、伊拉克、埃及、苏丹、西班牙等亚洲、非洲及欧洲 20 多个国家地区中，都留有越窑青瓷的历史足迹。当时浙东生产的越窑青瓷，固然有相当一部分是作为上贡给朝廷的贡品，但也有相当一部分作为货品交流到国外去。越窑瓷器不仅对中国瓷业发展产生过深远影响，而且也是在古代中国与世界各国人民友好交往中输出最早、影响最大的瓷种之一。各国正是从陶瓷中认识中国，从越窑青瓷中认识中国沿海地区的。越瓷青瓷的大量输出，不仅对各国人民的物质生活产生影响，也对他们的精神文化产生深远影响，改变了他们的文化审美观。与此同时，有的国外人开始仿造青瓷。各国人民热爱越窑青瓷的风气及越窑瓷器的高昂身价，反过来推动、刺激了江南制瓷业的进一步繁荣与制瓷技术水平的提升。越窑青瓷之所以持续了一千多年的历史，制瓷技术之所以达到了炉火纯青的地步，除了进贡需要之外，海上陶瓷之路的持续繁盛也是一大原因。

人的交流是精神文化传递的主要因素。在"五口通商"前，随着世界地理大发现与海上新航路的开辟，欧洲的天主教耶稣会士便随着 16 世纪葡萄牙、荷兰等国的扩张势力，来到中国沿海地区。以后来华的传教士人数有增无减，其活动范围不断扩大。《南京条约》签订后，未等教禁解除，西方传教士更是争先恐后地涌入宁波。这些传教士一般都具有较高的文化素养，除受过严格的宗教训练外，他们中的一部分人还具有较广博的科学知识，有的人本身就是自然科学家。如明清之际来宁波传教的阳玛诺就是当时有名的物理学家与天文学家。他们来华传教，本意是宣传宗教信仰，输出基督教义。但他们在华创办报刊、开办学校和医院等，客观上也宣传了科学知识，充当了中西文化交流的媒介，一定程度上推动历史上沿海地区科教文化的进步。

四、国际贸易与民俗和人才等文化交流

民俗是一个民族或群体的文化意识的习俗化。区域民俗文化是一个民族或一个区域的社会群体在长期的共同社会生活、共同生产实践中逐渐形成并世代传承下来的一种较为稳定的地方文化事象。它包括耕织民俗、居住习俗、丧葬

习俗、祭祀信仰习俗（庙会习俗）、婚嫁习俗、饮食习俗、节日庆典习俗、服饰习俗、娱乐习俗等。具有群众性、世俗性、稳定性，但却存在一种与外来文化互融的机制，是稳定性与变异性的统一。民俗并非千年不变，也是与时俱变的。民俗文化的交流同样也是双向的。历史上由于沿海的国际贸易活动，一方面沿海的民俗文化影响到海外，特别是日本、高丽；另一方面，沿海的民俗文化也受到外来影响，并发生某种嬗变。随着国际贸易带来的国际交往，导致区域的文化转型显著。"文化转型"指的是在文化演进过程中，新的文化元素产生，旧的文化元素被"扬弃"，从而导致新旧文化形态更替、不同文化风格及特点的转换。浙东学术文化演进的三个阶段既体现了文化的客体（自然地理环境与社会环境）开发、开放程度的不断提升，也体现了文化的主体知识、学术结构的开放性向度的不断拓展，二者缺一不可。同时，在这两方面因素的共同影响下，江浙的学术文化还实现了两次转型：第一次是自唐末五代至南宋初年，历时三个世纪，由原始的未开化形态向"古典的精致化形态"的转型，其文化性格也经历了由被动接受外来文化到积极消化以至变革创新的变化，从而使江浙成为全国一个较有影响的文化次中心地区，逐渐使江浙由文化输入区转变为文化扩散区。第二次是自明代中后叶至 20 世纪初历时四个世纪的由"古典的精致化状态"向"近代的世俗化状态"的转型，从而使江浙在明清时成为全国学术重镇，对中国传统学术文化贡献良多。

　　这种变化主要通过人才来实现，人才体现为一种文化。人才的培育、成长及其作用的发挥，人才的学习环境、知识结构、发展空间，都离不开文化因素，尤其是离不开开放性的人文环境。因而人才文化发展与区域开放程度是紧密相关的，可以说"开放造就人才，封闭埋没人才"。区域开放导致的多元文化的碰撞、交汇、涵养，是促进人才辈出的重要条件。经济社会环境的封闭或开放与人才消长呈正相关态势，这实质上揭示了人才消长的客观规律。从历史上来说，人才高发区往往出现在历史上相对开放时期的开放区域：唐代长安作为开放性的国际性都会，涌现了一大批至今仍有广泛影响的文学艺术人才，出现许多伟大的诗人。清代晚期，由于洋务运动与"五口通商"，使东南沿海一带得风气之先，在广东、福建涌现出一批"睁眼看世界"立志维新或革命的一流人才：广州一带出现了郑观应、容闳（我国留学生运动奠基人）、梁启超、康有为、谭嗣同、孙中山等；福州一带涌现出林则徐、沈葆桢、严复、林旭（"戊戌六君子"之一）、林琴南（著名翻译家）、辜鸿铭、林觉民等，以致史上有"晚清人物出侯官（即今福州）"之说。有学者从人才地理学角度研究历代状元的分布规律，发现北宋以后经济文化中心开始南移，状元大多分布在沿海地区与开放性的交通要冲。如广西历代只有 8 个状元，其中 6 个来自桂林，原因是自秦始皇修灵渠起，桂林便成为中原文化南下岭南、漓江地区的必经之地；宋代以后福建东部沿海成为状元集中地，而浙江的状元在明清两代共有 40 人，主要集中在杭嘉湖平原与宁绍地区。近代以来，浙江更是涌现出一批在中国文化史上占有重要地位的文化名人、科学巨匠。这一切，无不证明了人才消长与区域开放度之间的正相关关系。

在开放的社会宏观大环境背景下家族性的人才"共振"与"群发"，构成了历史上区域人才文化的一道独特景观。由于共同的家学渊源与"书香传世"的传统，以及相近的开放性人文环境、爱好、性格、知识结构、思维方式、先天禀赋等原因，历史上出现过众多同一家族名人辈出的现象，一座家门内出现数个天文学家、藏书家或父子同为数学家、兄弟同为文史专家的奇迹屡见不鲜。如浙江省余姚的虞氏家族人才群体尤为引人注目：前有易经学家兼天文历算家虞翻，中有著名天文学家虞耸、虞喜，以及经学、史学家虞预、虞荔、虞愿、虞僧诞，文学家虞炎，后有著名史学家、书法家虞世南等数十人，虞氏人才的研究领域涉及经学、史学、文学、诸子学、天文学、历法学、金石学、医药学、饮食娱乐文化等。正如一史家所言："吾邑世家之盛未有虞氏者也。"又如，南宋时浙江鄞县史氏一门相继出现了 3 名宰相，其中有敢于为岳飞冤案昭雪的著名政治家、诗人史浩。假若缺乏相对开放的社会环境，缺乏开放与海纳兼容的文化胸怀，缺乏"走出去"闯天下的气魄与开放性的知识结构，很难想象会涌现出如此之多的家族性人才群体。

建筑作为文化的载体，折射出它的植根的文化的内在精神品质，建筑往往体现为城市的特色、时代的标志，建筑文化的交流、发展离不开国际的开放、交流。著名建筑学家梁思成说："建筑之规模、形体、工程、艺术之嬗变，乃其民族特殊文化兴衰朝夕之映影；一国一族之建筑适反鉴其物质、精神继往开来之面貌"。我国沿海城市，比如浙江的宁波作为唐宋以来我国著名的对外交往口岸，一方面，传统建筑文化（包括佛教建筑文化）对日本、高丽等周边国家曾产生过重大影响；另一方面，明清以来随着外来建筑文化的传入，宁波逐渐出现了一些中西合璧式的或西式的近代建筑，对当地传统的建筑形式及特色形成了较大冲击，带来了新的建筑元素，推动了宁波建筑文化的发展。

梁启超在谈到"地理与文明之关系"时说："海也者，能发人进取之雄心也，陆居者以怀土之故，而种种之系累生焉。"所以他认为"濒海之民"比陆居者"活气较胜，进取较锐"。历代我国开放通商的近海环境造就了商人开阔的视野、海纳百川的胸襟和不断进取的精神；同时由于地狭民稠，穷则思变，沿海地区的人大都不愿固守本乡，而是四出经商。例如，明清以来，宁波人纷纷外出经商，在民间已习以为常。一直到民国时期民间还保留着这一传统，即男孩子十几岁仍不出门，就被认为没有出息，甚至连媳妇都娶不到。因而宁波商人勇于闯荡天下，敢当"弄潮儿"，四海为家。《鄞县通志》记载："甬人具有冒险性，都习海善航，以是与西人接触早"；"能人民性通脱，务向外发展。其上者出而为商，足迹几遍国中"。《定海县志》也说这一带人具有"冒险之性""航海梯山，视若户庭。光宣以来，商于外者尤众，迩年侨外人数，几达十万"。无论是从宁波商帮活动地域的不断拓展、从经营行业不断拓宽特别是勇于进入新兴行业来看，还是从其商业资本大量投向新式工商企业来看，无不证明了宁波商帮的开拓进取精神。他们中有的白手起家、不畏困难，历尽筚路蓝缕、艰辛创业之苦，终成大业。如上海"五金大五"叶澄衷出身贫寒，先后做过油坊学徒、杂货店员、摇过小舢板，后独具慧眼经营五金业发迹；朱葆三14岁时因家境困难随乡人到上海，从学徒干起，自学了语文、珠算、英语、记账、商业尺牍和书法，最后成为上海滩的工商巨子。他们中有的勇于开拓、敢于冒险，不同于传统商人的守滩式经营作风。如被誉为"火柴大王"的刘鸿生年轻时担任开平买办职务，冒着被柴民乱棒打死的风险，前往宜兴推销煤炭，先后花数万元为窑户免费修建新窑和安排柴民生计，使开平煤炭在盛产陶瓷的宜兴窑区得以畅销；又如中国化学工业社创办人方液仙不顾父亲反对，毅然投资新兴的日用化学品，几经磨难，终获成功，走出一条不同于方氏家族传统钱庄营业模式的新路。宁波红帮裁缝的闯荡、创业海内外各大码头，在沪众多甬籍商人纷纷投资新式工商业（如宋炜臣创建火柴厂、硝碱制造厂，项松茂投资药皂厂、制药厂、造酸公司等），创造中国民族工业的许多"第一"（如第一家金笔厂、钟厂、电灯厂、味精厂、自来水厂等），以及中国香港的董氏、包氏家族进军航运业等，无不体现了这种开拓进取精神。

总之，在国际贸易开放的大环境下，近代中国商帮创造了辉煌的商帮文化、商业文化，丰富了中国商帮文化乃至中国商业文化的内涵。

第八章

沿海和沿边国际贸易区域
财富效应的比较

改革开放 40 年，我国东部沿海到西部边疆各地根据自身的优势，结合开放型经济发展的动力，形成了许多动力主导型的开放型经济模式。这些模式及其经验教训值得关注和研究。目前，比较突出的模式主要有：宁波模式、浦东模式、厦门模式、东莞模式、温州模式、苏州模式等①。这些模式按其发展的动力可以归纳为：（1）内源型发展模式。这种模式是指以区域内的资源、技术、产业和文化为基础，以区域内的本土企业发展为本的经济发展模式。内源型发展是从地区内部寻找发展的源泉和根本动力，其财富效应具有根植性。（2）外源型发展模式。这种模式是指充分发挥开放优势，通过一定的优惠政策和特殊的区位优势，以出口为导向，促使外贸快速发展，以向境外投资带动出口，积极开拓国际市场，促进该地区的商品出口和经济快速发展。外源型发展是从地区外部寻找发展的源泉和根本动力，其财富效应具有外植性。

第一节　浙江对外开放的财富效应

一、浙江沿海开放的历史脉络简评

浙江省在中国对外开放的历史格局中具有举足轻重的地位，既是近代中国沿海开放的代表性区域，也是中国东部对外开放的枢纽地带。浙江省是我国开展海外贸易最早的省份之一，追其起始，约有 2000 多年的悠久历史。

---

① 于培伟. 对外开放三十年［J］. 经济研究参考，2008（5）.

　　改革开放后，1978 年浙江被正式批准为对外贸易口岸，成为全国实行对外开放最早的省份之一。1978 ~ 1991 年，浙江主要采取出口导向战略，主要鼓励以创汇为主导的出口型产业；试行出口退税制度，通过关税、进口许可证、外汇管制、进口商品分类经营管理、国营贸易等措施限制进口。

　　1992 年邓小平南方谈话后，浙江对外开放进入加速阶段。1992 年，浙江省委、省政府出台《关于加快浙江改革开放和经济发展的若干建议》，提出了"三市率先、突出重点，依托港口、两线拓展，梯度推进、全面开放"的战略决策。从 1992 年开始陆续建立了 52 个省级经济开发区，并于 1994 年出台了《关于加强省级开发区建设和管理的暂行规定》。在 2000 年 5 月，经国务院批准，杭州出口加工区成为全国 15 个出口加工试点区之一。到 2000 年底，浙江全省已有 3138 家企业获得进出口经营权，全省进出口总额从 1992 年的 50 亿美元增加到 278.3 亿美元，为中国加入 WTO 准备好了企业基础。

　　2001 年中国加入 WTO 后，浙江省开放经济进入更大范围、更广领域、更高层次上参与国际分工阶段。首先对原来经过国务院和省政府批准的开发区进行了审核评估，压缩了规划面积，突出了产业特色，重视外贸发展的规模、效益和进出口的平衡。

　　改革开放 40 年，浙江领先进行市场化改革，成功走出了一条开放型经济发展之路。首先，开放型经济规模实现了跨越式发展，开放型经济大省的地位在发展中得到确立与巩固。1978 ~ 2017 年，浙江进出口总额从 0.7 亿美元增长到 4063.4 亿美元，外贸大省的地位进一步确立。其次，开放型经济结构不断优化，对外开放的层次不断提高。改革开放 40 年，浙江不断推进产业结构升级，在大力培育轻纺、工艺等具有比较优势的产品出口的同时，加快发展机电产品和高新技术产品的出口；市场地区结构不断拓展；服务贸易、投资合作各种领域不断拓宽。

　　改革开放 40 年，浙江在建设公共服务平台、产业发展平台等方面实现突破，开放型经济发展的载体越来越完善。首先，公共服务平台更趋完善。40 年来浙江省搭建了一批诸如浙洽会、消博会、义博会、食博会等贸易投资促进平台，这些平台成为展示浙江企业形象、吸引国内外客户的主要平台。其次，产业投资平台不断发展。自 1984 年设立宁波小港经济技术开发区后，浙江全省已经兼有 20 多个国家级的开发区，基本形成了布局合理、层次分明、种类齐全、相互支撑的区域开放支撑平台。再次，开放环境不断优化。以开放促改革，开放型经济的发展环境不断优化。通过加入 WTO，对不符合国际规则的和不符合中国入世承诺的法规、规章和政策措施进行了全面清理，出台了《浙江省标准化管理办法》《浙江省反不正当竞争条例》两项地方法规和《浙江省检验机构管理办法》《浙江省社会中介机构管理办法》《浙江省动植物检疫实施办法》等一批政府规章，创造了良好的制度环境。最后，政府服务能力和行政效率不断提高。改革开放 40 年浙江省不断建立和完善行为规范、运转协调、公正透明、廉洁高效的行政管理体制，培育和完善与国际市场相统一的市场经济体制，各级政府大刀阔斧地进行了一系列改革。

二、浙江沿海开放型经济的主要特征

浙江经济发展的核心是实现开放性，其必由之路是多功能发展外向型经济。浙江开放经济的主要特征如下所述：

（一）民营企业出口为主是浙江外贸的结构性特征

浙江民营企业出口占比高出全国 1 倍，这主要是因为浙江在国内比较早实现了市场微观主体的民营化改革。1998 年 10 月，国家发布了《关于赋予私营生产企业和科研院所自营出口权的暂行规定》，标志着民营企业外贸经营权许可。在外贸出口管理体制改变后，浙江省的非国有企业出口迅速超过国有企业。外贸企业多数是改革开放以来发展起来的乡镇企业，规模一般都不大，对国际市场动态的反应比较敏捷和灵活，能够比较及时地转换产品品种和开辟新的国外市场，主要从事纺织服、玩具、文教用品、塑料模具、灯具等行业，逐步形成"轻、小、民、加"（即产品以轻纺产品为主，形成小商品大市场，民营经济快速发展和分工协作的加工业发达）的产业特点，民营经济占比例高的经济格局，其集体和私营企业的进出口在全省外贸中发挥了重要的作用。

（二）一般贸易为主的特征显著

一般贸易是指我国境内有进出口资格的企业单边进口或单边出口的贸易，指扣除加工贸易之外的通常进出口贸易。不同于加工贸易主要以保税形式进口原材料在国内加工后出口。长期以来，浙江一般贸易出口占出口总额的 70%以上，而全国这一指标在 40% 左右。一般贸易为主的贸易形式对本地产业带动的能力相比加工贸易要强，产品附加值高，出口波动性小。但一般贸易出口产品档次难以提高，容易产生低价竞销和国际贸易摩擦，而且对出口退税政策敏感。

(三) 外贸发展"内源型"驱动特征

所谓内源型，是指开放过程中，开放的主体和开放的节奏主要掌握在内源经济手中。浙江之所以选择这种内源型开放有其内在逻辑。改革开放初期，浙江作为"东海前哨"，国家级大型项目和企业极为稀少，而且浙江省自然资源拥有量排在全国倒数几位。浙江主要依靠自身力量发展，逐步壮大，外贸企业多为规模小、抗风险能力差，因此必须调整外贸企业的结构，加快大型外经贸企业集团建设，加快小企业的兼并、联合、改组、改造。浙江走内源型之路，可以从开放主体、开放资源利用、开放结构等方面进行观察。民营企业是开放的主体推动者，民营企业无论在国际贸易还是投资合作中都起到了主体作用。浙江按照自己的比较优势逐步实现从封闭向开放转型，属于顺比较优势而为的开放，其贸易结构与区域产业高度吻合，是典型的内源自主性的市场拓展性开放。

(四) 块状特色经济的空间特征

块状经济是指在一定地域范围内，形成特色产业，有明显的专业化产销基地，并由特色产业带动当地经济和社会发展的一种区域经济组织形式，它是农村工业化的产物，是民营经济市场化与工业化、城镇化结合的内容。其典型特征是专业市场与地方特色产业专业生产基地互为依托，其贯穿发展过程的动态优势使产品结构、产业结构、企业结构和市场结构之间始终保持着很好的对接。浙江的块状经济萌芽于 20 世纪 50～60 年代，发展于 80 年代、形成规模于 90 年代，是介于市场和企业之间的组织形态——产业集群。浙江经济之所以能保持持续快速增长，成为全国经济发展最具活力的地区之一，很重要的一个原因就是块状经济的迅猛发展。

这一类型的块状经济，产品的生产是为了找到适合的市场，宁波块状经济发展初期，依托专业市场形成不同规模、档次和质量品种的同类产品的集聚。在块状经济发展初期主要依靠市场的自发形成，即通过专业村型→专业市场型→纵向配套型逐步发展成产业发展链；而在后期做大做强过程中政府的推动发挥了主要作用，即通过工业园区型→主导企业带动型→产业带状型 3 个提升发展链，在市场自发形成过程中，块状经济的技术含量比较低，而在政府推动过程中，企业的技术和品牌等都上了一个新台阶。当外贸经营权放开后，这些块状经济很快吸引了大批国际贸易经销商（义乌市场最具代表性）。

三、浙江沿海开放的财富效应

改革开放 40 年，国际贸易对浙江的发展贡献十分明显。

第一，对外贸易构成浙江省经济增长的强劲引擎。根据国家统计局的税收模型测算，出口每增加 1 个百分点，在大约 2 年的时间内累计带动 GDP 增长约 0.15 个百分点；带动税收增长约 1 个百分点；一般贸易出口每增加 1 元人民币，相应带动税收增加 0.4~0.5 元。按此统计方法，浙江省统计局测算的数据显示，在 2001~2010 年浙江出口贸易带动 GDP 增长 4 个百分点左右，带动税收增长 26 个百分点。

第二，国际贸易对浙江就业增加百姓福祉。外贸对区域就业的影响既包括进出口贸易产生的直接就业效应，也包括由外贸引发的间接就业效应。一般而言，出口贸易能增加就业，进口贸易会挤占就业，加工贸易能扩大就业，外资能引发就业，劳务输出能补充就业。按照国际通行的方法计算，每出口 1 亿美元的产品可提供 1 万人的就业机会。据不完全统计，仅浙江的宁波市与外贸出口企业直接相关部门的就业人数为 140 万，即每 4 个宁波人中就有 1 个与外贸息息相关。外贸不仅影响就业的总量，而且还影响就业的结构。具体表现为：（1）外贸对劳动就业的影响表现出地区性。由于外贸发展的规模和水平具有明显的差异性，使外贸对就业影响程度不同。（2）外贸影响到就业的产业构成。由于发展中国家主要以劳动密集型产品为主，所以这类行业吸收了大量的就业人员，我国广东、福建等沿海地区制衣、制鞋企业吸收了大量民工便是很好的例子。（3）外贸影响就业的波动。

第三，国际贸易通过对浙江工业化的发展促进财富增长效应。一方面，通过对外贸易总量扩张对工业增长的需求起拉动作用；另一方面，通过对外贸易结构改善，如鼓励高技术产品进口和高附加值产品进口，对工业增长的结构起调整作用，从而提高工业增长质量。此外，通过对外贸易平衡区域的供需，如短线产品进口、长线产品的出口，从而促进工业的稳定增长。总之，外贸直接影响着工业发展和财富增长。这些作用中，最为关键的是将一个国家或地区的生产结构和需求结构的联系加以分离或"割裂"。这种分离不仅使消费者取得大于仅由区内生产所可能获得的需求满足效用，而且更重要的是它允许一个国家或地区通过进口取得比仅仅通过国内生产可能取得的更为先进的中间产品和资本物品。特别是对于那些处于工业化发展早期的发展中地区，要在国内生产这些中间产品和资本物品，即使不是不可能，也是很难的。一个地区的工业化必须利用日益增加的"现代"的中间投入，但通过进口比仅仅通过扩大国内生产能够更快地取得这些中间投入，加速工业化的进程。

进一步分析进出口的财富效应。1978～1998年，出口对浙江工业发展的贡献大致可以划分为两个不同的阶段。第一个阶段是1978～1987年，属于比较典型的资源型出口扩张时期。先是恢复在计划经济条件下被扭曲的比较优势部门的出口，即在外需的拉动下，劳动密集型的轻纺工业，以农副产品为原料的传统手工艺品和农村粮油食品加工业迅速地发展。这些行业的扩张带动了农村工业化的发展。1979～1987年浙江乡镇工业以总产值超过20%的年平均速度递增，比全部工业增长速度高5个百分点。乡镇企业个数迅速增多，平均每年新增700个以上。企业规模不断扩大，不少浙江省现有的骨干企业就是当时起步的乡镇企业。乡镇企业充分利用自身经营机制灵活和劳动力资源丰富的优势，走国际大循环的发展路子，到1987年底，全省已有超过千家乡镇生产外贸产品，产品品种有纺织、食品、五金、文体、工艺品等10大类一千多种产品。出口产品绝大部分都是利用当地自然资源和传统工艺的加工品，尤其是以农副产品为原料的商品占相当大的比重。出口贸易的增长给农村发展提供了第一桶金。

第二个阶段是1988年后，特别是进入20世纪90年代以来，浙江出口贸易进入了从资源型出口向加工型出口和结构型出口转换的复合型阶段。在这一时期，首先，原有传统的资源型出口行业，如纺织服装、食品加工、手工艺品等行业在出口的拉动下继续扩张。其次，加工贸易业带动了一批加工型企业的发展。1988年以后，加工贸易的发展，既拓展了工业化的广度，也影响了出口商品的构成。浙江省初级产品出口所占比重直线下降，从1988年占45.28%下降到1988年的11.9%，同期工业制成品比重由54.72%上升到88.1%。这种出口商品构成的变化与出口加工贸易的迅速发展密切相关。

总的来看，出口对区域工业发展的影响主要体现在劳动密集型产业的发展方面，即在工业化广度方面，尤其是在推动农村工业化方面的贡献。或者更确切地说，出口对工业的深化作用是间接的，大量劳动密集型产品的出口为工业化的发展赚取了支付必要的机器设备、技术和管理等要素进口用汇的需要。所以，分析外贸对区域工业发展的影响，需要进一步分析进口与工业发展的关系。

从进口的角度看，外贸主要通过进口成套设备和技术、关键零部件和生产线等，对原有企业进行改造或形成新的企业从而深度影响了浙江省工业化的进程。浙江省进口货物在20世纪90年代以前主要是成套设备及技术、单机及关键设备、原材料及化肥农药。20 世纪 90 年代以后，随着进料加工复出口业务的不断扩大，在进口总额增加的同时，进口种类也不断增多。总的来看，主要有七大类：一是成套技术设备；二是机械电子和仪器；三是钢材、有色金属、矿砂等五金矿产品；四是石油、橡胶、化肥、农药等化工产品；五是纸浆、纸张、人造革等轻工工艺品原材料；六是棉纱、羊毛、合成纤维、服装辅料等纺织原材料；七是棉花、木材、胶合板、动植物油、砂糖等粮油土畜类产品。大量机器设备和中间材料的进口既弥补了过去国内这类产品短缺的瓶颈，也改善了一些老的工业企业。

总之，贸易使浙江可以引进缺乏的生产要素（包括自然资源、资金、人才、技术等）和产品，扩大生产和消费，提高劳动生产率和居民福利。

第二节　云南对外开放的财富效应

一、云南沿边开放的历史脉络简评

云南省在中国对外开放的历史格局中具有举足轻重的地位，既是近代中国沿边开放的代表性区域，也是中国西南对外开放的枢纽地带。近代云南的开放主要是因为受到英、法、日等帝国主义国家的侵略和渗透，被动成为中国西南对外开放的前沿。云南对外开放的主要特征：利用地缘优势，将近代南亚、东南亚殖民地国家的近代交通条件整合纳入对外开放格局之中；形成了以各个商埠为支点，以两条近代交通干线为支撑，三个中心集镇群为纽带的层级开放体系；主要面向欧美市场，外联内引的开放型通道经济发展路径。[①] 云南历史上的开放是一种受外源刺激而生成的由以往历史时期缓慢渐变式向近代突变式开放发展模式的转变。换言之，云南这样处于内陆边疆的省区，外源式发展动力的推动作用是比较明显的。

改革开放以来，沿边开放作为我国对外开放新政策的体现，从经济理论上讲是沿海开放、沿江开放一脉相承的继承和延续，共同构成了我国全方位对外开放格局的整体。1987～1988 年这一构想曾以"内陆边疆地区的开放战略"的提法而问世，后经过补充和完善，到 1989 年春季以"沿边开放战略"的名

---

① 饶卫. 近代云南对外开放格局的形成及其历史意义 [J]. 云南师范大学学报，2017（1）：138－147.

义在全国率先由黑龙江首次提出，得到了学术界、实业界及有关部门领导的支持。1992 年 1 月中央民族工作会议后，我国沿边开放战略被正式确定并实施。1992 年 3 月，开放了黑龙江省的黑河、绥芬河，吉林省的珲春，内蒙古自治区的满洲里、二连浩特，新疆维吾尔自治区的伊宁、塔城、博乐，云南省的瑞丽、畹町、河口和广西壮族自治区的凭祥和东兴镇共 13 个市、镇。形成了沿周边国家的东北、西北、西南三大开放地带，以边贸为先导，以内地为依托，以经济技术合作为重点，以开拓周边国家市场为目标的沿边开放新格局。

党的十七大提出"在不断深化沿海开放的同时，加快内地开放和沿边开放，实现对内对外开放相互促进"。2009 年 7 月，胡锦涛考察云南时提出了"要将云南建设成面向西南开放重要桥头堡"的重大战略。"桥头堡"战略即云南的沿边开放战略上升成为推动云南经济社会全面发展的总体构思。2011 年国务院正式颁布确认广西东兴、云南瑞丽、内蒙古满洲里、新疆喀什作为沿边开放先行先试示范区。至此，在中国的经济、社会有了巨大的发展，中国 GDP 已跃居世界第二，在新的国际经济、金融、政治环境中，在中国新的改革开放格局里，为确保中国经济按科学发展观的要求可持续发展，党中央、国务院从全国改革开放协调发展的战略全局出发，开启了新一轮的沿边开放重点开发开放试验区的规划和建设，标志着我国对外开放进一步深化，沿边开放成为完善我国对外开放格局、推动区域经济协调发展的重大战略。

二、云南沿边开放型经济的主要特征

改革开放以来，云南凭借其丰富的自然资源优势，形成了以矿产资源采选冶、生物资源加工、石油炼化等资源型工业为主的产业体系，为边疆经济和社会的发展起到了一定的积极作用，形成了典型的资源型产业为主题的开放经济发展模式。主要特征为：

一是开放和安全战略地位重要。云南作为我国西南边疆的重要省份，有着对外开放得天独厚的地理条件。云南内接四川、贵州、广西、西藏，外联南亚、东南亚，并通过滇越铁路和滇缅公路直接与越南、缅甸相连，从而为云南的中转贸易提供了得天独厚的条件和基础，近代云南成了中国西南贵州、四川、广西、西藏，甚至是湖南等省区对外开放门户和商品中转枢纽。

二是边疆地区内生资源锁定效应明显。云南地处内陆边境地区，毗邻外国，其区位及区域经济特点不同于其他内陆腹地和沿海地区，区域的空间结构也表现出一定的特殊性。

近代云南对外开放式外源驱动的是在外国压力下的开放。改革开放后，主要依靠内生资源的对外开放。进入 21 世纪后，云南沿边经济开放将主要在沿边经济开放、沿边金融开放和沿边经济金融互动三方面体现。战略价值上，将突显在国家战略层次、沿边区域发展层次、中国—东盟国际合作层次、沿边区域—东南亚南亚国际次区域合作层次四位一体的意义。这要求云南沿边开放的发展方向和发展模式，是基于产业能力的大国影响力传输，基于大通道能力的内外经济合作提升，基于金融能力的大国金融辐射力，基于沿边经济发展能力的沿边开放能力构建，以及基于沿边开放发展战略的大国国际次区域合作的向心力塑造。

三是资源型产业较长时期停滞影响到开放型经济发展。云南省资源型产业发展的特点是产业结构低级化和战略性新兴产业发展滞后；制造业中高技术产业比重小，具有市场前景的产品不能形成系列化，没有形成增长极和产业链；原材料工业占整个工业比重多年来一直呈上升趋势，而加工工业则呈下降趋势。具体看：（1）产业结构仍处于较低层次。云南省资源型产业和企业对资源产品的深加工程度低、链条短，附加值高的产品比重小，过度依靠简单粗放的"开采和卖初级资源"获取利益，产量居全国前三位的优势产品糖、磷矿石、锡、铅、锌、铜等均是初加工，精深加工较少，不仅面临资源和环境的双重制约，而且抗市场风险的能力较弱，例如，有色金属采选与加工之比为1∶1.4，低于全国1∶2.7 的水平，资源转化率低于全国平均值14 个百分点；云南铜矿产量占全国的29.1%，铜金属产量只占全国的13.2%，而铜加工产品产量仅占全国的2.2%，加工率只有全国平均水平的16.7%。[①]（2）自主创新能力低。云南省科技投入相对较少，长期低于全国的平均水平。同时，知识产权产业转化率低，技术原始创新及集成能力弱；企业开展自主创新所需要的各种要素分割在各种社会组织中，未得到有效整合；企业与高校和科研机构之间缺乏有效合作，造成科研成果与市场脱节，而企业受自主创新能力的限制，自主知识产权和核心技术不多，产业结构升级及产业结构调整受技术创新能力的制约程度较高。（3）产业关联度和融合度较低。支柱产业未能有效带动相关产业发展，龙头企业带动力不强，没有带动同属一个价值链和技术传递链、既有横向关联又有纵向关联的相关中小企业与之进行配套发展，而相关中小企业没有主动与产业龙头企业进行产业配套，产业发展后续无力，产业配套能力差，很多大企业的本地配套企业不到30%。产业集群发展滞后，产业链尚处

---

① 康云海，马勇．云南经济发展报告（2008～2009）［M］．昆明：云南大学出版社，2009（6）：171.

于发育阶段，上下游产业的重组融合衍生发展不足。（4）资源供给有限，资源保障程度下降。随着云南省工业化进程的加快，矿产资源消费需求快速增长，然而，云南省矿产资源现状不容乐观，资源总量不足，保障程度不高；人均资源量占有低，需求压力巨大；资源禀赋不佳，开发利用难度较大；用量较少的矿产资源丰富，大宗矿产储量不足。因此，鼓励和引导企业通过引入高新技术或自主技术创新来延伸资源型产业的产业链，加强精深加工，提高产品的附加值，是云南省产业结构升级面临的重大问题；同时，如何培育和发展具有高附加值的战略性新兴产业，以提升云南省产业竞争力，也是云南省产业结构优化与开放经济的重大问题。

四是对外开放与民族民生发展有机联动。云南的对外开放发展中，带动了云南民族地区近代社会的转型与变迁，并在很大程度上改变和改善了民族地区生活物资补给方式和获得途径，从而促使大批本土民族商人队伍的产生和壮大，由此又促使着云南对外开放的影响向更边远的山区腹地扩散波及，推动着云南各民族在对外开放进程中的参与性不断发展，充分展现了云南对外开放与边疆民族发展之间的联动风貌和影响成效。今天的云南在党和国家的支持下深化对外开放要早日建成中国面向南亚东南亚的辐射中心，就需要重视这个历史经验，将对外开放深入推动与我国边疆及周边国家各民族民众的民生改善提高有机衔接起来，切实推动以民为本、惠及民生的对外开放合作发展。这既是历史经验的总结，更应是当前我国边疆民族地区对外开放发展的重要指向。

三、云南沿边开放的财富效应

2010 年云南沿边地区外向型经济规模合计为 298866.14 万美元，占当年全省外向型经济的比重为 18.13%，但同期沿边地区 GDP 合计为 3045901 万美元，占全省的比重为 28.54%，显然沿边地区外向型经济总量在全省比重明显偏低，沿边地区外向型经济发展严重滞后，并没有随着经济增长而同步增长。横向来看，云南沿边各州市与同属沿边地区的广西防城港市、内蒙古呼伦贝尔市、新疆喀什地区的 284075.64 万美元、267481.8 万美元、92739 万美元的外向型经济总额相比较，差距就更大了。

从省内看，2010 年云南沿边地区的德宏州外向型经济规模最大，达到 125840.4 万美元，位居第一，红河州和西双版纳州分别排第二、第三名。排名居末的是怒江州，外向型经济总量仅为 2386.79 万美元。排名第一的德宏州外向型经济总量是怒江州的 52 倍，且在整个沿边地区所占比重高达 42.53%，它与红河州、西双版纳州占比之和达 76.54%，占了沿边地区外向型经济的绝大份额，其他州市总量规模很小，所占份额极低，事实上沿边地区外向型经济主要是由德宏州、红河州、西双版纳州构成的。由此可见，沿边地区外向型经济发展不平衡，区域内差异非常大。

云南沿边地区外向型经济构成分析。2010 年云南沿边地区外向型经济构成中，外贸进出口占 83.06%，国际旅游占 13.26%，外商直接投资仅占 3.69%。外贸占绝对主导地位，国际旅游和外商直接投资所占比重极低，特别是外商直接投资。况且，在沿边地区外贸进出口中，70% 是通过边境贸易取得的，边境贸易占外贸的主要部分，且 90% 的出口商品是由国内其他地区生产提供；而进口货物的 90% 以上是销往国内其他地区，只有极少部分就地加工生产、消费，进出口产品的本地化程度很低，外贸加工业并不发达，一般贸易比重就更低，外贸进出口对经济增长的贡献很弱。

对开放型经济的人均水平进行衡量分析，可以了解和掌握云南沿边地区各州市外向型经济水平的真实水平和差距。云南沿边地区与全省、其他沿边地区的比较分析，沿边地区人均 GDP 占云南省人均水平的 71.39%，经济发展水平差距不是太大，但人均进出口仅占 45.98%，人均 FDI 占 20.53%，人均国际旅游收入占 60.43%，总体上开放型经济的人均收入占全省人均比重只有 45.34%，在人均水平上沿边地区与全省的差距特别大。而同期广西防城港市、内蒙古呼伦贝尔市、新疆喀什地区的开放型经济的人均总水平分别达 3302.82 美元、1050.51 美元、233.05 美元，广西防城港市开放型经济的人均水平占人均 GDP 的比重高达 60%。由此可见，与其他沿边地区相比较，差距就更大，更不用说与全国、沿海地区的比较了。

内部的比较看，按人均计算，沿边地区八个州市外向型经济水平的位次发生一定的变化。德宏州外向型经济一州独大，无论是从总量规模还是从人均水平和占比，稳居云南沿边地区的第一名。但由于人口基数，红河州、西双版纳州二、三名位次及文山州、怒江州的七、八名位次对换，其他州市不变。位列第一的德宏州的平均水平是全省平均水平的近 3 倍和末位的文山州的 37 倍，而文山州还不到全省平均水平的 8%。可见沿边地区内部的外向型经济发展水平参差不齐。

云南沿边地区外向型经济构成分析。2010 年云南沿边地区外向型经济结构与云南省相似。但三大指标的排序不完全一样，除外贸进出口占绝对优势位列第一之外，云南沿边地区的人均国际旅游收入在外向型人均水平中占 13.25%，比云南省平均的 9.95% 高 3 个百分点，排在第二，而云南沿边地区的人均 FDI 在外向型人均水平中仅占 3. 69%，比云南省平均的 8. 14% 又低 4. 5 个百分点。这充分说明，沿边地区由于经济基础薄弱、投资软硬件条件不好、交通不便，利用外资的能力弱、规模有限，建设资金严重不足，拖了沿边地区外向型经济发展的后腿。但区位优势明显、旅游资源丰富，所以，经贸往来便利，外贸进出口和旅游业都比较发达。

　　从资源环境的要素评价看，资源丰富的地区主要集中在沿边对外开放经济带的西部和西北部县市，其优势资源包括水资源、旅游资源及森林资源等，资源较为匮乏的地区主要集中在东南部县市，但这些地区耕地资源和矿产资源相对较丰富；生态环境状况较好的地区主要集中在沿边对外开放经济带的西北部和南部县市，这些地区森林覆被较好，土壤侵蚀、水土流失程度较轻，拥有众多国家级、省级自然保护区，生态环境极为重要，生态环境状况较差的地区主要集中在西部和东南部县市，这些地区森林覆盖较低，土壤侵蚀、水土流失较严重，生态环境脆弱。从资源环境的综合评价来看，云南沿边对外开放经济带资源环境基础总体上处于一般水平，资源环境基础较好的地区主要集中在西北部县市，较差的地区主要集中在东南部县市，资源环境基础的区域差异显著。无论从要素评价还是从综合评价看，云南沿边对外开放经济带资源环境较为复杂且空间差异显著，出现了"富饶的贫困"现象，即资源丰富、生态环境状况较好的地区其发展较为落后。资源型地区的发展，要在强调"以人为本"实现"全面协调可持续"的科学发展观的指导下，兼顾国家的支持与帮助和区域自身资源环境的合理、持续开发利用，要使丰富的资源环境基础为地区经济社会发展做出应有的贡献，才能逐渐扭转"富饶的贫困"的局面，真正实现"以人为本"的"内生型"全面协调可持续发展。

第三节　区域对外贸易的财富效应比较

一、沿海和沿边贸易的区域财富效应：浙滇比较

　　改革开放 40 年来，我国经济增长的速度令人瞩目，居民收入总体水平也呈现出快速持续增长之势。然而，地区间收入差距更为突出，东部发达地区与中西部欠发达地区的收入差距十分巨大。我们认为，造成这种现象的一个主要原因就是各地区间经济的开放程度不同，也就是所谓外向型经济发展水平的不

同，浙江省和云南省的比较，1978 年浙江省 GDP 总额 123.70 亿元，排位全国
12 名，人均 3298 元，排全国 18 位，同期，云南省为 69.05 亿元，排位全国
21 名，人均 2233 元，排全国 21 位。但到 2015 年，浙江省人均 GDP 达到
42886 元，位列全国第 4 位，云南省人均 GDP13717 元，排名全国第 25 位。

从以上数据可以基本判断，1978 年浙江省和云南省财富水平在国内处于
同一个层级，从自然资源禀赋看，浙江总体不如云南，从各种政策看，浙江属
于沿海开放的第 2 批，最早宁波港为沿海 14 个开放口岸，云南属于沿边开放
第 1 批，瑞丽市我国第 1 批陆路边境口岸，时间总体处于同一时间段。

差距拉开与区域开放度有关。根据赵伟对各省区市国际开放度的测算，浙
江省开放指数为 135.5，排全国第 7 位，云南省的开放指数为 53.1，位列全国
第 19 位。① 云南对外贸易额小，2018 年浙江省进出口贸易总额为 25600 亿元，
是云南 1580 亿元的 16.2 倍，主要是云南对外贸易的拉动效应小。

二、不同贸易方式的区域财富效应：浙粤比较

我们选取了浙江和广东两个省份作为观测对象，这两个省是中国的经济强
省，普遍的观点是，浙江以一般贸易为主，广东以加工贸易为主，二者在中国
贸易发展中具有代表性，通过二者比较更有助于我们了解加工贸易和一般贸易
在中国财富增长中的作用。

浙江和广东都是中国沿海发达省份，对外贸易在这两个地区发展中具有举
足轻重的作用，但二者的外贸发展方式却截然相反。如前所述，浙江以一般贸
易出口为主，加工贸易出口为辅，而广东则以加工贸易出口为主，近几年来其
加工贸易出口一直占该省总出口的七成以上。以下具体分析两省的两种贸易方
式发展情况。

（一）浙江一般贸易与加工贸易发展概况

浙江的对外开放开始于十一届三中全会，其开放的开端和重点是浙东沿海
港口城市。1984 年 5 月 8 日，宁波和温州一同被列入 14 个进一步开放的沿海
港口城市，同年 10 月，国务院批准设立宁波经济技术开发区，此后又陆续批
准设立温州、杭州、萧山经济技术开发区、杭州高新技术产业开发区、杭州之
江国际旅游度假区、宁波保税区以及宁波大榭土地成片开发项目。可以说，浙

---

① 赵伟. 中国区域经济开放模式与趋势 ［M］. 北京：经济科学出版社，2005：74.

江的对外开放是从开放口岸起步，通过设立沿海开放城市、沿海经济开放区、国家级及省级开发区、省级开放城市和重点工业卫星镇，把沿海的发展与内地的开发结合起来，形成了一个以省会城市杭州、沿海开放城市宁波、温州为中心，国家级和省级开发区为先导，由沿海开放地区向全省其他地区梯度推进的对外开放区域格局。20 世纪 90 年代后期，随着沪杭甫高速公路的全线开通，形成了"一带二区三市"[①] 的对外开放新格局。

浙江一般贸易出口的发展，是由自身"轻、小、民、加"即以轻纺产品为主、依托小商品大市场、民营经济快速发展和加工业分工协作，以及发达的产业基础的特点决定的；出口企业的原材料基本上都可以在省内市场采购到，进口量不大。浙江一般贸易的发展大致可分成两个发展阶段，第一个阶段 1979 ~ 1993 年，以国有外贸公司担纲外贸经营的主体。第二个阶段从 1993 年至今，这个阶段有两个比较明显的特征，一是外商投资企业成为出口创汇的大军，二是民营企业的出口迅速增长并逐渐成为外贸主力军。在改革开放初期，浙江一般贸易出口产品主要以农副产品及其加工品为主，随着生产力水平的不断提高，产业结构得以改善，出口商品的结构发生了很大的变化，目前浙江一般贸易出口商品主要为：机电产品，服装及衣着附件，纺织纱线织物及制品，鞋类，塑料制品，灯具照明装置及类似品，家具及其零件，旅行用品及箱包，床垫寝具及类似品，医药品。

相比较一般贸易，浙江加工贸易的发展相对落后。不过从 2004 年开始，浙江的加工贸易也进入快速发展阶段，这与当时中国加工贸易发展趋势的影响以及国家的税收政策和出口退税政策有利于发展加工贸易有关。目前浙江加工贸易主要集中于杭州和宁波这两个具有良好港口条件的地区，出口产品长期以纺织品、服装和农产品为主，近几年机电产品和高新技术产品出口逐年增长。

表 8 - 1 显示了 1992 年以来浙江两种方式贸易的规模及占全国和全省相关贸易指标之比重。从全国的情况看，浙江一般贸易出口占比在 20 世纪 90 年代上升较快，进入 21 世纪后基本维持在 20% 左右的水平，体现了贸易强省的地位，一般贸易进口比重也上升很快，但无法企及其出口在全国的地位，目前基本维持在 6% 的水平上；加工贸易在全国的地位相对逊色，进出口占比缓慢上升，近年维持在 3% ~ 4% 的水平。从省内情况看，一般贸易出口占全省出口的 80% 左右，无疑是重头戏，加工贸易出口只占 20% 左右，近几年出现下滑；进口方面，20 世纪 90 年代加工贸易进口占较大比重，但步入 21 世纪后，其

---

① "一带"是指沪杭甫高速公路沿线开放带，"二区"是指开发区和出口加工区（保税区），"三市"是指杭州、宁波、温州三个中心城市。

比重大大下降，维持在 20% 左右的水平，一般贸易进口则大反其道，在 21 世纪成为主流，目前保持在 70% 的比重。

表 8 – 1　　　　　　　　　浙江两种方式贸易规模及占比情况　　　单位：亿美元、%

年份	一般贸易出口			一般贸易进口			加工贸易出口			加工贸易进口		
	贸易额	占全国一般贸易出口比重	占全省出口比重	贸易额	占全国一般贸易进口比重	占全省进口比重	贸易额	占全国加工贸易出口比重	占全省出口比重	贸易额	占全国加工贸易进口比重	占全省进口比重
1992	25.88	5.92	72.46	4.82	1.43	33.78	9.74	2.46	27.27	6.86	2.17	48.02
1993	32.64	7.56	75.50	7.87	2.07	32.66	10.33	2.33	23.90	9.35	2.57	38.80
1994	47.41	7.70	77.89	7.53	2.12	25.92	13.22	2.32	21.71	13.04	2.74	44.90
1995	59.33	8.31	77.08	9.22	2.12	24.16	17.14	2.33	22.26	15.53	2.66	40.72
1996	57.25	9.11	71.20	10.26	2.61	22.79	22.67	2.69	28.19	16.13	2.59	35.85
1997	73.92	9.48	73.10	10.65	2.73	25.56	26.29	2.64	26.00	17.42	2.48	41.81
1998	82.02	11.05	75.49	14.87	3.40	37.29	25.82	2.47	23.76	15.15	2.21	37.98
1999	100.14	12.65	77.80	31.45	4.69	57.88	28.43	2.56	22.09	16.34	2.22	30.06
2000	154.01	14.64	79.21	52.81	5.28	62.95	39.83	2.89	20.48	22.13	2.39	26.38
2001	182.58	16.32	79.46	63.53	5.60	64.68	46.58	3.16	20.27	24.81	2.64	25.26
2002	242.69	17.82	82.52	85.90	6.65	68.47	50.49	2.81	17.17	25.69	2.10	20.48
2003	341.89	18.78	82.20	136.17	7.26	68.72	72.84	3.01	17.51	39.78	2.44	20.07
2004	467.48	19.19	80.40	166.56	6.71	61.54	112.30	3.42	19.31	66.20	2.99	24.46
2005	602.39	19.12	78.43	185.86	6.65	60.76	162.15	3.89	21.11	80.96	2.95	26.47
2006	773.12	18.58	76.63	214.33	6.43	56.03	226.30	4.43	22.43	101.87	3.17	26.63
2007	993.59	18.45	77.46	292.28	6.82	60.16	273.08	4.42	21.29	123.84	3.36	25.49
2008	1218.67	18.39	78.98	344.01	6.01	60.51	308.59	4.57	20.00	150.25	3.97	26.43
2009	1066.5	20.13	80.18	374.4	7.01	68.42	249.1	4.24	18.73	117.6	3.65	21.49
2010	1450.2	20.12	80.35	493.8	6.43	67.65	330.1	4.46	18.29	157.6	3.78	21.59
2011	1765	19.25	81.58	653.5	6.49	70.24	360.4	4.31	16.66	172	3.66	18.49
2012	1797.2	18.19	80.03	624.4	6.11	71.22	347	4.02	15.45	152.7	3.17	17.42
2013	1963.4	18.05	78.91	632	5.69	72.64	322.5	3.75	12.96	144.5	2.91	16.61

资料来源：1992～2007 年数据来自历年《中国统计年鉴》和《浙江统计年鉴》，2008 年以后的数据来自全国和浙江历年《国民经济和社会发展统计公报》。

综合看来，浙江外贸体现出以一般贸易为主、加工贸易为辅的特点。

（二）广东加工贸易与一般贸易发展概况

在中国改革开放浪潮中率先起步的广东，其"第一桶金"是通过承接世界加工制造业的转移，与中国港澳地区联结成"前店后厂"的模式，通过"三来一补"等初等加工贸易形式在珠江三角洲获取的。经过数十年、数轮产业升级和结构调整，广东加工贸易从无到有、从小到大，水平不断提升，已经成为广东进出口第一大贸易方式，是该省对外经济贸易发展的重要推动力量。目前，以高新技术产业为特色的加工贸易形式，在珠江三角洲地区形成，其电子及通信设备制造业、新材料产品（新型陶瓷、电子元器件基片、合成纤维及塑料、有机硅）、生物工程技术产品在国内都处于领先水平。区域分布上，珠江三角洲加工贸易经济聚集以珠江东西两岸分布。西岸在广州的辐射之下，佛山、中山、江门通过邻近的地缘因素和华侨众多的人缘优势，利用土地和劳动力相对宽松的条件，接受中国港澳地区的加工装配业务，逐步形成了以广州为中心的沿江西岸经济积聚区，大部分企业沿珠江下游各支流及主要交通线两侧设厂布点，将零部件配套、设计和开发机构联成一体。东岸的深圳，利用大量外资投入，并吸引省内、国内各地的资金，很快成为继广州之后的珠三角第二个外向型经济中心，并且辐射到东莞市及惠州的部分区、县（市），形成了珠江东岸环绕着香港和深圳、依据星罗棋布大小城镇的产业集聚区域。

相对于加工贸易，广东的一般贸易在国内名声要小。但实际上，广东的一般贸易出口在国内是处于领先地位的。出口企业中大规模的也比较多，如深圳华为、中兴通讯、美的制冷、珠海格力电器、广州虎头电池和南海志高空调等都是中国重点培育和发展的机电产品企业，是广东一般贸易出口的佼佼者，品牌带动作用明显。

表8-2显示了1987年以来广东两种贸易模式的发展概况。加工贸易方面，从全国数据看，广东的贡献非常突出，出口和进口的占比长期都在50%以上，体现了第一加工贸易大省的地位，尽管近几年在结构调整的背景下有较大下降，但也维持在40%左右的水平；从省内数据看，出口占省内总出口的比重大体在60%以上，进口占比则基本在50%以上，说明加工贸易一直是广东外贸的主要部分。一般贸易方面，从全国数据看，尽管没有加工贸易比重那么显著，但广东的一般贸易在全国占比还是比较高的，其出口占比早期一直排全国首位，即便后来被浙江超越，但也出现过反超的现象，进口贸易占比基本维持在15%~20%，这个数据在国内也是突出的；从省内数据看，一般贸易出口和进口贸易占比在我们的观测期内都出现了两头大中间小的现象，在20

世纪 90 年代中后期其在全省贸易占比有所下降，进入 21 世纪后，一般贸易占比开始回升，目前基本维持在 30% 的水平上。

表 8 - 2　　　　　　　　　广东两种方式贸易规模及占比情况　　　　　单位：亿美元、%

年份	一般贸易出口			一般贸易进口			加工贸易出口			加工贸易进口		
	贸易额	占全国一般贸易出口比重	占全省出口比重	贸易额	占全国一般贸易进口比重	占全省进口比重	贸易额	占全国加工贸易出口比重	占全省出口比重	贸易额	占全国加工贸易进口比重	占全省进口比重
1987	31.93	10.77	31.49	28.39	9.87	26.05	67.94	75.54	67.00	68.92	67.63	63.25
1988	48.74	14.94	32.89	44.97	12.77	27.76	97.86	69.60	66.05	99.33	65.76	61.31
1989	51.23	16.24	28.28	42.15	11.84	24.13	128.1	64.75	70.72	104.25	60.74	59.69
1990	59.52	16.79	26.79	34.52	13.18	17.54	160.08	62.97	72.04	127.61	68.02	64.85
1991	63.34	16.62	23.40	44.76	15.15	17.59	204.44	63.04	75.51	167.41	66.88	65.79
1992	79.11	18.11	23.64	49.54	14.74	15.34	252.62	63.76	75.50	210.63	66.78	65.23
1993	78.15	18.09	20.90	68.26	17.94	16.67	291.36	65.84	77.92	234.75	64.54	57.33
1994	136.67	22.20	27.22	55.05	15.50	11.85	362.14	63.56	72.12	295.16	62.05	63.54
1995	136.01	19.06	24.03	46.41	10.70	9.80	422.76	57.36	74.70	323.83	55.48	68.35
1996	110.76	17.63	18.66	53.22	13.52	10.51	471.56	55.92	79.46	337.87	54.26	66.75
1997	179.49	23.02	24.07	61.99	15.88	11.16	548.31	55.05	73.54	390.11	55.57	70.22
1998	152.47	20.54	20.16	71.79	16.44	13.25	583.61	55.87	77.18	395.44	57.65	72.99
1999	154.14	19.48	19.84	138.58	20.67	22.12	603.98	54.47	77.73	420.5	57.15	67.10
2000	174.36	16.58	18.97	208.55	20.84	26.67	717.8	52.15	78.09	493.71	53.34	63.14
2001	164.98	14.75	17.29	229.74	20.63	28.34	765.02	51.89	80.17	504.44	53.68	62.23
2002	217.1	15.94	18.33	266.37	20.63	25.95	931.86	51.79	78.67	655.23	53.62	63.84
2003	291.92	16.04	19.10	359.85	19.18	27.54	1181.45	48.85	77.30	808.94	49.66	61.91
2004	379.62	15.58	19.82	447.53	18.04	27.03	1456.29	44.40	76.02	997.09	44.98	60.23
2005	533.21	16.92	22.39	485	17.34	25.55	1750.69	42.04	73.51	1170.5	42.72	61.66
2006	799.97	19.22	26.49	563.07	16.91	25.00	2083.85	40.83	69.01	1377.27	42.84	61.14
2007	1050.05	19.50	28.44	697.96	16.28	26.36	2461.65	39.86	66.67	1572.25	42.67	59.38
2008	1163.02	17.55	28.78	823.6	14.38	29.50	2612.64	38.69	64.65	1557.85	41.17	55.80
2009	1098.16	20.73	30.59	890.03	16.67	35.30	2231.27	38.01	62.16	1328.14	41.21	52.67
2010	1492.28	20.71	32.93	1192.28	15.52	35.97	2755.71	37.22	60.81	1705.12	40.85	51.44
2011	1838.36	20.05	34.56	1370.39	13.60	35.92	3115.22	37.29	58.56	1962.28	41.77	51.43
2012	1903.4	19.27	33.15	1385.15	13.56	33.81	3249.47	37.66	56.60	2049.05	42.58	50.02
2013	2145.82	19.73	33.72	1514.92	13.65	33.28	3234.43	37.59	50.82	2033.17	40.91	44.67

　　资料来源：1992~2007 年数据来自历年《中国统计年鉴》和《广东统计年鉴》，2008 年后数据来自全国和广东相关年份《国民经济和社会发展统计公报》。

综合而言，广东的对外贸易以加工贸易为主，但其一般贸易在全国的比重也是排前列的。

三、浙粤两省两种方式贸易对财富和福利增长影响的计量分析

如前所述，浙江和广东两省的贸易方式在中国具有代表性。接下来，我们从计量分析的角度对这两地两种贸易方式的财富和福利增长效应予以比较分析。

（一）基于财富增长的分析

1. 模型构建与数据说明

参照全国模型，建立省级外贸分贸易方式影响物质财富增长的模型：

$$\ln GDP_t = \alpha_0 + \alpha_1 \ln GIM_t + \alpha_2 \ln GEX_t + \alpha_3 \ln PIM_t + \alpha_4 \ln PEX_t + \varepsilon_t$$

其中，GDP 代表考察地区的物质财富增长量，GIM、GEX 为考察地区一般贸易进口额、出口额，PIM、PEX 为考察地区加工贸易进口额、出口额。

由于浙江省从 1992 年起才分贸易方式公布进出口额，为了统一口径，相关变量均选取 1992~2011 年数据，数据来自历年《浙江统计年鉴》和《广东统计年鉴》，采用以 1978 年为基期的全国 GDP 平减指数缩减。

与前面处理相同，采用时间序列数据回归先要做平稳性分析，结果见表 8-3。

表 8-3　　　　　　浙江广东两省 GDP 和相关贸易指标 ADF 检验结果

省份	变量	检验形式 (C, T, L)	ADF 检验值	各显著水平下的临界值		
				1%	5%	10%
浙江	$\Delta \ln GDP$	(C, N, 0)	-3.031165	-4.004425	-3.098896	-2.690439
	$\Delta \ln GEX$	(C, N, 3)	-3.450939 *	-4.200056	-3.175352	-2.728985
	$\Delta \ln GIM$	(C, N, 1)	-3.128249 *	-4.057910	-3.119910	-2.701103
	$\Delta \ln PEX$	(C, N, 0)	-4.343482 **	-4.004425	-3.098896	-2.690439
	$\Delta \ln PIM$	(C, N, 0)	-2.878075	-4.004425	-3.098896	-2.690439

续表

省份	变量	检验形式 （C，T，L）	ADF 检验值	各显著水平下的临界值		
				1%	5%	10%
广东	ΔlnGDP	（C，T，1）	−4.136157*	−4.886426	−3.828975	−3.362984
	ΔlnGEX	（C，N，0）	−5.108631**	−4.004425	−3.098896	−2.690439
	ΔlnGIM	（N，N，0）	−2.018482*	−2.740613	−1.968430	−1.604392
	ΔlnPEX	（C，N，0）	−4.999428**	−4.004425	−3.098896	−2.690439
	ΔlnPIM	（C，N，0）	−4.982028**	−4.004425	−3.098896	−2.690439
变量观察个数		20				

注：1. 表中 Δ 表示一阶差分；2. 检验形式（C，T，L）中 C，T，L 分别表示单位根检验方程中的常数项、时间趋势和滞后阶数，N 表示没有。检验方程的选取根据序列的图形特征来确定，滞后阶数根据 AIC 准则确定；3. ** 与 * 分别表示在 1% 或 5% 的显著性水平下拒绝原假设，即在 1% 或 5% 的显著水平下认为序列是稳定的。

表 8-3 检验结果显示，相关指标都是 I（1）序列，可以进行回归分析。

2. 回归分析及检验

利用 EViws6.0 统计软件，对浙江广东两省数据作回归，得到表 8-4 中的结果。

表 8-4   浙江广东两省两种方式贸易指标影响物质财富增长模型的估计结果

省份	常数项	lnGIM	lnGEX	lnPIM	lnPEX	AR(1)	A. R²	D. W.
浙江	4.5336 （12.3553）	−0.0216 （−0.1930）	0.3952 （1.4426）	−0.2374 （−1.4020）	0.3673 （2.0548）	—	0.9823	1.5482
广东	2.6645 （10.5042）	0.1489 （6.6752）	0.0800 （1.7571）	−1.2768 （−6.9533）	1.7475 （13.9022）	−0.6306 （−2.6596）	0.9959	1.9328

表 8-4 数据显示，浙江一般贸易和加工贸易对物质财富增长均有推动作用，而进口贸易都是负相关，相比较而言，一般贸易对物质财富增长作用更大些；广东的数据则有不同，加工贸易出口对物质财富增长的拉动最明显，但加工贸易进口的负面作用也很大，而一般贸易的进出口对物质财富增长都有拉动作用，从长期效果看，一般贸易的作用更稳定。综合来说，浙江和广东的估计结果都表明，一般贸易对物质财富增长效果更佳。

表 8-5 是表 8-4 显示估计模型的残差序列 ADF 检验结果，从相关数据看，各项贸易指标与物质财富增长之间存在着长期协整关系。

表 8 - 5　　　浙江广东两省贸易影响物质财富增长模型残差序列 *ADF* 检验结果

省份	*ADF* 统计量	检验形式（CTK）	1%临界值	5%临界值	10%临界值	结论
浙江	-1.756792	（N，N，1）	-2.740613	-1.968430	-1.604392	平稳
广东	-4.239842	（N，N，0）	-2.740613	-1.968430	-1.604392	平稳**

（二）基于城乡收入差距的分析

1. 模型构建与数据说明

鉴于浙江和广东两省基尼系数难于获取，这里选择两省城乡居民人均收入比来观测贸易指标对两省收入差距的影响。构建回归模型如下：

$$\ln r_{CR} = \alpha_0 + \alpha_1 \ln GIM_t + \alpha_2 \ln GEX_t + \alpha_3 \ln PIM_t + \alpha_4 \ln PEX_t + \varepsilon_t$$

其中 r_{CR} 为两省各自的城乡居民人均收入比，以农村人均纯收入为 1 计算，相关数据来自历年《浙江统计年鉴》和《广东统计年鉴》，r_{CR} 指标计算结果见表 8 - 6。

表 8 - 6　　　　　　　浙江广东两省城乡居民人均收入比

年份	1992	1993	1994	1995	1996	1997	1998	1999	2000	2001
浙江	1.93	2.08	2.28	2.10	2.01	2.00	2.07	2.15	2.19	2.30
广东	2.66	2.77	2.92	2.76	2.57	2.48	2.52	2.54	2.7	2.79
年份	2002	2003	2004	2005	2006	2007	2008	2009	2010	2011
浙江	2.57	2.65	2.67	2.68	2.72	2.73	2.45	2.46	2.42	2.37
广东	3.06	3.32	3.43	3.46	3.49	3.49	3.08	3.12	3.03	2.87

表 8 - 7 显示的是浙江广东两省考察年份 r_{CR} 自然对数值的平稳性检验结果，从数据上看，相关指标为 I（1）序列，可以与各贸易指标做回归分析。

表 8 - 7　　　浙江广东两省城乡居民人均收入比指标 *ADF* 检验结果

	检验形式（C，T，L）	*ADF* 检验值	各显著水平下的临界值		
			1%	5%	10%
浙江 $\Delta \ln r_{CR}$	（N，N，0）	-2.671866*	-2.740613	-1.968430	-1.604392
广东 $\Delta \ln r_{CR}$	（N，N，0）	-1.869007	-2.740613	-1.968430	-1.604392
变量观察个数	20				

2. 回归分析与检验

利用 EViws6.0 统计软件，对浙江广东两省数据作回归，得到表 8 - 7 中的结果。对估计结果进一步处理，可得到残差检验结果（见表 8 - 8）和误差修正模型（见表 8 - 9）。

表 8 - 8　　浙江广东两省两种方式贸易指标影响城乡居民人均收入模型估计结果

省份	常数项	lnGIM	lnGEX	lnPIM	lnPEX	A. R²	D. W.	备注
浙江	0.1231 (0.7072)	0.0344 (0.6634)	0.1635 (1.2862)	0.1598 (1.6826)	- 0.2284 (- 2.1812)	0.9823	1.9626	MA(1) = 0.4211 (1.3827)
广东	- 2.8417 (- 2.2025)	0.0068 (0.1538)	- 0.1579 (- 2.4898)	0.8674 (2.2883)	- 0.1972 (- 0.4084)	0.9569	1.9643	AR(2) = 0.6860 (3.8764)

表 8 - 9　　浙江广东两省贸易影响人均收入差距模型残差序列 ADF 检验结果

省份	ADF 统计量	检验形式（CTK）	1% 临界值	5% 临界值	10% 临界值	结论
浙江	- 3.952268	(N, N, 0)	- 2.728252	- 1.966270	- 1.605026	平稳**
广东	- 4.239842	(N, N, 0)	- 2.740613	- 1.968430	- 1.604392	平稳

表 8 - 7 数据显示，浙江加工贸易出口的发展有利于缩小城乡居民人均收入差距，加工贸易进口则会促长人均收入差距；而一般贸易方面，出口和进口都会拉大城乡居民人均收入差距。广东的估计结果，则是两种贸易方式的出口都有助于缩短收入差距，而进口都会扩大人均收入差距。表 8 - 9 的结论说明这些贸易指标与人均收入差距之间的关系是长期稳定的。表 8 - 10 反映了各项贸易指标作用的短期动态变化，该表的数据与表 8 - 6 反映的内容基本一致。

表 8 - 10　　浙江广东两省贸易影响人均收入差距模型误差修正结果

省份	常数	dlnGIM	dlnGEX	dlnPIM	dlnPEX	ecm(- 1)	R²	SC	AIC
浙江 dlnr_{CR}	0.0004 (0.016)	0.0103 (0.193)	0.2360 (2.458)	0.1637 (1.417)	- 0.2946 (- 2.336)	- 0.6975 (- 1.701)	0.668	- 3.290	- 3.573
广东 dlnr_{CR}	- 0.0098 (- 0.363)	0.0458 (0.767)	- 0.0786 (- 0.968)	0.5011 (1.105)	- 0.1637 (- 0.324)	0.0021 (0.026)	0.538	- 3.049	- 3.332

第四节　贸易影响区域财富的研究结论

开展对外贸易可以使一国利用国外的资源，加速其财富增长。这里说的财富增长，不仅指物质财富，还包括人自身能力的提高。改革开放 40 年，中国的经济建设取得了翻天覆地的变化，财富也大为增长。我们在总结相关理论的基础上，利用计量模型分析了对外贸易与中国财富增长的关系，结果表明，对外贸易促进了中国财富的增长。但是，基于收入差距的福利增长效应分析得到的结果却并不那么令人乐观。

一、进出口贸易与物质财富增长

在关于中国物质财富增长决定因素模型分析中，我们得出的结论是主要受益于 TFP、人力资本积累以及国内资本投入三方面。但分贸易指标的分析却没发现对 TFP 和人力资本的明显指向。

对进出口贸易作用所作的综合分析表明，从长期看，工业制成品出口的作用更持久；对外贸易促进中国物质财富增长的主要途径是促进国内资本积累。

第一，总量进出口额与物质财富增长。在样本考察区间内，总量进出口额与 TFP、制度变迁、国内资本、FDI、人力资本积累之间存在长期稳定的正相关关系，发展进出口有利于中国 TFP 的提高、制度的变迁、国内资本投资的增加、吸引 FDI 进入以及改善人力资本状况，其中总出口对 TFP 的影响弹性大于总进口，其他方面都是总进口的影响弹性大于总出口。

总出口对 TFP 的影响弹性大于总进口，这其中的原因可能是：（1）从出口方面看，随着中国出口贸易的迅速扩张，出口产品面临越来越激烈的市场竞争，形成了中国出口企业推动技术进步的激励机制，提高了出口产品的技术含量；另外，出口厂商也会通过相关产业之间的联系对其上下游企业产生间接影响，也就是说，出口企业技术水平的提高，会提高其对相关企业的技术要求，发挥了技术外溢效应的作用。（2）从进口方面看，虽然通过直接的技术进口、技术含量高的制成品和先进管理经验的进口，可以对国内企业的要素生产率有直接的促进效应，但由于中国的技术交易市场体系不成熟，进口的技术外溢效应在中国可能没有产生明显的推动作用。而且，在中国普遍存在的地方保护主义造成了市场分割，在很大程度阻碍了技术的跨地区扩散，这大大闲置了技术的吸收、运用和创新。

在促进制度变迁方面，对外贸易的发展推动了中国市场和经济规模的扩大，有利于竞争机制作用的发挥，促使国内企业积极探索制度创新，从而推动了中国整体的市场化改革。出口贸易的盈利前景促使大量非国有企业纷纷建立，加入对外贸易的行列，使中国外向经济所有制结构迅速多元化。而进口通过从国外引进先进的技术、管理制度和管理经验，扩大了国内制度供给。综合来看，总进口影响中国制度变迁的弹性大于总出口弹性的原因可能是，进口贸易让国人直接面对外国产品，其竞争性和示范性更容易让国人感知，而出口贸易往往是出口企业单打独斗，依赖劳动力等资源优势，对制度的触动不大。

在促进国内资本积累方面，进出口贸易的影响比较显著，它们对国内资本增长的影响系数分别达到了 0.9958 和 0.9080。从微观企业的角度看，出口贸易提高了中国企业的盈利前景，推动中国企业进行更大规模的投资；从宏观经济层面看，中国出口创汇逐年增加，扩大了中国可投入的资本总量。而进口所带来的市场竞争也大大刺激资本投入的增加。

进出口与中国外商直接投资之间也存在长期的协整关系，不过尽管总进口的影响系数大，但出口贸易与外商直接投资的因果关联度却更高，反映了中国出口贸易与外商直接投资之间存在着明显的互补关系。从总体来看，出口贸易对 FDI 的影响主要是通过扩大贸易开放度来推动东道国投资环境和技术状况的改善；具体方面，中国出口贸易的迅速扩张体现了中国某些原材料和劳动力成本低廉的比较优势，能够吸引寻找关键要素以及要素整合利益的外商大量投资到中国。

进出口贸易与人力资本积累之间存在协整关系，且相关系数也比较高，但对二者所做的格兰杰双向因果检验表明进出口贸易并非是人力资本积累的格兰杰原因，它们之间的协整关系反映的是人力资本积累对进出口贸易的促进。进出口贸易较少通过人力资本渠道促进财富增长，可能与中国出口商品的整体技术含量较低有关，出口部门对劳动者素质的要求不高、技术的积累和放射效应不强；进口方面，限于中国人力资本积累现实基础，进口的技术、知识不能很有效地通过劳动者"干中学"来积累人力资本。当然，我们所反映的也只是在考察样本范围内所得到的结论，随着国际一体化程度的进一步提高，国际竞争越来越激烈，国人会越来越认识到知识的重要性，在中国外贸商品结构不断优化的基础上，相信人力资本积累会逐渐成为进出口贸易促进中国财富增长的一条重要渠道。

第二，初级产品进口、工业制成品进口与财富增长。工业制成品进口对制度变迁、国内资本、外商直接投资、人力资本积累的促进作用大于初级产品进口，在 TFP 方面二者大致相仿。中国进口的工业制成品中占比重较大的是机械、运输设备及按原料分类的制成品，相对而言，这些产品技术含量较高。这些高技术水平的制成品及中间材料进入生产环节后，增加了国内资本投入，可以有效地提高劳动和资本的产出效率，促进国内先进管理制度的形成，从长期看也有助于人力资本的积累。另外，中国进口工业制成品比例的提高，尤其是进口机械和运输设备等高技术产品的增多，反映出中国对先进技术及管理经验的渴求，也说明了中国具备一定的技术承接和吸收能力，这有助于吸引外商直接投资。

中国进口的初级产品中，原料性产品占了相当大的份额。这些进口品技术含量不如工业制成品，但它们也是中国经济发展中所需的重要生产资源。这些原料性产品的进口可以帮助某些企业和行业突破资源短缺的成长瓶颈，带动重要生产资本投入的增加，这有利于提高这类企业的生产效率和管理效率，并促进这些企业利用这些进口的原材料及资源进行自主研发和技术创新。所以，综合看来，初级产品进口对中国技术进步、人力资本积累和物质资本积累也有一定的促进作用。

第三，初级产品出口、工业制成品出口与财富增长。初级产品出口对技术进步、国内资本投资的促进作用大于工业制成品出口，在促进制度变迁、吸引FDI 和人力资本积累方面的影响系数要小于工业制成品出口。

在改革开放初期，初级产品出口超过总出口的一半，制成品出口的"起飞"发生于 1985 年后，目前，中国的出口结构由初级产品与工业制成品并重转化为以工业制成品为主。但是，与进口贸易中角色相对比，中国初级产品出口的作用要大一些。究其原因可能在于：从总体上看，中国的初级产品出口基本上顺应市场调节机制作用，本身具有一定的竞争力和比较利益，能够起到为剩余资源找出路的作用，对现阶段内财富增长拉动作用很强；同时，初级产品出口创造的外汇收入构成了中国外贸顺差的主要来源，也有利于国内资本的积累。工业制成品方面，中国出口的产品多为劳动密集型产品，技术含量和附加值普遍较低，其所带来的技术外溢效应，以及对制度创新、国内资本投资促进作用是有限的。

应该注意到的是，随着中国外贸商品结构的调整和产业升级，中国出口的制成品中技术含量与附加值均较高，在产品所占比重越来越大，制成品出口对中国技术进步等的促进作用也逐渐加强。从积累效应看，中国工业制成品出口通过上述渠道对财富增长的促进作用会表现得更加强劲。

相对而言，在促进制度变革、吸引 FDI 和促进人力资本方面，工业制成品出口具有层次优势，发挥了更大的作用。

二、进出口与人自身能力的提高

实证分析的结果表明，进出口对人力资本积累没有因果关联，而对 TFP 提高的影响系数是 5 个财富增长决定因素中最小的，说明中国对外贸易在促进国人能力提高上效果不大。这跟中国参与的国际贸易技术含量不高有很大关联，客观上为形成对高质量人力资本和高技术的需求不强，影响了中国对外贸易中知识、技术溢出效应的发挥。通过外贸促进 TFP 提高和人力资本积累任重而道远。

三、进出口与收入差距

对于国民福利的变动，我们选择了收入差距作为工具指标来观测。实证结果表明中国的对外贸易拉大了收入差距。在中国目前人均水平阶段，收入差距拉大也就意味着整体的福利水平提高缓慢甚至可能下滑。而且，加入地区因子后，发现在人均收入水平高的地区，外贸对收入差距的拉大效应更大。我们认为主要原因有二：其一是地区对外贸易发展不平衡。各地区贸易发展不平衡会扩大各地区内部收入差距，也会扩大地区间收入差距，进而扩大全国收入差距。其二是要素市场不健全。涉外企业员工工资长期被压低，使他们未能得到应有的报酬，致使通过外贸积累起来的财富分配极不均衡。

四、不同贸易方式与财富和福利增长

第一，两种贸易方式与物质财富增长。我们分别选择了 GDP 与 GNP 作为物质财富增长指标加以观测，两个模型得出的结论相仿。加工贸易进口和一般贸易出口促进了物质财富的增长。

按照经济理论，当经济增长受需求约束（即一国存在过剩的供给能力）时，经济增长取决于总需求的扩大，此时，出口的增加会导致总需求扩大，通过外贸乘数作用，促进物质财富的增长。改革开放后，中国经济迅速发展，20世纪 80 年代中期后告别了产品短缺时代，相当一部分产品出现了过剩（即所谓"有效需求不足"问题）。在国内出现有效需求不足的情况下，出口已经成为推动中国经济增长的一个重要因素。值得注意的是，虽然中国加工贸易出口额超过一般贸易出口额，但是，加工贸易出口对物质财富增长有着负向影响。这是因为，以外商为主体的加工贸易企业采取"两头在外，大进大出"的经营方式，其中间投入品的本地化率较低，产品价值增值链较短，增值较小；加之，加工贸易中的利润大多为外商所占有，导致加工贸易出口对物质财富增长的贡献较小。

模型估计结果还表明，加工贸易进口对推动经济增长也有明显的积极作用。虽然中国劳动力资源丰富，但是，资源密集型产品和技术密集型设备相对短缺。根据"木桶原理"，进口国内短缺的生产要素能够扩大国内供给能力，促进财富增长。而一般贸易进口作用为负，可能跟一般贸易进口产品中消费品较多，或者进口的原料性产品没有加工贸易进口原料使用率高的缘故。

另外，对比 GDP 与 GNP 模型，一般贸易在 GNP 模型中作用要强于 GDP 模型，说明一般贸易有益于增加收入，加工贸易更突出于增加产出。这是因为一般贸易更多利用了本地要素，而加工贸易则利用了大量的外来要素。

第二，两种贸易方式与人自身能力的提高。从模型演算结果看，加工贸易出口对 TFP 提高和人力资本积累都有支持作用。说明加工贸易虽然在增加物质财富方面不如一般贸易，但在员工培训、强化管理等方面还是强于一般贸易的。从长期看，加工贸易的发展为中国未来发展留下了强大的潜力。

第三，两种贸易方式与收入差距。收入差距方面，模型显示一般贸易出口有助于缩短收入差距，而其余几项指标会拉大收入差距。在第六章的实证分析中，我们看到了进出口对收入差距是有拉大作用的，但分贸易模式的分析却发现，一般贸易出口的作用是良性的，这也再次验证了一般贸易出口对近期财富增长有比较直接的影响。

第四，浙江广东两省的比较分析。作为中国的两个经济强省，浙江和广东分别代表了中国的一般贸易和加工贸易。事实上，分模式的贸易规模发现，尽管广东以加工贸易闻名于全国，但其一般贸易发展势头也不错，出口与浙江不相上下，进口则好于浙江。由于广东具有天然优势且起步早，其外贸已经发育较好。在促进物质财富增长方面，广东的一般贸易进口、出口，以及加工贸易出口，都具有正向作用，而浙江是依靠两种贸易方式的出口。在收入差距方面，广东的两种贸易方式出口都有助于改善收入差距，而浙江仅依靠加工贸易出口。

两省模型的比较分析证明，在加工贸易和一般贸易都更领先的广东，在财富增长中享受了更多外贸带来的利益。

值得一提的是，本书主要从正面阐述了开放对区域财富增长的贡献，事实上开放、自由贸易与投资也有其负面效应，李斯特的理论有其合理性，一个国家或区域，需要根据自身发展的战略灵活掌握开放的节奏和速度。

第九章

国际贸易新环境下沿海和
沿边发展新思路

改革开放是中国新时期最鲜明的特征，是中国特色社会主义根本生命力之所在。改革开放，是由改革和开放两种相互关联的实践构成的。在现实中，社会上对改革足够重视，对开放在区域协调发展中的作用估计不够；对商品、资本等领域的开放认识到位，对社会文化领域的开放即学习借鉴重视不够。事实上，准确理解对外开放的作用，对大国区域协调发展的进一步发展，对十九大提出的开放发展理念的落实、解决发展不平衡等问题关系重大。

第一节　中国对外开放的新阶段

一、中国开放经济发展的阶段特征

改革开放 40 年，中国的对外经济战略至少包括三个层次：（1）对外贸易战略；（2）对外货币战略；（3）吸引外资与对外投资战略。在对外贸易战略上，中国采取的是出口导向型的贸易战略，即以追求出口和贸易顺差为主要目标。在对外货币战略上，中国采取的是弱势货币战略，即以保护本国经济和金融安全为目的，在对外投资战略上，中国则先是鼓励和吸引外商直接投资，然后同时鼓励对外投资。

从发展过程看。中国对外开放需要经历四个阶段：试点探索阶段、加速融入阶段、转型发展阶段和成熟发展阶段，目前正处于第三阶段。试点探索阶段是指，该国经济试图融入外部世界经济，能够参与到国际分工中。主要表现为促进出口、进口短缺、引进外资等。在我国从试点 4 个经济特区到沿海 14 个城市试点开放，再到浦东试点。融入阶段又分为培育、成长、加速等阶段。即初期培育对外开放的基因，然后进入成长期，最后进入加速融入外部世界经济的阶段。转型阶段是指，该国已较大程度融入外部世界，不再仅满足于融入的程度，试图往深度扩展。在这一阶段，外汇短缺、生产不足、外资少的问题得到根本解决，更加注重出口质量，注重从国民福利角度看待进口，开始注重引资质量，并开始走出去投资。成熟阶段是指，该国已成功完成赶超，步入发达国家行列，对外开放也较为成熟，进入较为稳定的开放阶段。

（1）试点探索阶段。1978～1992年是对外开放的试点探索阶段。在这一阶段，中国以学习融入全球经济为主，以促进出口和引进外资为主要特征。促进出口的目的是赚取外汇，从而能够保障进口所需。一定规模的外汇储备也能起到防范和应对国际金融危机的作用，从而稳定经济发展。为促进出口，中国采取了发展加工贸易和通过外资推动出口的方式。加工贸易这种方式让中国更容易融入国际分工中，发挥劳动力丰富的优势，并充分利用全球价值链分工模式。而加工贸易的主体是外资企业，能充分利用外国资金。中国出口导向战略的理论指导是要素禀赋理论和生产率的比较优势理论，即一方面充分利用丰裕的要素禀赋，另一方面，即便技术水平不够先进，仍能找到在技术上具有比较优势的产品。

（2）加速融入阶段。1992～2008年属于加速融入阶段。在这一阶段，中国的出口能力得到明显提升，引进外资也卓有成效，各方面对外开放体制改革也在加速。2001年中国加入WTO后至2008年全球金融危机爆发是中国加速对外开放、融入世界经济的阶段。在这一阶段，中国出口呈爆发式增长，贸易顺差急剧扩大，引进外资也快速增加。为兑现入世承诺，中国对外开放和体制机制改革的步伐明显提速。这一阶段中国于2010年货物出口开始位居世界第一，国际贸易成为经济增长的引擎。

（3）转型发展阶段。2008年后，中国对外开放进入一个转型发展的阶段。2008年全球金融危机导致了主要发达国家有效购买力下降，国内经济增速放慢，政府财政和社会就业等系列问题不断出现，美国等提出再工业化，从外部环境看，需要我们改变数量扩张型的贸易增长模式。从国内看，资源环境和成本上升，不能维持低质量大数量的出口模式，国内因素需要贸易结构转型升级。通过贸易顺差积累外汇储备也不再成为中国的目标之一，而是注重贸易平衡，扩大进口成为扩大开放的内容之一。总之，中国需要从贸易大国迈向贸易强国。其次，引进外资开始注重吸引来自欧美的高水平投资。中国内地目前的外资主导力量仍然是中国港澳台、日韩等东亚经济体，来自欧美的高水平投资明显偏少。为了达到技术引进的目的，需要更多吸引来自欧美的高水平投资。此外，中国由大规模引资开始转变为引资与走出去投资并重的阶段。中国企业走出去投资的规模快速扩大。再次，中国更有能力主动开放，注重补开放的短板。对外开放的区域不平衡问题需要解决，中西部地区加速开放。对外开放的产业从制造业延伸到服务业，扩大服务业开放。最后，中国开始有能力积极参与全球经济治理，通过参与全球经济治理主动培育有利于自身开放的外部环境，而非被动接受。中国一方面参与国际经济领域规则的塑造和制定，另一方面有能力根据自身利益选择对外开放的伙伴，比如提出"一带一路"建设就是中国主动参与全球经济治理的表现。

目前，中国对外开放还处于转型升级的深化阶段。特别是 2018 年 3 月美国发起的对中国 301 调查，6 月启动的出口商品加征关税贸易战，说明在中国深化对外开放的新阶段，将产生新思维、新战略、新格局。新思维包括，充分认识到对外开放的好处，坚定不移主动扩大开放；从依赖和融入外部经济到主动引领全球化和塑造外部经济；充分认识到对外开放的收入分配效应，思考解决开放过程中福利受损人群的补偿问题。新战略包括：从出口导向型战略转变为贸易平衡战略，注重通过扩大进口促进贸易平衡；从接受自身发展条件的比较优势战略到注重创新的绝对优势战略，主动通过创新培育技术上的绝对优势，追赶世界前沿国家的技术水平；从注重引资的战略过渡到走出去投资的战略，通过对外投资主导全球产业链、服务自身利益。新格局包括：从原有的东部沿海地区开放的格局扩大为中西部开放的全面开放新格局；从原有的制造业开放到服务业开放的格局；从原来的对接国际规则到主动引领国际规则的格局；从以欧美等发达国家和周边东亚、东南亚经济体为重点开放伙伴的格局扩展到培育"一带一路"沿线经济体为重要伙伴的新格局。

（4）如果我们能够比较好地度过转型期，就标志着中国开放经济进入成熟发展阶段。

二、逆全球化发展动向和新特点

长期以来，有关全球化正向影响的关注较多，对其负面效应阐述较少。1994 年元旦，也是《北美自由贸易协定》生效首日，墨西哥恰帕斯州就爆发了一次印第安农民起义，也称萨帕塔运动。这被认为是"打响了反全球化运动的第一枪"，也是第一个旗帜鲜明地反对全球化的运动。2008 年金融危机以来，全球化进程态势转变明显，经历了 20 世纪 90 年代以来快速扩张后逆流态势显现。以英国脱欧、美国退出 TPP 和巴黎协定以及停止 TTIP 谈判为代表的逆全球化趋势集中明显，有其深层次的缘由。

　　其一，财富分配在国家间和国内群体间失衡是引致逆全球化的导火索。各个国家及民众在全球化过程中获益不均，造成了全球失衡①。具有比较优势的国家借全球化之力扩大出口，提高全球市场份额，不具低劳动力成本的发达国家出现产业外迁与空心化问题。这与全球化过程中世界各国贸易和投资壁垒下降、资本和技术等自由流动有关，但劳动力流动不充分，导致劳动禀赋优势明显的国家或地区受益较多，具有技术禀赋的美国等西方国家获利较少，也就是说全球化具有加剧不平等的倾向②。受益群体（资本所有者、高技能工人以及职业白领等）与受损群体（非技术、准技术工人以及大多数中层企业管理人员）之间的利益冲突是全球化逆动的动力源③。

　　其二，现行制度的缺陷和问题是逆全球化趋势加快的重要原因。管理全球化的制度本身缺陷导致反自由贸易和反移民运动的兴起，而这两个运动的兴起引致全球化进程受阻④，全球化逆动是全球化和全球治理不匹配的反映⑤。危机环境下要求政策范式转变的急迫性和政策制定者们用老办法解决新问题的惯性思维之间的矛盾凸显了全球经济治理体系的不足⑥，面对金融危机产生的影响，民众普遍期待政府提供更多的社会保护，而试图以更大的力度开放国境，促进资本和商品的自由流动，这必然会引起恐惧并激起强烈的政治反弹。

　　其三，移民（难民）等问题放大全球化负面效应。移民给许多发达国家带来了巨大挑战，一方面是对就业的影响，另一方面是新移民融合失败带来的社会问题，引致逆全球化意识甚至举措在此类国家爆发。当前欧盟自身经济尚未从金融危机和欧债危机中恢复，失业率高居不下，移民的涌入势必会挤压就业市场，成为各成员国反对全球化的关切点⑦。例如，在英国脱欧公投过程

---

　　① 陈建奇. 当代逆全球化问题及应对 [J]. 领导科学论坛，2017（10）：3–17.

　　② 景丹阳. 西方国家的逆全球化危机和"驯服"全球化 [J]. 国际展望，2017（1）：52–69，146–147.

　　③ 陈伟光，蔡伟宏. 逆全球化现象的政治经济学分析——基于"双向运动"理论的视角 [J]. 国际观察，2017（3）：1–19.

　　④ James, Harold. *The End of Globalization: Lessons from the Great Depression* [M]. Harvard University Press，2009.

　　⑤ 陈伟光. 全球化逆动与中国的应对：基于全球化和全球治理关系的思考 [J]. 教学与研究，2017（4）：72–82.

　　⑥ 高柏，草苍. 为什么全球化会发生逆转——逆全球化现象的因果机制分析 [J]. 文化纵横，2016（6）：22–35.

　　⑦ 郑春荣. 欧盟逆全球化思潮涌动的原因与表现 [J]. 国际展望，2017（1）：34–51，145–146.

中，移民是英国脱欧公投的关键词①，移民率的上升会提高英国民众支持脱欧的可能性②。另外，大量难民的涌入对欧洲各国社会福利、生活方式甚至国家安全形成压力③，也会加重各国的财政负担与监管成本，难民问题在一定程度上推动了英国脱欧④。

这波逆全球化呈现国际贸易、国际投资和国际金融"三管齐下"的保护主义特征。除了在国际贸易领域，还在投资领域采取，以鼓励本国对外投资回流为标志的全球价值链收缩的措施，防止本国战略产业被外国资本占据，同时还在金融领域采取歧视措施，对外国在东道国的融资采取差别待遇，甚至限制它们。生产的全球化要求国家间的贸易应该是高度自由的，否则原材料、半成品、零部件的生产加工与流转就很难低成本的展开。经济全球化不仅要求贸易的自由，也要求资本的自由流动，融资的便利。跨国公司以成本最低、利润最大化为原则在全球布局生产地，形成全球生产链或价值链。然而，2008 年的金融危机，乃至经济危机几乎席卷全球经济的各个领域和参与全球运行过程的所有国家。自那时开始，世界经济进入艰难的调整期。期初人们认为，尽管此次危机前所未有，但是经过一段时间的调整也就逐步恢复，然而，一直没有出现显著的复苏阶段。此时，最易唤醒的是各国对自身利益的保障。按照凯恩斯主义的逻辑，此阶段最易举起保护主义大旗，有限保障本国商品市场，有限保障自己的生产和就业恢复，以便刺激有效需求的振兴。按照这样的思维逻辑，我们就不难理解发达国家要求跨国公司回流、英国脱欧、特朗普要筑美墨边境围墙等现象了。

2008 年金融危机爆发以及随后全球经济长期低迷表明全球治理体系已经难以适应新的世界经济态势，作为管理现行全球多边经贸规则的 WTO 存在诸多缺陷，包括相关规则的匮乏、部分规则尚属粗略或疏漏甚多以及明显滞后等。特别是 WTO 治理机制的制度缺陷，如低效耗时的谈判机制、无视经济巨大差距的一揽子履行方式、缺乏权威有力的运作机构等，都需要通过规则重构在制度层面上加以变革。其中，贸易失衡作为逆全球化的导火索是影响国际经

① Goodwin, Matthew J. and Oliver Heath. The 2016 Referendum, Brexit and the Left Behind: An Aggregate – Level Analysis of the Result [J]. *The Political Quarterly*, vol. 87, no. 3, 2016 (6): 323 – 332.

② Goodwin, Matthew and Caitlin Milazzo. Taking Back Control? Investigating the Role of Immigration in the 2016 Vote for Brexit [J]. *The British Journal of Politics and International Relations*, vol. 19, no. 3, 2017 (4): 450 – 464.

③ Postelnicu, Catalin; Vasile Dinu and Dan Cristian Dabija. Economic Deglobalization-from Hypothesis to Reality [J]. *E A M Ekonomie A Management*, vol. 18, no. 2, 2015 (4): 4 – 14.

④ 任琳. 英国脱欧对全球治理及国际政治经济格局的影响 [J]. 国际经济评论，2016 (6): 21 – 30, 4.

济秩序演变的重要外生因素之一，有研究表明美国巨额的经常账户逆差以及贸易顺差是美国经济失衡的主要方面，而这些现象会增加美国与其他国家的摩擦，使现行多边贸易体制面临重大外部挑战①。

逆全球化必定会导致国际经贸规则的重构②，福德（Forde）、马肯齐（Mackenzie）的研究表明现行经济政治模式已经不能符合欧洲的发展③，英国脱欧等一系列逆全球化事件的发生是欧洲不得不对自身进行重构的重要因素。西方国家暂时放弃多边主义框架，转而寻求双边经贸协定架构，通过更高标准、更宽领域和"面向 21 世纪"的新规则来抢占先机，确保所谓"公平竞争"，其目的都是提高本国的竞争优势④，都体现了发达国家保护本国利益的政策导向。

另外，国际经贸的迅猛发展需要更多的新国际经贸规则。随着国际贸易数量和种类的日益增多，服务贸易和投资领域的新内容、新业态、新形式的不断涌现，特别是全球价值链上的贸易活动已经远远超越货物贸易的范畴，都要求补充、发展和更新现行的多边贸易规则。这特别体现在国际投资规则（与贸易有关的投资措施协定只有短短的 9 项条款，中文译本还不满 5 页）以及服务贸易活动的部分内容上（如跨境电子商务活动等）。通过修改、制定一些新的经贸规则，寻求建立对其自身更加有利的区域贸易体系，防范最终被新兴大国超越⑤，以美国退出 TPP 等为代表的事件是逆全球化思想高涨的结果。

特别需要指出的是，逆全球化是全球化和全球治理的不匹配致使全球治理失灵的结果，全球治理遇到深刻的制度障碍，对全球财富分配无法做出制度安排⑥。随着新科技革命的发展和全球化逆动趋势的蔓延，全球化的基本内涵、发展动力、聚焦点及治理体系都在发生新的变化，全球化正处于新的深化调整进程中，新的国际经贸规则重构迫在眉睫。

① 邓炜. 多边贸易机制的深层危机和中国的现实选择 [J]. 中央财经大学学报，2007（1）：66 - 70.

② 李向阳. 国际金融危机与国际贸易、国际金融秩序的发展方向 [J]. 经济研究，2009（11）：47 - 54.

③ Forde, Chris and Robert MacKenzie. Regulating Restructuring：The European Globalization Adjustment Fund [J]. *Perspectives on work*, vol. 14, no. 1 - 2, 2015（3）：12 - 14.

④ 付丽. 新世纪美欧主导国际贸易规则的重构实践及中国的选择 [J]. 对外经贸实务，2017（1）：6 - 10.

⑤ 蔡明阳. 逆全球化背景下的中国对外开放策略 [J]. 当代经济管理，2017（5）：53 - 56.

⑥ 黄仁伟. 从全球化、逆全球化到有选择的全球化 [J]. 探索与争鸣，2017（3）：40 - 42.

三、国际经贸规则重构动向对中国贸易利益的影响

国际经贸规则重构对于一个正在融入国际经济体系且须承担大国责任的中国来说，其影响极其全面、深刻和持久，有些还是潜在和隐性的。这些社会与经济层面的影响尤其体现在国际角色的转换、经济制度的变革、经济格局的重塑、政策机制的升华、市场文化的改造和国民意识的更新等方面。

（一）关于国际角色的转换

随着中国经济的迅速崛起和世界经济格局的重大变化，中国的经济影响力和话语权得到很大的提升。因此，我国应当完全改变以往对国际经贸规则被动融入、适应和接受的态度和做法，与其他国家一起积极主动地完成新国际经贸规则的重构。

（二）关于经济制度的变革

国际经贸规则的重构将全方位地冲击和改变着中国的经济制度。高水平的规则体系带给一国经济制度的变革同样是高水平的，因而不能简单地拿当年加入 WTO 的情景相比较（尽管"入世"同样对中国经济制度起着革命性的影响），在深化对外开放过程中对国内经济制度的变革提出了更高的要求。需要指出的是，经济制度有着丰富的内涵，涉及的方面相当广泛，不能做狭隘的理解与应对。

（三）关于经济格局的重塑

新规则体系的出台同样带来国内经济格局的大洗牌，由于我国在世界经济中的角色地位发生根本变化，需要发挥更多的带头或推动作用，因而新规则体系带来我国国内经济格局的重塑，是当年加入 WTO 所产生的影响根本无法比拟的。现在负责任大国的身份势必迫使我们要比较自觉和主动地对待国际经贸规则。这意味着，新规则体系形成之后，中国的企业、产业和地区必然面对众多政策措施的巨大压力，不得不认真地遵循那些未必对自己有利的国际经贸规则。

具体来说，高标准、广覆盖的国际经贸规则不但会加剧中国企业全球贸易和对外投资的门槛，而且加剧中国企业面临世界经济政策环境不确定性的经营风险与潜在冲击，具体的规则变化会对中国经济的运行带来新的挑战与机遇（见表 9 - 1）。例如，竞争中立规则提升为国际贸易及投资新准则，将对中国

国有企业参与国际市场竞争造成很大阻碍①，"知识产权""劳工权利""环境标准"等新要求会对中国企业国际投资以及绩效产生影响②。可能的影响集中在对生产要素流动和中国企业价值链构成的作用，制约中国企业全球配置生产要素进行全球化经营以及企业国际化经营的广度和深度发展。在逆全球化动向和国际经贸规则的重构下，不仅会改变中国企业通过外包、中间投入品贸易、企业内贸易等新型贸易方式获取全球化带来的福利与收益，而且还要面对与承担全球化所产生的产业危机传染效应。

此外，国际经贸规则的重构通过影响市场竞争环境、对传统行业建立新的技术标准、为新兴行业确立新规则框架而影响中国的产业发展③。值得注意的是，随着国际经贸规则重构的深入，区域政策和竞争政策也将进入规则深化的新时代。中国经济的整体对外开放度将进一步扩大，区域经济越来越深度地融入全国经济和全球经济，国内各区域间的政策安排也必须与之适应，即所有的贸易规则、竞争规则、税收制度、监管规则等都要与时俱进地实现区际和国际接轨④。

表 9 – 1　　　　　　　国际经贸规则对中国企业产生的可能影响

相关规则	对中国企业发展（战略、政策）的影响
劳动、环保、知识产权、市场竞争等	提高企业生产经营成本，影响企业生产、出口以及跨国经营
竞争中立	影响国有企业的市场经营环境，对国有企业的生产、进出口以及对外投资产生冲击
服务贸易	影响传统制造业企业竞争力，给服务业企业带来挑战和机遇
投资协议	挤压本土企业市场生存空间，推动企业对外投资
边境后措施	由边境开放向边境内开放调整，加剧企业生产和经营压力

四、国际经贸规则重构下中国的响应

国际经贸规则重构使中国在参与全球与区域经济合作时面临更多的压力，

---

① 马其家，樊富强. TPP 对中国国有企业监管制度的挑战及中国法律调整——以国际竞争中立立法借鉴为视角 [J]. 国际贸易问题，2016（5）：59 – 70.
② 洪俊杰，孙乾坤，石丽静. 新一代贸易投资规则的环境标准对我国的挑战及对策 [J]. 国际贸易，2015（1）：36 – 40.
③ 东艳，苏庆义. 揭开 TPP 的面纱：基于文本的分析 [J]. 国际经济评论，2016（1）：37 – 57，5.
④ 金碚. 全球化新时代的中国区域经济发展新趋势 [J]. 区域经济评论，2017（1）：11 – 18.

显著地提升了中国融入经济全球化的门槛，给中国的经贸活动带来很大的不确定性。本书从对外和对内两个维度提出逆全球化动向下国际经贸规则重构的中国对策。

（一）国际经贸规则重构的对外策略

一是密切关注国际经贸规则变革进程，深入研究国际经贸规则重构内容。在坚持多边贸易体制的前提下，对正在构建中的新型多边协定持开放态度，密切关注协定规则的调整变化①，深入研究国际经贸规则重构的内容②。二是积极参与制定国际经贸规则，增强在国际组织中的议价能力，中国应积极参与国际经济治理机制的改革，不能当"旁观者、跟随者，而是要做参与者、引领者"，积极争取全球经济治理的"制度性权利"③。同时，通过优化话语要素配置以提升自身的制度性权利④。最为现实和可行的举措是推动金砖国家发展战略和对外经济政策与"一带一路"倡议之间的对接，打造经济合作的新平台⑤，影响国际经贸规则的重构进程。三是积极推动区域贸易协定谈判，中国要参与国际经济规则制定需要研究调整国际合作战略，积极利用多边渠道，发挥大国作用⑥。以亚太作为优先发展方向，以中韩 FTA、中澳 FTA 为代表的中国新时期自贸区实践，积极推动区域贸易协定谈判，加速贸易投资规则的国际接轨，促进区域经济一体化和区域间的互联互通⑦。

（二）国际经贸规则重构的国内对策

一是积极推进国内的经济体制全面深化改革，以适应国际经贸规则重构的需求，通过国内政策对接国际经贸规则重构，并以国际经贸规则重构倒逼国内经济体制改革，如自由贸易试验区采用负面清单管理模式，意在推进中美 BIT "准入前国民待遇和负面清单试点"⑧。统筹考虑和综合利用国际国内两类规

---

① 郝洁. 国际经贸规则重构对我国的挑战及应对 [J]. 中国经贸导刊，2016 (10)：52 – 53.

② 张乃根. "一带一路"倡议下的国际经贸规则之重构 [J]. 法学，2016 (5)：93 – 103.

③ 陈琪，管传靖. 国际制度设计的领导权分析 [J]. 世界经济与政治，2015 (8)：4 – 28，155 – 156.

④ 陈伟光，王燕. 全球经济治理中制度性话语权的中国策 [J]. 改革，2016 (7)：25 – 37.

⑤ 徐秀军. 逆全球化挑战下金砖国家经济合作的增长点 [J]. 亚太经济，2017 (3)：88 – 93，196.

⑥ 赵龙跃. 中国参与国际规则制定的问题与对策 [J]. 人民论坛·学术前沿，2012 (16)：84 – 94.

⑦ 张琳. 国际经贸新规则：中国自贸区的实践与探索 [J]. 世界经济与政治论坛，2015 (5)：140 – 157.

⑧ 李墨丝，沈玉良. 从中美 BIT 谈判看自由贸易试验区负面清单管理制度的完善 [J]. 国际贸易问题，2015 (11)：73 – 82.

则，进一步提高国际规则国内化的效益，提升国内规则国际化的能力①。二是进一步推动自贸区试点及规则创新，自由贸易区为主要形式的区域主义是近来一个越来越重要的趋势，自贸实验区一方面为应对国际规则重构积累经验、探索路径，为中国参与制定国际经贸规则提供参考②，另一方面在试点基础上实现更开放的对外经贸制度，推动制度创新和内陆开放性经济新体制的形成。三是促进贸易政策和产业政策协同发展，对关键行业和关键产品进行全方位支持。在国际经贸规则重构政策的不确定预期下，政府、行业、企业需要建立完善的预警机制，防止重点行业的产出和出口过度下滑，将产业发展的波动控制在一定范围之内③。具体到某一产业而言，针对服务贸易规则的演化，中国应在加强区域经贸合作的基础上，完善国内相关法律规范，积极参与并引领国际服务贸易规则的制定④。

第二节　中国区域发展新时代

一、新时代我国区域协调发展战略

在新时代我国主要矛盾发生转变这一重大历史判断背景下，公平和效率分配不均问题成为阻碍经济社会发展全局的主导因素，国家审时度势制定出一系列旨在解决不平衡不充分的战略举措，并将区域协调发展战略列为重要组成部分，说明过去几十年经济布局所形成的区际关系已经无法满足我国的现实需要和长远目标，为此，需要从历史发展的角度厘清我国过去区域战略提出的目的和形成的正负面结果，并从国家体制和长远利益的角度分析新时代提出协调发展战略的出发点和落脚点。

新时代我们党提出了今后一段时期经济社会发展所要达成的目标，其中一项重要内涵是让人民共享发展成果，实现共同富裕，但现阶段区域不协调不仅使原有增长方式受到内外资源的约束，而且人和生产要素在区域间和城乡间的

---

① 赵龙跃. 全球价值链时代如何更好统筹国际国内规则——中国积极参与全球治理的战略路径分析 [J]. 人民论坛·学术前沿, 2017 (13)：58－69, 79.

② 李朝阳. 自贸区：中国参与国际规则制定新路径 [J]. 国际经济合作, 2016 (3)：22－25.

③ 金碚. 全球化新时代的中国产业转型升级 [J]. 中国工业经济, 2017 (6)：41－46, 59.

④ 张悦，崔日明. 服务贸易规则演变与中国服务贸易的发展 [J]. 现代经济探讨, 2017 (5)：39－43.

流动和集聚产生了突出的二元分割，中心—外围结构主导下我国空间发展重点亟需向高等级耦合阶段转变，这就需要破除单纯以资源禀赋和产出效率为重点的传统区域发展观念，将公平和效率并重思想纳入各层次区域发展理念中，与此同时，区域发展是一项包含多层面实施的系统工程，单独政策的好坏无法脱离环境因素来科学评判，需要建立起一套完整的政策体系和制度保障体系，并将公平与效率的统筹问题纳入到顶层设计和各重点任务中，这是进行区域现状评价和新区域发展战略制定的基础。

以往区域发展评价多以投入产出效率为评判依据，这是在特定发展时期为提升内生发展活力和规模经济所必需的，由此建立的激励机制也刺激了区域发展重心向经济增速集中，随后的资源流动倾向也是在遵循早期功能分割基础上形成的路径依赖，但在建立全国统一市场、推进发展方式转型升级中已经难以见效，因此如何将区域发展创新理论纳入区域协调性评价体系中，直接决定了对各层级区域发展现状评价是否科学有效，我们认为区域协调为导向的基础评价更应注重质量、效率、公平和可持续的有机统一，其中效率与公平的合理配置是指导区际关系实践最重要的依据。与此同时，在国内外经济形势发生重大变革的背景下，国家提出"三大战略"及粤港澳大湾区战略，区域开放空间格局由带状向纵向延伸，新形势下各区域的比较优势和资源承载能力也将得以改善，因此生产的区位偏好也在区域可达性提升和消费结构转换过程中被重新定义，本书基于此考虑，将基于效率和公平的最新发展理念与国内外发展形势统一纳入区域协调性综合评价中，形成更为科学的评价标准。

二、新时代开放战略与区域协调发展的关系

中国自改革开放以来的区域发展战略，是与改革开放所引发的开放经济和市场经济地位提升同步进行的，传统区位优势与资源优势逐渐被全球化背景下的新兴资本所替代，随后所采取的政策取向也推动要素配置由比较优势转为规模经济偏离，这在我国生产和社会较为落后的情况下迅速激发了开放地区的产业活力和社会水平，但是，随着我国整体经济与社会水平达到较高水准，一方面新能源、互联网和智能制造等新经济形态对路径依赖型传统产业产生较大冲击，区域发展面临产能过剩和外溢不足矛盾，另一方面在逆全球化现象和国际经济疲软态势显现的背景下，跨区域资源累积和虹吸效应造成的贫富差距导致我国国内消费力提升动力不足。区域发展战略涉及不同层次空间及各个空间内经济、社会、政治、文化等各领域，要想从根本上扭转区域建设中的公平和效

率失衡状态，首先需从历史发展的角度和国家利益的角度对我国区域发展特征和问题进行系统掌控。本书将通过实践调研、质性的理论分析和定量测算等方法，梳理、提炼出我国区域发展面临的突出问题，为后期制定纠偏政策提供依据。

新时代妥善处理各层级区域内部及区域间的分化是区域协调发展战略体系建立的根本目的，而采取什么样的方式和策略以实现经济社会系统有效协调，是当前区域战略重构的一个重大课题。如何将新时代赋予的兼顾公平与效率的创新理念应用于我国区域发展实际，关键在于以公平和效率的政策再分配对传统路径造成的各层次矛盾进行纠偏，同时营造风险规避性制度环境，在此过程中必将导致全球化、地方化和分权化力量的重新博弈，并使我国经济结构与社会结构产生较大变革，在此背景下需要关注两方面问题：一是高效的区域发展战略必定以激发市场活力和增强区域竞争力为目标，因此需要以有效的战略体系刺激政府、市场和地方三者形成统一目标，而不是以管理者角度对物质和政策资源进行简单的空间调配；二是如何以制度约束将统筹政策落到实处，市场力量和分权制度赋予了地方更多自主权限，过多依赖于效率政策会导致区域资源分配的不平衡，最终导致公平缺失，因此需要从法制建设、体制建设和机制建设三方面缩小区域差距，特别是以制度约束形成以帮扶、合作和互助机制为代表区域收益再分配，这需要构建一套完备的制度框架对各行为主体进行引导和约束。

第三节　贸易和区域财富增长新建议

中国对外贸易真正意义上的发展始于20世纪70年代末，经过多年努力，中国的对外贸易以及国民经济都经历了飞速发展，成为全球经济增长速度最快的国家之一。1980年，中国的进出口、出口和进口贸易额分别为381.4亿美元、181.2亿美元和200.2亿美元，对外贸易规模列世界第26位。2013年进出口、出口、进口贸易额增加到41600亿美元、22096亿美元、19504亿美元[1]，分别增长了108.1倍、120.9倍和96.4倍，对外贸易规模跻身世界第一。与此同时，中国的财富也在高速增长，国内生产总值由1978年的3624.1

① 中华人民共和国国家统计局．中华人民共和国2013年国民经济和社会发展统计公报．中华人民共和国国家统计局网站，http：//www.stats.gov.cn/tjsj/zxfb/201402/t20140224_514970.html.

亿元上升到 2013 年的 568845 亿元①，增长了 156 倍。

从发展轨迹上看，中国的对外贸易和财富增长相辅相成，互相促进。主流的贸易理论也告诉我们对外贸易可以为贸易双方带来一定的贸易利益，从而促进财富和福利的增长。但现实是否如此呢？其促进机制到底是怎样的？

中国已然是一个贸易大国，但中国国民是否分享了大国的利益呢？"中国制造"造就了生产界的神话，但由于目前中国经济对外资依赖程度较高，以 GDP 衡量的物质财富增长更多体现的是一种产出的概念，这也是现阶段中国利用世界资源促进财富增长的必经之路。也正因为如此，分析人的发展在中国对外贸易实践中的受益程度，更能体现外贸在中国财富增长中的作用。同时，在财富增长的背后，我们也要逐步关注国民福利的状况。如果我们把资源、环境以及人自身能力的提高作为财富因素去考虑的话，现阶段对福利的考量则可以把更多注意力放在城乡收入差距之上。

2008 年的全球性金融风暴对中国的对外贸易带来了重大冲击。但金融危机挡不住中国与世界的经济联系，对外贸易依然是影响中国财富增长的重要因素。因此，认清现阶段中国对外贸易对财富和福利增长到底起着什么样的作用，有益于更好地在经济全球化背景下发挥中国对外贸易的促进作用。基于以上的时代背景和实践发展的需要，对中国对外贸易影响财富和福利增长机制的研究无疑具有一定的理论价值和实际指导意义。

通过我们前面章节的理论和实证分析，可以看出对外贸易对中国财富增长有着积极的促进作用，不同地区财富增长差距拉开，尽管受多种因素影响，但国际贸易是其中最重要的因素。未来的思路是各地区要继续扬长避短，以充分发挥对外贸易的作用，促进财富增长。

一、转变贸易增长方式，优化升级贸易结构

贸易作用的发挥程度，跟其自身的发育程度有关。

首先，我们回顾一下第六章的决定因素与影响因素模型。实证结果表明，*TFP* 和人力资本是长期推动中国物质财富增长的主要因素，但在影响因素模型里，却发现进出口与这两个因素内在关联不大。说明中国的外贸层次不高，技术溢出效应不明显，长期以来只停留在低级别的量的扩张上。

其次，观察一下工业制成品的作用。在进出口模型中，工业制成品出口的

---

① 中华人民共和国国家统计局. 中华人民共和国 2013 年国民经济和社会发展统计公报. 中华人民共和国国家统计局网站，http：//www. stats. gov. cn/tjsj/zxfb/201402/t20140224_514970. html.

作用不如初级产品出口的作用。影响系数最有优势的是在人力资本上，而因果分析也证明那是由于人力资本对外贸作用带来的效果；剩下的就是在吸引 FDI 的作用上了，工业制成品出口在这方面是有优势的，但仔细分析就发现 FDI 与工业制成品出口的结合基本上是加工贸易，而加工贸易的出口在物质财富增长中没有直接效应。所以，从在对物质财富增长中贡献看，中国工业制成品出口落后于初级产品。

最后，对比一下浙江和广东贸易发展情况。在两省模型中，我们介绍了两个地区贸易开展的概况。尽管广东以加工贸易闻名全国，但其一般贸易丝毫不弱于以一般贸易发达著称的浙江。实际上，从区位优势、产业集聚发育程度、产业结构层次看，广东都要强于浙江。可以说，广东的外贸比浙江发达。在计量分析中，我们看到了广东外贸各方面的贡献都好于浙江。

实证分析结果说明，优化升级贸易结构是必要的，但这口号已经喊了多年，外贸的状况依然没多大改观。从微观操作上看，企业是经济利益至上；从宏观上看，政府的直接介入有违市场规律。平衡的做法是多出台一些利益诱导政策。

二、辩证看待加工贸易的作用

中国加工贸易的发展，是承接国际产业转移的结果。参与其中，既迎合了世界发展的需要，也促进了自身的发展。但就加工贸易本身来说，确有利润薄的弊端，我们还为之付出了自然资源与能源超量消耗、环境破坏的代价。

但从分贸易模式实证分析的结果看，加工贸易的进口促进了中国物质财富的增长，而加工贸易出口则促进了中国 *TFP* 的提高，也有利于中国人力资本的积累。在两省模型中，我们也看到了加工贸易出口有助于提高广东省物质财富，改善其城乡居民人均收入差距。

当然，加工贸易是两头在外，我们不能只求一端。随着中国逐步取消对外商投资企业的优惠，财税上的损失有望减少。如果能在产业结构上积极引导，加工贸易的作用必定还会更大。

三、适度扩大进口

近十几来，中国长期保持贸易顺差，既有可能引发资源匮乏的后顾之忧，又常引致贸易争端。实际上，从进出口模型看，总量进口的贡献要大于总量出口。包括制度变迁、国内资本、FDI 及人力资本四个决定因素，受总量进口的影响要大于总量出口的影响。而在两种贸易方式模型中，加工贸易进口的贡献也是正向的。从外部环境看，适度增加进口也可缓解中国与伙伴国之间的紧张关系，同时也可享受人民币升值的好处。

从具体操作上看，目前扩大以下两类产品进口是合适的。

（1）积极开发和进口国际资源，特别是中国长期紧缺的农业、能源、矿产三大资源。目前，这些紧缺资源产品保持全面自给自足的成本是巨大的，所以不进行和加大这些资源的进口就等于放弃国际贸易带来的互利互惠。未来中国人口增长与资源消耗、经济增长和资源供给的矛盾将越来越尖锐，依靠自给自足已经很难支撑越来越巨大的经济规模。因此，应该积极开发和进口这些资源，最好能够实行战略资源储备制度。

（2）加大对先进设备和技术的进口，跨越式地发展资本和技术密集型产业，促进经济的快速增长。在经济全球化和新技术革命的国际环境中，中国企业将面临强劲的国际压力和更严峻的挑战，我们应改善中国的进口机制，大力引进国外的先进技术和创新成果，加快中国产业结构的优化和升级，同时通过学习国外先进的科学技术，缩小与发达国家的技术差距，加速中国技术进步，实现中国经济的跨越式发展。

四、关注对外贸易对人自身能力提高的影响

在生产要素中，人是最活跃的因素，也唯有人才有创造力。从社会的角度看，人所追求的不是财物的多寡，而是自身能力的提高，一个人占有的财物充其量也不过是其获取财富能力的衡量尺度。所以，自身能力提高才是人类追求的最终目标。

从实际操作看，除了要积极推动知识、技术含量高产品的贸易之外，关注内外部环境的适应性也是一个重点。

五、重视对外贸易的福利增长效应

在经济发展的初级阶段，对人的发展的关注往往放在能力的提高上，而精神愉悦往往贴上高收入的标签。实际上，幸福本无贵贱之分，而且低收入者往往会更关注精神层面的收获。

　　从第六章的实证分析来看，无论是基于基尼系数的分析，还是基于城乡居民人均收入比的分析，都证明了中国对外贸易的发展会拉大收入差距。除了分配制度不完善的原因之外，中国出口产品价格水平偏低也是一个主因，价格升不上去，相关产品密集使用的要素的报酬就上不去。而要解决这个问题，就又涉及优化出口商品结构了。

参 考 文 献

［1］A. C. 庇古. 福利经济学（上卷）［M］. 北京：商务印书馆，2006.

［2］A. C. 庇古. 福利经济学（下卷）［M］. 北京：商务印书馆，2006.

［3］阿林·杨格. 报酬递增与经济进步［J］. 经济社会体制比较，1996（6）.

［4］阿马蒂亚·森. 集体选择与社会福利［M］. 上海：上海科学技术出版社，2004.

［5］艾金，威廉森. 增长、不均衡与全球化：理论、历史与政策［M］. 成都：四川人民出版社，2002（5）.

［6］包群，许和连，赖明勇. 出口贸易如何促进经济增长？——基于全要素生产率的实证研究［J］. 上海经济研究，2003a（3）：3-10.

［7］包群，许和连，赖明勇. 贸易开放与经济增长：理论及中国的经验研究［J］. 世界经济. 2003b（2）.

［8］蔡茂森，徐俊. 中国加工贸易与产业内贸易关系研究［J］. 中国经贸导刊，2008（9）：39-40.

［9］陈昌兵. 各地区居民收入基尼系数计算及其非参数计量模型分析［J］. 数量经济与技术经济研究，2007（1）：133-142.

［10］陈春慧，朱帮助. 广东省对外贸易方式结构与经济增长研究［J］. 五邑大学学报（自然科学版），2007（11）.

［11］陈惠雄. 快乐原则—人类经济行为的分析［M］. 北京：经济科学出版社，2003.

［12］陈俊. 从国际比较看我国劳动力价格水平的优势及趋势［J］. 中国经贸导刊，2006（8）：25-26.

［13］陈秀梅. 刍议中国劳动力价格与经济增长路径转变. 经济问题，2007（4）：51-53.

［14］陈焰. 国际贸易与经济增长的机制条件论［M］. 北京：经济科学出版社，2008.

[15] 程汉忠. 国富密码 [M]. 北京: 中国水利水电出版社, 2008.

[16] 程永宏. 改革以来全国总体基尼系数的演变及其城乡分解 [J]. 中国社会科学, 2007 (4): 45 - 60.

[17] 褚高峰. 财富的本质、源泉和致富途径——学习亚当·斯密著作《财富的性质和原因的研究》的一些体会 [J]. 西财经学院学报, 1989 (8).

[18] 达莫达尔 N. 古亚拉提. 经济计量学精要 [M]. 北京: 机械工业出版社, 2006.

[19] 大卫·格林纳伟. 国际贸易前沿问题 [M]. 北京: 中国税务出版社, 2000.

[20] 戴枫. 贸易自由化与收入不平等——基于中国的经验研究 [J]. 世界经济研究, 2005 (10).

[21] 戴维·S 兰德斯. 国富国穷 [M]. 北京: 新华出版社, 2007.

[22] Dani Rodrik. 新全球经济与发展中国家: 让开放发挥作用 [M]. 北京: 世界知识出版社, 2004.

[23] 道格拉斯·C·诺斯. 经济史中的结构与变迁 [M]. 上海: 上海人民出版社, 1994.

[24] 方希桦, 包群. 国际技术溢出: 基于进口传导机制的实证研究 [J]. 中国软科学, 2007 (7).

[25] 弗里德里希·李斯特. 政治经济学的国民体系 [M]. 商务印书馆, 1961.

[26] 高敏雪. 国家财富的测度及其认识 [J]. 统计研究, 1999 (12).

[27] 高铁梅. 计量经济分析方法与建模 [M]. 北京: 清华大学出版社, 2006.

[28] 郭庆旺, 贾俊雪. 中国全要素生产率的估算: 1979 - 2004 [J]. 经济研究, 2005 (6): 51 - 60.

[29] 韩薪雨. 对外贸易与经济发展关系的文献研究 [J]. 时代经贸, 2008 (5).

[30] 何璋, 覃东海. 开放程度与收入分配不平等问题——以中国为例 [J]. 世界经济研究, 2003 (2).

[31] 贺力平. 融入世界经济: 中国与国际发展经验 [M]. 北京: 社会科学文献出版社, 2007.

[32] 胡鞍钢. 中美日印四国经济规模与财富比较——中国如何创造和增加财富 [J]. 国际论坛, 2001 (5).

[33] 胡兵，乔晶. 对外贸易、全要素生产率与中国经济增长——基于 LA - VAR 模型的实证分析 [J]. 财经问题研究，2006 (5).

[34] 黄先海，石东楠. 对外贸易对我国全要素生产率影响的测度与分析 [J]. 世界经济研究，2005 (1).

[35] 黄先海，张云帆. 我国外贸技术溢出效应的国别差异分析 [J]. 经济经纬，2004 (1).

[36] 黄有光. 社会福祉与经济政策 [M]. 北京：北京大学出版社，2005.

[37] 姜鸿. 对外贸易对我国经济增长的影响与对策研究 [M]. 北京：中国财政经济出版社，2004 (12).

[38] 经济合作与发展组织（OECD）. 以知识为基础的经济. 北京：中国机械工业出版社，1997.

[39] 卡尔·马克思. 1844 年经济学哲学手稿 [M]. 北京：人民出版社，2000.

[40] 卡尔·马克思. 资本论（第一卷）[M]. 北京：人民出版社，1975.

[41] 赖明勇，张新，彭水军，包群. 经济增长的源泉：人力资本、研究开发与技术外溢 [J]. 中国社会科学，2005 (2)：39.

[42] 李成钢. 中国加工贸易的发展和竞争优势的提升 [J]. 国际经贸探索，2008 (9)：12 - 15.

[43] 李国华. 经济全球化与人的发展 [M]. 北京：中国社会出版社，2005.

[44] 李辉文. 现代比较优势理论研究 [M]. 北京：中国人民大学出版社，2006.

[45] 李建春，罗艳，张宗益. 中国出口导向型增长的区域差异性 [J]. 改革，2004 (6).

[46] 李明武. 对外贸易与经济增长关系研究综述——兼从现代经济增长理论角度的解读 [J]. 学术论坛，2004 (3).

[47] 李平，鲁婧颉. 进口贸易对我国各地区个要素生产率增长的实证分析 [J]. 经济问题探索，2005 (2).

[48] 李荣林，张岩贵. 我国对外贸易与经济增长转型的理论与实证研究 [M]. 北京：中国经济出版社，2001.

[49] 李小平，朱钟棣. 国际贸易的技术溢出门槛效应 [J]. 统计研究，2004 (10).

[50] 梁昭. 国家经济持续增长的主要因素分析 [J]. 世界经济，2000

（7）：50 – 56.

［51］林毅夫，张鹏飞. 后发优势，技术引进和落后国家的经济增长 ［J］. 经济学（季刊），2005（1）：53 – 74.

［52］刘德学. 全球生产网络与加工贸易升级 ［M］. 北京：经济科学出版社，2006.

［53］刘芳. 我国 GDP 表达的缺陷及绿色 GDP 概念的提出 ［J］. 海南金融，2008（4）：26 – 30.

［54］刘骏民，张朝中. 财富与价值——论经济学的基础 ［J］. 天津社会科学，1997（4）：42 – 46.

［55］刘荣军. 财富、人与历史——马克思财富理论的哲学意蕴与现实意义 ［J］. 学术研究，2006（9）：71 – 76.

［56］刘太忠. 关于我国 GDP 与 GNP 的比较分析 ［J］. 理论界，2008（1）：58 – 59.

［57］刘晓鹏. 协整分析与误差修正模型——对我国对外贸易与经济增长的实证研究 ［J］. 南开经济研究，2001（5）.

［58］刘旭. 迈向贸易强国之路——加快转变外贸增长方式研究 ［M］. 北京：中国计划出版社，2007.

［59］刘艳. 人的本质力量与财富 ［J］. 广西社会科学，2007（5）：174 – 178.

［60］刘志迎，郭雅清. 对外贸易与经济增长关系研究述评 ［J］. 现代管理科学，2007（1）.

［61］罗伯特·卢卡斯. 国际贸易与经济增长 ［J］. 经济学动态，2004（8）：5.

［62］马克思，恩格斯. 马克思恩格斯全集（第26卷）［M］. 北京：人民出版社，1972.

［63］马克思，恩格斯. 马克思恩格斯全集（第30卷）［M］. 北京：人民出版社，1995.

［64］马克思，恩格斯. 马克思恩格斯全集（第31卷）［M］. 北京：人民出版社，1998.

［65］尼古拉斯·巴尔，大卫·怀恩斯. 福利经济学前沿问题 ［M］. 北京：中国税务出版社，2000.

［66］倪海青，王咏梅. 出口影响我国全要素生产率提高的实证研究 ［J］. 开发研究，2005（6）.

[67] 庞卓恒. 人的发展与历史发展 [M]. 长春：吉林文史出版社，1988.

[68] 裴长洪，盛逖. 从 GDP 再到 GNP 的跨越——我国经济建设和对外开放的长远目标 [J]. 财贸经济，2007（5）：3-10.

[69] 彭国华. 我国地区全要素生产率与人力资本构成 [J]. 中国工业经济，2007（2）.

[70] Peter Marber. 富足年代：全球化的新说法 [M]. 北京：清华大学出版社，2004.

[71] 邱晓华. 外贸对中国经济影响的实证分析 [M]. 北京：中国统计出版社，2005.

[72] 任大川. 国富新论——人的本性、经济制度及经济发展 [M]. 济南：山东人民出版社，2008.

[73] 沈程翔. 中国出口导向型经济增长的实证分析：1977-1998年 [J]. 世界经济，1999（12）.

[74] 沈坤荣，李剑. 中国贸易发展与经济增长影响机制的经验研究 [J]. 经济研究，2003（5）.

[75] 沈利生，朱运法. 人力资源开发与经济增长关系的定量研究 [J]. 数量经济技术经济研究，1997（12）：9-13.

[76] 舒元，才国伟. 我国省际技术进步及其空间扩散分析 [J]. 经济研究，2007（6）.

[77] 孙强，姜延书，郑春梅. 财富、福利及生产力——略论自由贸易主义与保护贸易主义 [J]. 时代经贸，2007（2）：18-19.

[78] 孙焱林. 我国出口与经济增长的实证分析 [J]. 国际贸易问题，2000（2）.

[79] 孙月平，刘俊，谭军. 应用经济学 [M]. 北京：经济管理出版社，2004.

[80] 汤向俊. 资本深化、人力资本积累与中国经济持续增长 [J]. 世界经济，2006（8）：57-64.

[81] 唐任伍. "扶强抑弱" 的全球化规则研究 [M]. 北京：北京师范大学出版社，2006.

[82] 陶小龙，杨先明. 贸易开放、人力资本与 TFP 变动研究综述 [J]. 中国集体经济，2008（2）：31-33.

[83] 田卫民. 省域居民收入基尼系数测算及其变动趋势分析 [J]. 经济

科学，2012（2）：48－59.

［84］涂红．发展中大国的贸易自由化制度变迁与经济发展［M］．中国财政经济出版社，2006.

［85］万广华．经济发展与收入不均等：方法和证据［M］．上海：上海人民出版社，2006.

［86］王冰．从客观效用到主观幸福——经济福利衡量方法论转型评析［J］．外国经济与管理，2008（5）：1－7.

［87］王健．以科学发展观为指导再造政府政绩指标——将政绩指标由GDP改为GNP＋SCC［J］．天津行政学院学报，2005（4）：49－54.

［88］王珏．贸易与资本流动——理论范式与中国的实践［M］．北京：中国经济出版社，2007.

［89］王丽丽．对外贸易促进中国经济增长的影响机制研究［D］．山东大学，2007.

［90］王少瑾．对外开放与我国的收入不平等［J］．世界经济研究，2007（4）.

［91］王文博，陈昌兵．包含制度因素的中国经济增长模型及实证分析［J］统计研究，2002（5）：3－6.

［92］王云飞．我国贸易发展与居民收入差距——基于地区面板数据的检验［J］．财贸研究，2008（5）：41－47.

［93］吴建伟．国际贸易比较优势的定量分析［M］．上海：上海人民出版社，1997.

［94］吴宇晖，段志伟，张嘉昕．重温亚当·斯密的富国裕民学说——纪念《财富的性质和原因的研究》出版230周年［J］．东岳论丛，2006（11）.

［95］邢建国．贸易与投资战略研究［M］．上海：上海交通大学出版社，2007.

［96］徐永安．贸易自由化与中国收入分配的演变［J］．世界经济文汇，2003（4）.

［97］许和连，亓朋，祝树金．贸易开放度、人力资本与全要素生产率：基于中国省际面板数据的经验分析［J］．世界经济，2006（12）.

［98］许启发，蒋翠伙．对外贸易与经济增长的相关分析［J］．预测，2002（2）.

［99］薛涌．中国不能永远为世界打工［M］．昆明：云南人民出版社，2006.

[100] 荀旸. 亚当·斯密的经济思想 [J]. 辽宁大学学报，1991（1）.

[101] 亚当·斯密. 财富的性质和原因的研究（上卷）[M]. 商务印书馆，1972.

[102] 亚当·斯密. 财富的性质和原因的研究（下卷）[M]. 商务印书馆，1974.

[103] 严冀，陆铭，陈钊. 改革、政策的相互作用和经济增长——来自中国省级面板数据的证据 [J]. 世界经济文汇，2005（1）.

[104] 杨端茹，刘荣军. 人的发展与财富生产的历史辩证法 [J]. 探索，2007（5）：165－169.

[105] 杨全发，舒元. 中国出口贸易对经济增长的影响 [J]. 世界经济与政治，1998（8）.

[106] 杨全发. 中国地区出口贸易的产出效应分析 [J]. 经济研究，1998（7）.

[107] 杨小凯，张永生. 新兴古典经济学与超边际分析 [M]. 北京：社会科学文献出版社，2003.

[108] 杨晓明，王荣. 浙江省对外贸易与经济增长关系的实证研究 [J]. 企业经济，2008（4）.

[109] 杨正位. 中国对外贸易与经济增长 [M]. 北京：中国人民大学出版社，2006.

[110] 叶飞文. 要素投入与中国经济增长 [M]. 北京：北京大学出版社，2004.

[111] 尹伟华，张焕明. 绿色 GDP 核算研究综述 [J]. 农村经济与科技，2007（6）：89－90.

[112] 岳书敬，刘朝明. 人力资本与区域全要素生产率分析 [J]. 经济研究，2006（4）.

[113] 张东光. 绿色 GDP 核算问题思考 [J]. 山东经济，2005（2）：81－84.

[114] 张东光. 新财富核算研究 [J]. 江苏统计，2000（8）：18－19.

[115] 张鹤，刘金全，顾洪梅. 国外总需求和总供给对中国经济增长拉动作用的经验分析 [J]. 世界经济，2005（4）.

[116] 张兴国，张兴祥. 关于西方财富观念的历时考察 [J]. 东南学术，2004（2）.

[117] 张幼文. 从廉价劳动力优势到稀缺要素优势——论"新开放观"

的理论基础 [J]. 南开学报（哲社版），2005（6）：1 – 9.

[118] 张幼文. 从政策性开放到体制性开放——政策引致性扭曲在发展中地位的变化 [J]. 南京大学学报（哲社版），2008（4）：14 – 23.

[119] 张幼文. 经济全球化与国家经济实力——以"新开放观"看开放效益的评估方法 [J]. 国际经济评论，2005（9 – 10）：5 – 9.

[120] 张幼文. 双轮趋动——中国应对经济全球化的历史经验 [J]. 毛泽东邓小平理论研究，2008（3）：1 – 10.

[121] 张幼文. 要素的国际流动与开放型发展战略——经济全球化的核心与走向 [J]. 世界经济与政治论坛，2008（3）：1 – 10.

[122] 张幼文. 要素集聚与对外开放新阶段的主题 [J]. 世界经济研究，2008（4）：3 – 10.

[123] 张幼文. 要素集聚与中国在世界经济中的地位 [J]. 学术月刊，2007（3）：74 – 82.

[124] 张幼文. 要素流动与全球经济失衡的历史影响 [J]. 国际经济评论，2006（3 – 4）：43 – 45.

[125] 张幼文. 政策引致性扭曲的评估与消除——中国开放型经济体制改革的深化 [J]. 学术月刊，2008（1）：60 – 69.

[126] 张幼文. 中国开放型经济发展的新阶段 [J]. 毛泽东邓小平理论研究，2007（2）：1 – 9.

[127] 赵陵，宋少华，宋泓明. 中国出口导向型经济增长的经验分析 [J]. 世界经济，2001（8）.

[128] 赵莹. 中国的对外开放和收入差距 [J]. 世界经济文汇，2003（4）.

[129] 郑志国，刘明珍. 从中国 GNP 与 GDP 差额看经济开放结构 [J]. 中国工业经济，2004（3）：14 – 21.

[130] 周骏宇. 对外开放与制度变迁 [M]. 成都：西南财经大学出版社，2007.

[131] 朱春兰，严建苗. 进口贸易与经济增长：基于我国个要素生产率的测度 [J]. 商业经济与管理，2006（5）.

[132] 朱启荣. 一般贸易与加工贸易对我国 GDP 影响的实证分析 [J]. 山东经济，2007（1）：5 – 7.

[133] Andrew Levin, Lakshmi K. Raut. Complementarities between Exports and Human Capital in Economic Growth: Evidence from the Semi-industrialized Countries [J]. Economic Development and Culture Change, 1997, 46 (1): 155 –

174.

[134] A. O. Hirschman. The Strategy of Economic Development [M]. New Haven: Yale University Press, 1958.

[135] Balassa B. Exports and Economic Growth: Further Evidence [J]. Journal of Development Econmics, 1978 (5): 181 – 189.

[136] Banerjee A. , Newman A. Notes for Credit, Growth, and Trade Policy [M]. Mimeo, MIT, 2004.

[137] Barro, R. J. Government Spending in a Simple Model of Endogenous Growth [J]. Journal of Political Economy, 1990 (98): S103 – S125.

[138] Bolaky B. , C. Freund. Trade, Regulations, and Growth [R]. Word Bank Policy Research Paper Series, 2004: 3255.

[139] Bourguignon F, Morrisson C. Income distribution, development and foreign trade-a cross-sectional analysis [J]. European Economics Review, 1990, 34 (6): 1113 – 1132.

[140] Carol Litwin. Trade and income distribution in developing countries [J]. Working paper in Economics, 1998 (9).

[141] Chang Roberto, Kaltani Linda and Norman Loayza. Openness Can Be Good For Growth: The Role of Policy Complementaries [R]. NBER Working Paper 11787, 2005.

[142] Chow, P. C. Causality Between export Growth and Industrial Development: Empirical Evidence from the NICs [J]. Journal of Development Economics, 1987 (26): 55 – 63.

[143] Coe D. , Helpman E. International R&D Spillovers [J]. European Economic Review, 1995 (39): 859 – 887.

[144] Daron Acemoglu, Simon Johnson, James Robinson. The Rise of Euorope: Atlantic Trade, Institutional Change and Economic Growth [J]. The American Economic Review, 2005 (95): 516 – 579.

[145] David S. Landes. The Wealth and Poverty of Nations: Why Some Are So Rich and Some So Poor [M]. New York: W. W. Norton&Co. , 1998.

[146] David T. Coe, Elhanan Helpman, Alexander W. Hoffmaister. North – South R&D Spillovers [J]. The Economic Journal, 1997, 107 (440): 134 – 149.

[147] David T. Coe, Elhanan Helpman. International R&D spillover [J]. European Economic Review, 1995, 39 (5): 859 – 887.

[148] Dollar, D. Outward-oriented Developing Economies really do grow more rapidly: Evidence for 95 LDCs, 1976 – 1985 [J]. Economics Development and Cultural Change, 1992, 40 (3): 523 – 524.

[149] Feder, G. On Exports and Economic Growth [J]. Journal of Development Economics, 1982 (12): 59 – 73.

[150] Francis Green, Andy Dickerson. A picture of wage inequality and the allocation of labor through a period of trade liberalization: the case of Brazil [J]. World Development, 2001, 29 (11).

[151] Francisco F. Riberiro Ramos. Exports, Imports, and Economic Growth in Portugal: Evidence from Causality and Cointegration Analysis [J]. Economic Modelling, 2001, 18 (4): 613 – 623.

[152] Frank Lichtenberg, Bruno van Pottelsberghe de la Potterie. International R&D Spillovers: A Re – Examination. NBER Working Papers 5668, National Bureau of Economic Research, Inc. 1996 (7).

[153] Fredrik Sjoholm. Exports, Imports and Productivity: Results from Indonesian Establishment Data [J]. World Development, 1999, 27 (4): 705 – 715.

[154] Gene M. Grossman, Elhanan Helpman. Innovation and Growth in the Global Economy [M]. MIT Press, Cambridge, MA. 1991.

[155] Goodwin, Matthew and Caitlin Milazzo. Taking Back Control? Investigating the Role of Immigration in the 2016 Vote for Brexit [J]. *The British Journal of Politics and International Relations*, vol. 19, 3.

[156] Guillermo Perry, Marcelo Olarreaga. Trade liberalization, inequality and poverty reduction in Latin America [R]. Paper presented at ABCDE, San Petersburg, January 2006.

[157] Gustav Ranis. Another Look at the East Asian Miracle [J]. The World Bank Economic Review, 1995 (9): 509 – 534.

[158] Harald Beyer, Patricio Rojas, Rodrigo Vergara. Trade liberalization and wage inequality [J]. Journal of Development Economics, 1999 (59).

[159] Jakob Brøchner Madsen. Technology Spillover through Trade and TFP Convergence: 120 Years of Evidence for the OECD Countries [R]. EPRU Working Paper, ISSN 0908 – 7745, 2005, 1.

[160] Jeffrey A. Frankel, David Romer. Does Trade Cause Growth? [J]. The American Economic Review, 1999 (6).

［161］ Jong – Wha lee. Capital goods imports and long-run growth ［J］. Journal of Development Economics, 1995, 48 （1）: 91 – 110.

［162］ Jorge Crespo, Carmela Martin, Francisco Javier Velázquez. International technology diffusion through imports and its impact on economic growth ［R］. European Economy Group Working Papers 12, European Economy Group, 2002 （5）.

［163］ Jung, S. W. , P. J. Marshall. Exports, Growth and Causality in Developing countries ［J］. Journal of Development Economics, 1985 （18）: 1 – 12.

［164］ Kanta Marwah, Akbar Tavakoli. The effect of foreign capital and imports on economic growth: further evidence from four Asian countries （1970 – 1998） ［J］. Journal of Asian Economics, 2004, 15 （2）: 399 – 413.

［165］ Karunaratne, N. D. High-tech Innovation, Growth and Trade Dynamics in Australia ［J］. Open Economics Review, 1997 （8）: 151 – 170.

［166］ Kavoussi, R. M. Export Expansion and Economic Growth ［J］. Journal of Development Economics, 1984, 14 （1 – 2）: 241 – 250.

［167］ Kwan A. C. C. , B. Kwok. Exogeneity and the Export-led Growth Hypothesis: the Case of China ［J］. Southern Economic Journal, 1995 （61）: 1158 – 1166.

［168］ Kwan A. C. C. , J. A. Cotsomitis. Economic Growth and the Expanding Export Sector: China 1952 – 1985 ［J］. International Economic Journal, 1991 （5）: 105 – 117.

［169］ Liu X. , H. Song, P. Romilly. An Empirical Investigation of the Causal Relationship between Openness and Economic Growth in China ［J］. Applied Economics, 1997 （29）: 1679 – 1686.

［170］ Mazumdar, J. Do Static Gains from Trade Lead to Medium-run Growth ［J］. Journal of Political Economy, 1996 （2）: 1328 – 1337.

［171］ McNab, Robert, M. Moore, Robert E. Trade policy, export expansion, human capital and growth ［J］. Journal of International Trade & Economic Development, 1998, 7 （2）: 237 – 256.

［172］ Miller. S. M. , Upadhyay. M. P. The Effects of Openness, Trade Orientation and Human Capital on Total Factor Productivity ［J］. Journal of development Economics, 2000 （63）.

［173］ Michaely M. Exports and Economic Growth: an Empirical Investigation

[J]. Journal of Development Economics, 1977 (4): 49 – 53.

[174] Moschoos D. Export Expansion, Growth and the Level of Economic Development: an Empirical Analysis [J]. Journal of Development Economics, 1989, 30 (1): 93 – 102.

[175] M. Connolly. The Dual Nature of Trade: Measuring Its Import on limitation and Growth [J]. Journal of Development Economics, 2003 (72).

[176] Ng, Yew – Kwang. A case for happiness, cardinalism, and interpersonal comparability [J]. The Economic Journal, 1997 (107): 1848 – 1858.

[177] Oxley les. Cointegration, Causality and Export-led Growth in Portugal, 1865 – 1985 [J]. Economics Letters, 1993, 43 (2): 163 – 166.

[178] Paul Romer. Two strategies for Economic Development: Using Ideas and Producing Ideas [C]. In Proceedings of the World Bank Annual Conference on Development Economics 1992. Washington, DC, World Bank, 1993.

[179] Raquel Fernandez, Dani Rodrik. Resistance to Reform: Status Quo Bias in the Presence of Individual – Specific Uncertainty [J]. American Economics Review, 1991 (81): 1146 – 55.

[180] Raymond Robertson. Trade liberalization and wage inequality: lessons from the Mexican experience [J]. World Development, 2000, 23 (6).

[181] Robert E. Lucas. On the Mechanics of Economic Development [J]. Journal of Monetary Economics, 1988 (22): 253 – 266.

[182] Robert J. Barro, N. Gregory Mankiw, Xavier Sala – I – Martin. Capital mobility in neoclassical models of growth [J]. American Economic Review, 1995, 85 (1): 103 – 115.

[183] Robert J. Barro, Xavier Sala – I – Martin. Convergence [J]. Journal of Political Economy, 1992, 100 (2): 223 – 250.

[184] Robert J. Barro, Xavier Sala – I – Martin. Economic Growth (2nd Edition) [M]. MIT Press, Cambridge, MA. 2003, 10.

[185] Robert Z. Lawrence, David E. Weinstein. Trade and Growth: Import Led or Export Led? Evidence from Japan and Korea [R]. Working Paper No. 165, Center on Japanese Economy and Business, Columbia Business School, 1999 (8).

[186] Sachs, J. D. and Warner A. M. Economic Reform and the Process of Global Integration [J]. Brooking Papers on Economic Activity, 1995 (1): 1 – 118.

[187] Schultz, T. W. Institutions and the Rising Economic Value of Man [J]. American Journal of Agricultural Economics, 1968, 50 (5): 1113 – 1122.

[188] Shan J. , F. Sun. On the Export-led Growth Hypothesis: the Econometric Evidence from China [J]. Applied Economics, 1998 (30): 1055 – 1065.

[189] Stokey, N. Human Capital, Product Quality and Growth [J]. Quarterly Journal of Economics, 1991 (106): 587 – 161.

[190] V. Ruttan. Induced Innovation, Technology, Institutions, and Development [M]. John Hopkins University Press, 1978.

[191] V. Ruttan. Social Science Knowledge and Institutional Change [J]. American Journal of Agricultural Economics, 1984.

[192] World Bank. Expanding the Measure of Wealth: Indicators of Environmentally Sustainable Development. Environment Dept. , The World Bank, 1997.

[193] World Bank. Monitoring Environmental Progress—A Report on Work in Progress. The World Bank, 1995.

[194] World Bank. Where Is The Wealth of Nations?: Measuring Capital for the 21st Century. The World Bank, 2006.

[195] Y. Hayami, V. M. Ruttan. Agricultural Development: An International Perspective [M] . Baltimore and London: The Johns Hopkins University Press, 1985.

后　　记

改革开放 40 年，中国已然成为世界贸易大国之一。但这只是就规模上而言，频繁不息的贸易活动背后，中国并没有获取预期中那么多的利益。即便如此，美国出台的贸易保护政策已经认为中国获得的贸易利益太多。写作之初，我们也曾希冀写出一部"国富论新篇"，然而能力有限，最后有点虎头蛇尾之感。所留遗憾，就作为鞭策我们继续前行的动力之一吧。

本书的完成还要感谢宁波市人民政府与中国社会科学院战略合作共建研究中心给予的支持（立项编号 NZKT201108）。

本书的出版发行得到经济科学出版社的大力支持。

作者
2018 年 8 月

作 者 简 介

钟昌标，男，1964 年出生于江西兴国，现任宁波大学商学院教授、区域经济与社会发展研究院院长，主要从事国际贸易与区域发展研究。

叶劲松，男，1972 年出生于江西信丰，现任宁波大学商学院副教授，主要从事国际贸易与投资研究。